바이블매트릭스

바이블 매트릭스

2

인간창조와 노아 홍수의 비밀

차원용 지음

BIBLE MATRIX

갈모산방

최근 들어 고고학과 과학이 융합되어 신바빌로니아 왕조(BC 625~BC 539)→신아시리아 왕조(BC 912~BC 612)→중세 아시리아 왕조(BC 1380~BC 912)→고대 아시리아 왕조(c.BC 1800~c.BC 1381)→고대 바빌로니아 왕조(BC 1830~c.BC 1531)→아카드(Akkad, Agade) 왕조(c.BC 2350~c.BC 2193)를 넘어 메소포타미아 지역, 즉 수메르(Sumer, Shinar= 시날) 시대(c.BC 5000~c.BC 2400)의 도시들인 에리두(Eridu), 라르사(Larsa), 바드티비라(Bad-tibira), 라가시(Lagash), 슈루팍(Suruppak), 니푸르(Nippur), 라락(Larak/Larag)이 발굴되어, 이 도시들에서 발견된 고대의 수메르 신화가 신화가 아니라 실제 역사의 기록임이 밝혀지고 있다.

구약성경의 『모세오경』(Five Books of Moses)은 모세(Moses, BC 1526~BC 1406)가 이집트를 탈출해 40년간의 광야생활(BC 1446~BC 1406)을 할 때(「출애굽기」 16:36), 모세가 직접 썼다고 알려져 있으나, 그 원본과 사본은 현재 발견되지 않고 있다. 고고학적으로 가장 오래된 문서는 1947년에서 1956년에 이스라엘 사해(死海) 서쪽 해안가인 쿰란 동굴(Qumran Cave)에서 발견된 BC 150~AD 75년경에 히브리어로 쓰여진 타나크(Tanakh)의 사본인 『사해사본』(Dead Sea Scrolls, DSS)이다.

이 『사해사본』이 가장 오래된 『모세오경』의 문서이다. 그러나 『모세오경』은 참고문헌도 없고 그 사건이 언제 일어났는지 연대가 표시되어 있지 않으며 자세한 역사적 사건의 실체와 내용을 말하지 않는다.

설사 『모세오경』이 여호와 하나님(야훼)이 불러준 대로 썼다고 하더라도, 우리가 역사를 쓸 때 다른 참고문헌을 참고하여 쓰듯이 모세도 그러한 고대의 기록을 참고하지 않았을까? 그렇다면 『모세오경』보다 더 오래된 고대 문서들이 존재하지 않을까? 그런 고대 문서가 존재한다면 '인간창조와 노아 홍수의 비밀'을 보다 자세히 알 수 있지 않을까?

'인간창조와 노아 홍수의 비밀'에 대해 구약 「창세기」보다 자세한 내용을 기록한 고대 수메르 문서가 존재한다. 『길가메시 서사시』(Epic of Gilgamesh)는 c.BC 1150년경에 쓰여진 것이고, 『모세오경』보다 더 오래된 『아트라하시스 서사시』(Epic of Atra-Hasis)는 c.BC 1640년에, 『수메르 왕 연대기』(Sumerian King List & Flood Story)는 c.BC 2119년에, 그리고 『에리두 창세기』(Eridu Genesis, The Flood Story)는 c.BC 2150년에 쓰여진 것으로, 모두 '인간창조와 노아 홍수의 비밀'을 담고 있는 중요한 문서들이다. 이들 고대 문서들을 참조하여 본 2권을 쓰도록 하기로 한다.

동시에 최근 인류학과 과학이 밝힌 인류의 기원을 추적해 보기로 한다. 인간의 조상은 호모 에렉투스(Erectus)이며 아담(Adam)은 301,000년 전에 창조했다고 고대 문서는 밝히고 있는데, 이것이 사실인지를 증명해 보기로 한다.

1부에서는 고고학적으로 발견된 고대 수메르 문서들을 정리하기로 한다. 언제 어디서 발견되었는지를 연대순으로 쓰여진 순서대로 제시하기로 한다.

2부에서는 인간창조에 대해 고고학적으로 접근하여 고대 수메르 문서에서는 어떤 내용들이 기록되었는지를 밝힌다. 신들은 이 땅에 언제 오셨는지? 무슨 목적으로 오셨는지? 왜 인간을 창조했는지? 인간을 노예(slave)로 창조했는지? 어디에서 창조했는지? 어떤 생명공학기술을 이용해 인간을 창조했는지를 밝힌다.

3부에서는 인간의 조상이 호모 에렉투스이며 에렉투스의 난자와 신의 정자를 이용해 아담을 301,000년 전에 창조했음을 인류학적이고 과학적인 논문을 바탕으로 제시해 보기로 한다. 인간의 조상 격인 원인들(Ape-man, 猿人)은 많다. 이들도 신들이 창조했을까? 왜 이들은 연속적이지 않고 불연속적으로 모두 멸망했을까?

4부에서는 선악과의 비밀을 밝히기로 한다. 선악과의 비밀이란 영생(Eternity)을 해서는 안되고, 임신이 되어서도 안되며, 하나님 또는 여호와 하나님의 과학지식을 습득해서도 안되는 인간을 창조하는 것이라는 것을 근거를 들어 제시하기로 한다. 아울러 생명의 나무(Tree of Knowledge)란 무엇이고 생명의 빵(Bread/Food of Life)과 생명의 물(Water of Life)이란 무엇이며, 왜 이런 천상의 고귀한 것들이 지구에서 필요했을까를 밝히고, 예수님을 통해서 구약에서는 금지됐던 선악과가 신약에서는 허락됨을 밝힌다.

5부에서는 노아 홍수의 비밀을 신들의 문제로 접근하여, 「창세기」 6장에 등장하는 하나님(God), 즉 엘로힘(Elohim)의 아들들(sons of God)인 네피림(Nephilim), 즉 이기기(Igigi) 신들이 누구인가를 밝힌다. 왜 이들이 이 땅에 내려왔을까? 왜 이들이 인간의 아름다운 딸들과 결혼해 거인(Giant/Great man)을 낳았을까? 100미터가 넘는 거인들이 무슨 나쁜 짓을 했을까? 「창세기」 6장 5절의 '거인의 죄악이 세상에 관영함'이란 무슨 의미일까? 왜 구약성경에는 네피림의 후손들인 거인인 아낙(Anak) 자손들이 등장할까? 피라미드와 스핑크스는 누가 쌓았을까? 왜 페루에서 흑인이 발견될까? 페루에서 발견된 거인의 유골은 누구 것일까? 페루의 비라코차(Viracocha)와 멕시코의 케찰코아틀 (Quetzalcoatl)은 누구인가를 밝힌다. 또한 자기 지위를 지키지 아니하고 자기 처소를 떠난 감시자들을 큰 날의 심판까지 영원한 결박으로 흑암에 가두었다는 내용의 비밀을 밝힌다.

6부에서는 신들의 문제 이외에 인간들의 문제는 무엇이기에 여호와 하나님은 인간들을 지면에서 쓸어버리기로 결정하셨는지를 밝히고, 인간은 닥쳐오는 자연의 재앙을 알아차리지 못했지만, 신들은 알고 있었다는 사실을 밝힌다. 구약에서 말하는 것처럼 신들은 홍수를 일으키지 않았으며, 노아의 홍수는 천체물리학적인 자연의 현상으로, 니비루(Nibiru) 행성이 소행성대에 접근할 때 그 중력으로 인해 남극 대륙의 빙하가 깨져 바다로 미끄러져 들어가면서, 그 결과 각종 지진과 해일 등이 일어난 것임을 밝힌다.

7부에서는 노아(Noah)의 태생을 밝힌다. 노아는 신의 아들이며 그 결과 파란 눈의 백인이었다는 사실을 밝힌다. 따라서 노아의 후손인 우리 인간 모두는 신의 아들 딸들이며 예수님이 이를 증거하셨다는 내용을 밝힌다.

필자는 선지자도 아니요 예언자도 아니요 목사도 아니요 신부도 아니요 장로도 아니다. 그렇다고 그 흔한 집사도 아니다. 특정 종교가 없는 그저 평범한 인간이요 인문학자이자 과학자이다. 그렇지만 적그리스도(Antichrist)인지 아닌지를 구분하는 잣대인(「요한일서」 2:22, 「요한일서」 4:2~3, 「요한이서」 1:7), 성부(聖父, Lord God the Father Almighty), 성자(聖子, His Only Son our Lord, Jesus Christ), 그리고 성령(聖靈, Holy Spirit)의 삼위일체(Trinity)를 믿고 사랑하며 이 책을 썼다. 이런 점에서 이 책의 독자는 정해져 있다. 크리스천을 위한 책도 아니요 목사와 신부와 장로를 위한 책도 아니요 종교를 위한 책도 아니다. 이 책은 하나님 아버지(God the Father)와 예수님이 영광(Glory), 즉 오늘날의 과학기술 이상의, 천상의 하나님 아버지의 과학지식으로 이 땅에 오실 때, 기꺼이 '아버지'라 부르고 환영할 수 있는 경건한 자들(the godly, godly men) 또는 의로운 자들(the righteous, righteous men)을 위한 책이다.

과학과 고고학이 전부는 아니다. 단지 과학과 고고학은 창조 지식(비밀)을 밝히는 여러 가지 접근 방법 중 하나(one of them)라는 점에 주의해야 한다. 또 한 가지! 필자는 라엘리안 운동(Raelian Movement)과 라엘 집단과는 무관하다. 미안하지만 그건 절대적으로 아니다.

마지막으로 『바이블 매트릭스』 시리즈를 쓰면서, 밤낮없이 자식이 잘 되라고 기도하여 주신 제 어머니 박승련 권사(88세)님께 이 책을 바칩니다. 어머니 그간 감사 드립니다. 그리고 어머니 사랑합니다. 또한 지금까지 제 삶을 이끌어주신 예수님께 감사 드립니다. 예수님 사랑합니다! 이 책을 읽는 모든 분들께 감사 드리며 모두 사랑합니다.

차원용

● 차례

7부 노아 태생의 비밀, 노아는 엔키 신의 아들, 노아는 파란 눈의 백인

부록

1부

고고학 문서의 발굴

질문들

신들은 이 땅에 왜 오셨는지? 무슨 목적으로 언제 오셨는지? 인간을 왜 창조했는지? 어떤 구체적인 방법으로 창조했는지? 인간을 창조해 놓고 왜 선악과에 접근을 못하게 했는지? 선악과란 구체적으로 무엇을 말하는지? 노아의 홍수가 왜 일어났는지? 「창세기」 6장의 네피림 (Nephilim)은 누구이며, 왜 이들이 인간의 딸들과 결혼해 거인(Giant/ Great man)을 낳았는지? 거인들이 무슨 나쁜 짓을 했는지? 노아는 누구의 아들인지? 구약성경은 그 구체적인 사실들을 말하지 않는다. 그렇다고 「창세기」가 잘못 기록되었다는 뜻은 아니다. 다 기록하였으되 자세한 내용을 말하지 않을 뿐이다. 그래서 이해하기 힘들다.

구약의 『모세오경』(Five Books of Moses)은 모세가 40년 동안 광야 생활(Wilderness or Desert, Shur & Sin & Paran & Zin, BC 1446~BC 1406) 을 할 때 썼다고 알려져 있다. 그런데 구약은 참고문헌도 없고 그 사건이 언제 일어났는지 연대가 표시되어 있지 않다. 그렇다면 「모세오경」보다 더 오래된 고고학 문서가 존재하지 않을까? 모세도 그러한 고대의 기록을 참고하지 않았을까? 그런 고대 문서가 존재한다면 '인간창조와 노아 홍수의 비밀'을 알 수 있지 않을까?

'인간창조와 노아 홍수의 비밀'이라? 비밀을 풀려면 무엇을 연구해야 할까? 당연히 고고학이다. 고고학적으로 발굴된, 구약성경보다 더 오래 전에 쓰여진, 고고학 문서를 연구해야 그 비밀들을 자세히 알 수 있다. 왜냐하면 구약의 「창세기」는 자세한 내막을 말해 주지 않는다. 그렇다고 「창세기」가 틀리게 기록되었다는 뜻은 아니다. 아담(Adam)이 대략 BC 301000년 전에 창조되었고, 노아 홍수가 BC 13020년에 일어났다는 것을 가정하면, 그 당시에는 대부분의 사람들이 그 역사와 실체를 다 알고 있었기 때문에, 「창세기」는 참고문헌 없이 간략하게 기록된 것이다. 여하튼 고고학 문서를 연구하다 보면 창세기가 자세히 기록되지 않아도 정확하게 기록되었음을 발견하고 또 한 번 놀라게 된다.

구약성경(舊約聖經, Old Testament)의 『모세오경』은 모세(Moses, BC 1526~BC 1406)가 이집트를 탈출해 40년간의 광야생활을 할 때(「출애굽기」 16:36), 모세가 직접 썼다고 알려져 있으나, 그 원본과 사본은 현재 발견되지 않고 있다. 고고학적으로 가장 오래된 문서는 1947년에서 1956년에 이스라엘 사해(死海) 서쪽 해안가인 쿰란 동굴(Qumran Cave)에서 발견된 BC 150~AD 75년경에 히브리어로 쓰여진 타나크(Tanakh)의 사본인 『사해사본』(Dead Sea Scrolls, DSS)이다. 이 사해사본이 가장 오래된 『모세오경』의 문서이다.

BC 150년경의 사본인 창세기를 보다 근원적으로 접근하려면 이보다 훨씬 오래된 사본을 봐야 한다. 그게 바로 『베로수스』(Berossus)인데, 베로수스의 대홍수의 기원은 BC 280년에 쓰여졌다. 이보다 더 앞선 고대 수메르 문서는 『길가메시 서사시』(Epic of Gilgamesh)로 인간창조와 노아 홍수의 비밀을 담고 있는데, 이는 c.BC 1150년경에 쓰여진 것이다. 이보다 더 오래된 『아트라하시스 서사시』(Epic of Atra-Hasis)는 c.BC 1640년에, 『수메르 왕 연대기』(Sumerian King List & Flood Story)가 c.BC 2119년에, 그리고 『에리두 창세기』(Eridu Genesis, The Flood

Story)가 c.BC 2150년에 쓰여진 것으로, 고고학적으로 발굴되고 확인된 문서들이다.

따라서 우리는 이들 고고학적으로 발굴된 고대 문서에 기록된 내용을 자세히 살펴보아야 「창세기」에서 구체적으로 언급하지 않은 '인간 창조와 노아 홍수의 비밀'을 밝혀낼 수 있다.

1장

BC 280년에 쓰여진 『베로수스』
(Berossus)

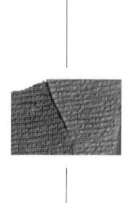

기원전 3세기의 헬레니즘(Hellenism) 시대 바빌로니아의 마르둑 (Marduk) 신의 신전인 벨로스(Belos)의 신관(priest)이자 역사가이며 천문학자인 베로수스(베로소스, Berossus, Berosus, Berossos)는 BC 280년에 역사서인 『바빌로니아지』(誌, Babyloniaca, History of Babylonia) 3권을 그리스어로 써서, 시리아의 왕인 안티오코스 1세(Antiochus I Soter)에게 바쳤다. 이 책을 일명 『베로수스』(Berossus, ⟨Babyloniaca, History of Babylonia⟩, at noahs-ark.tv)라 부른다.

지금은 책의 원본이 사라져 존재하지 않지만, 그 이후 많은 역사가들이 베로수스를 인용해 그 내용을 전했다. 아리스토텔레스(Aristotle)의 제자였던 아비데누스(Abydenus, BC 200), 아테네의 아폴로도로스(Apollodorus, BC 160), 그리고 알렉산더 폴리히스토르(Alexander Polyhistor, BC 50) 등에 의해 베로수스의 책이 인용되어 현재 전해지고 있다.

제1권에서는 바빌로니아 역사의 시작에서 대홍수의 기원(起源)까지를, 제2권에서는 나보나사로스 왕의 시대(BC 747)까지를, 제3권에서는 알렉산더 대왕(Alexander the Great, BC 330~BC 323)의 죽음까지를 다루고 있다. 바빌로니아의 역사와 천문학을 그리스 세계에 소개한 점에서 중요한 자료이다. 문제는 1권의 내용으로 바빌로니아 관점에서의 창조, 홍수와 바벨탑(Babel) 사건을 다루고 있는데, 실제로 BC 380년까지도 아라라트 산(Mt. Ararat)에 노아의 방주가 있었다고 기록하고 있다. 사람들이 산에 올라 노아의 방주 나뭇조각을 찾으면 그것이 액운을 없앤다고 기록되어 있다(people actually climbed Mt. Ararat to gather wood to be used a lucky charms to ward off evil)(Berossus, 〈Babyloniaca, History of Babylonia〉, at noahs-ark.tv).

앞으로 이 땅에 신들께서 언제 오셨는지를 파악하고 「창세기」 6장 3절의 "그들의 날은 일백이십 년이 되리라 하시니라(his days will be a hundred and twenty years)"(NIV)를 해석하는 데 『베로수스』의 내용을 인용할 것이다.

2장

c.BC 1150년에 쓰여진
『길가메시 서사시』
(Epic of Gilgamesh)

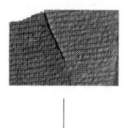

1절 고고학적 발굴

영국의 레이어드(Austen Henry Layard)와 그의 조수인 라삼(Hormuzd Rassam)은 1852~54년에 큐윤지크(Kuyunjik)라 불리는 아시리아 (Assyria)의 수도였던 니네베(Niniveh)를 발굴하고, 신아시리아 왕조 (Neo-Assyrian Empire, BC 912~BC 612)의 마지막 왕인 아수르바니팔 (Ashurbanipal, 통치 BC 668~BC 612)이 세운, 그러나 그 후 폐허가 된 아수르바니팔의 도서관(Library of Ashurbanipal)을 1853년에 발굴하여, 수메르(Smuer) 시대(c.BC 5000~c.BC 2400)의 첫 번째 우르크(Uruk) 왕조(c.BC 3100~c.BC 2600)의 다섯 번째 왕이자 반신반인(半神半人), 즉 2/3는 신이고 1/3은 인간인 길가메시(Gilgamesh, c.BC 2700, 통치 126년)를 칭송하는 『길가메시 서사시』(Epic of Gilgamesh)를 발견하였다.

오늘날 우리에게 알려진 이 표준 버전(Standard Version)의 『길가메시 서사시』는 1~12개의 점토판(Clay tablets, 粘土板)에 아카드어 설형문자(Akkadian Cuneiform)로 쓰여진 완벽한 버전으로 그 점토판들에는 c.BC 1150년에 신-리크-우니나니(Sin-liqe-unninni)가 옛 수메르 전설

수메르 시대의 도시국가(City-States, c.BC 5000~c.BC 2400). Credit: 시친, I, 2009, p. 86, © Z. Sitchin. Reprinted with permission.

과 신화[1]를 바탕으로 편집했다고 기록되어 있다. 즉 중세 아시리아 왕조 (Middle Assyrian Empire, BC 1380~BC 912)에 쓰여진 서사시이다.

이 서사시의 내용은 아시리아 학자인 조지 스미스(George Smith) 가 1872년에 『갈대아의 대홍수 이야기』(The Chaldean Account of Deluge(Flood)와 1876년에 『갈대아의 창조 이야기』(The Chaldean Account of Genesis)라는 제목으로 최초로 영어로 번역하여 출간했다 (Smith, 1872 & 1876). 단 주의할 것은 수메르 시대에 일어난 일을 중 세 아시리아 왕조 시대에 아카드어로 점토판에 기록했기 때문에 몇몇

---

1 수메르 창조 신화-http://en.wikipedia.org/wiki/Sumerian_creation_myth
　수메르 신화-http://en.wikipedia.org/wiki/Sumerian_mythology

영국 대영박물관에 보관되어 있는 〈길가메시 점토판 11〉(Gilgamesh Tablet XI fragment (British Museum), Room 55. Credit: Thackara, 〈The Epic of Gilgamesh: A Spiritual Biography〉, at Sunrise Magazine Online; British Museum)[2]

수메르 신들의 수메르어(Sumerian) 이름이 아카드어 이름으로 표현되고 있다는 점이다. 예를 들어 수메르 시대의 여신인 수메르어의 인안나(Inanna)를 아카드어인 이시타르(Ishtar)로 표현하고 있다. 『길가메시 서사시』의 원래 제목은 "깊은 곳을 보는 자(He who Saw the Deep)" 혹은 "모든 왕들을 능가하는 자(Surpassing All Other Kings)"이다. 이들이 발견한 점토판들은 영국으로 옮겨져 지금은 영국 대영박물관(British Museum)의 방 55에 전시되어 있다.

---

2 http://www.britishmuseum.org/explore/highlights/highlight_objects/me/t/the_
   flood_tablet.aspx

2절 반신반인(半神半人, Demigod)인 길가메시의 족보

c.BC 2119년경의 『수메르 왕 연대기』(Sumerian King List)(Black et al, 1998~2006)와 『엔메르카르와 아라타의 주인』(Enmerkar and the lord of Aratta)(Black et al, 1998~2006)이라는 고대 수메르어로 된 서사시에 따르면 첫 번째 우르크 왕조(c.BC 3100~c.BC 2600)의 첫 번째 왕은 난나(Nannar) 신(神)의 아들인 우투(Utu) 신이 인간의 아내인 아야(Aya)로부터 얻은 반신반인(半神半人, Demigod)의 메시키앙가세르 (Meshkianggasher, Meskiagkasher, Meckiagkacer, Mec-ki-aj-gacer, 통치 324년)였다.

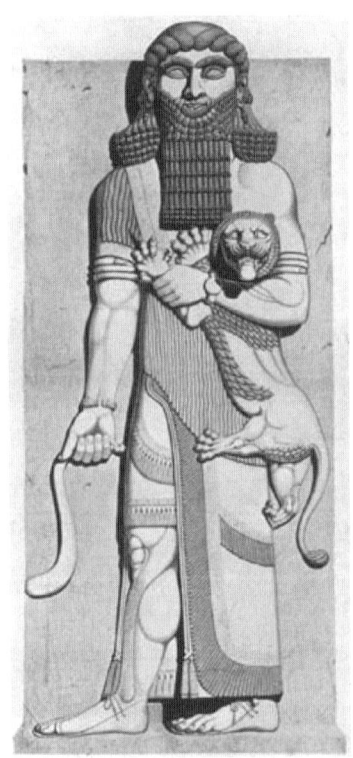

사르곤 2세(Sargon II, 통치 BC 721~BC 705)의 왕궁인 코호르사바드에 보관되어 있는 BC 8세기경의 조각상인 길가메시(Gilgamesh, 8th Century BCE, Palace of Sargon II, Khorsabad). Credit: Thackara, 〈The Epic of Gilgamesh: A Spiritual Biography〉, at Sunrise Magazine Online.

대홍수 이전의 시대(Antediluvian or pre-diluvian period or before the deluge)에는, 「창세기」 6장 1~7절에 나오듯이, 하나님의 아들들(sons of God), 즉 네피림(Nephilim), 즉 젊은 이기기(Igigi) 신들이 인간의 딸들을 아내로 삼아 반신반인이자 거인(Great/Giant Man)을 낳고, 그들이 고대의 용사인 동시에 세상에 죄악(wickedness)을 퍼뜨렸다고 기록되어 있듯이, 이들 때문에 신들의 진노를 사 노아의 홍수가 일어났지만, 대홍수(Flood, Deluge) 이후에는 신들과 인간의 통혼이 일상적인 일이었다.

대홍수 이전에는 인간의 유전자와 키가 매우 큰 젊은 신들, 즉 거인의 네피림의 유전자가 잘 융합되지 않아 키메라(Chimera)나 켄타우로스(Centauros)같이 피를 빨아 먹는 반신반인의 130~160m 키의 거인들이 태어났지만(Charles & Laurence, 인터넷 공개, 에티오피아어의 번역, 외경인 「에녹1서」 7:12), 대홍수 이후에는 신들과 인간의 유전자가 진화되고 안정화됨에 따라 보통 4~6m 크기의 반신반인이 태어났다. 하지만 이들은 모두 지능적인 위대한 지도자였다.

따라서 대홍수 이후에 샤마시(우투) 신도 인간인 아야(Aya)를 아내로 맞아 반신반인인 메시키앙가세르를 낳았다. 그는 이시타르(인안나)의 지구라트(Ziggurat) 신전인 에안나(Eanna)의 대제사장 자리에 올랐고, 샤마시 신과 이시타르 여신이 합세하여 메시키앙가세르 대제사장을 우르크의 왕으로 임명하고 최초의 우르크 왕조를 연다. 이로써 수메르 시대에 수메르 북쪽의 키시 또는 구스(Kish, Cush)에 세워졌던 첫 번째 키시 왕조(c.BC 3800~c.BC 3100)가 그 다음 아래 지역인 우루크에 세워진 우루크 왕조(c.BC 3100~c.BC 2600)로 넘어가 이시타르 여신의 시대가 도래하게 된다. 이 당시 우르크는 이시타르 여신이 관할하던 지역이라 『길가메시 서사시』에 이시타르 여신이 등장하는 것은 필연적이며 샤마시 신도 필연적으로 등장한다. 샤마시 신과 이시타르 여신은 난나

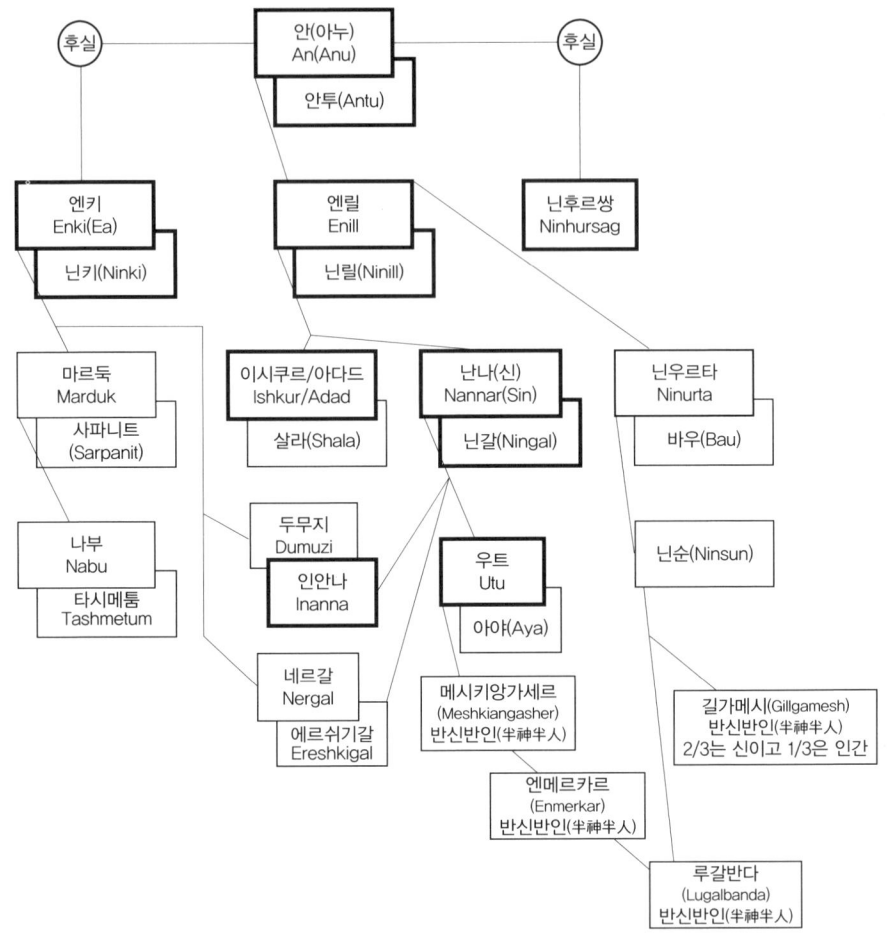

반신반인인 길가메시의 족보

(Nannar) 신이 낳은 쌍둥이 남매 지간으로 샤마시 신이 오빠이다.

메시키앙가세르의 아들인 엔메르카르(Enmerkar)가 그 뒤를 이어 두 번째 우르크의 왕이 된다. 그리고 엔메르카르의 아들이 루갈반다(Lugalbanda)인데, 그는 엔릴(Enlil) 신의 첫째 아들인 닌우르타(Ninurta) 신의 딸인 닌순(Ninsun) 여신과 결혼하여 그 유명한 길가메

수메르에서 발견된 원통형 인장(Cylinder seal)에 새겨진 그림. 위대한 신인 샤먀시(우투)신의 후손인 길가메시. Credit: 시친, II, 2009, p 217, © Z. Sitchin, Reprinted with permission.

수메르에서 발견된 원통형 인장에 새겨진 그림. 길가메시의 어머니였던 여신인 닌순. Credit: 시친, II, 2009, p 218, © Z. Sitchin, Reprinted with permission.

시(Gilgamesh)를 낳는다. 따라서 길가메시는 신인 어머니와 반신반인인 아버지 사이에서 출생한 반신반인(Demigod, 2/3는 신이고 1/3은 인간)으로 우르크의 다섯 번째 왕이 된다.

3절 『길가메시 서사시』의 내용 및 여행의 배경

길가메시를 칭송하는 『길가메시 서사시』는 길가메시가, 동물에 의해 야생에서 길러진 짐승 같은 인간(wild-man)인, 그의 친구 엔키두

(Enkidu)와 함께 불멸의 생명나무(Tree of Life)를 찾아 레바논의 바알벡(Baalbek)에 위치한 신들의 우주 공항인 세다산(Cedar Forest/Mountain/Felling)으로의 여행 여정, 세다산을 지키는 오늘날의 로봇과 같은 훔바바(후와와, Humbaba)와의 격투, 엔키두의 죽음, 그리고 페르시아만 동쪽의 해가 뜨는 지역의 우주 기지인 딜문(Dilmun, Til.Mun)으로 여행을 떠나 대홍수의 영웅인 슈루팍(Shuruppak, Suruppag, Curuppag)의 왕이었던 우트나피시팀(Utnapishtim)을 만나 대홍수의 비밀(이야기)을 듣고, 불멸의 영생은 아니지만 생명을 연장할 수 있는 비밀의 식물을 얻고 돌아오는 길에, 뱀에게 도난당해 실망하는, 그러나 인간은 죽는다는 사실을 인정하는 내용으로 구성되어있다.

샤마시(우투) 신은 시파르(Sippar, 수메르어로 Zimbir)에 있던 우주공항과 세다산의 우주공항, 그리고 그 당시 생명나무가 있던 페르시아만 동쪽의 해 뜨는 지역인 딜문 우주 기지 등 전체 신들의 우주공항과 우주기지를 책임지고 있던 신이다. 결국 길가메시는 위대한 신인 샤마시 신의 후손이며 어머니는 여신인 닌순이었기 때문에 자기 이름 앞에 '신성한(divine)'이라는 말을 붙일 수 있는 특권을 누렸다(Temple, 「길가메시 서사시」, 서두와 〈점토판 2〉, 1991).

자긍심과 자신감에 넘쳤던 길가메시는 처음에는 자비롭고 성실한 왕으로, 도시의 성벽을 쌓거나 디자인 하는 등, 과거의 왕들보다 더 열심히 수행했다. 하지만 신과 인간의 역사에 대해 알면 알수록, 그는 점점 사색적이고 불안한 사람이 되어 갔으며, 점점 오만해져 갔다. 즐거운 일을 하면서도 늘 죽음을 생각하게 되었다. 자신의 2/3가 신적인 피를 받았지만, 정말 신들처럼 영생불멸을 할 수 있는지, 아니면 인간처럼 죽을 것인지 고민하기 시작한다. 그래서 길가메시는 인간의 숙명인 죽음을 피할 수 있는 방법을 찾아 나서게 된다. 그 방법은 하늘로 오르는 신들의 우주공항이 있는 세다산을 여행하게 되고, 그리고 홍수의 영웅인 슈루팍의 왕이었던 우트나피시팀이 '인간과 동물을 홍수로부터 보호했다는' 공을 인정받아 하늘의 신인 안(An)과 이 땅의 최고 높으신 엔릴(Enlil) 신으로부터 영생(Eternal Life)을 얻어 살고 있는, 생명나무가 있는, '살아 있는 자'의 땅인 딜문을 여행하게 된다.

4절 『길가메시 서사시』의 출처/인용

다음은 여러 인터넷 사이트와 템플(Temple)의 영문 번역서인 『길가메시 서사시』(A verse version of the Epic of Gilgamesh, 1991)를 참조하여 한글로 번역 정리한 것이며, 「인간창조와 노아 홍수의 비밀」에 인용한 문구는 템플의 영문 번역본에 따른 것이다.

3장
c.BC 1640년에 쓰여진
『아트라하시스 서사시』
(Epic of Atra-Hasis)

1절 고고학적 발굴

1876년 고대 수메르(Sumer) 도시인 시파르(Sippar)에서 발견된 『아트라하시스 서사시』(Babylonian Epic of Atrahasis or Atra-Hasis, Akkadian Atrahasis Epic)는 고대 바빌로니아 왕조(BC 1830~c.BC 1531)의 아미-사두카(Ammi-saduqa, c.BC 1647~c.BC 1626) 왕 시대 때인 대략 c.BC 1640년에 쓰여진 것이다. 이는 고대 수메르어(Sumerian)로 된 『길가메시 서사시』를—아직 발견되지 않음—아카드어 설형문자(Akkadian Cuneiform)로 각색 편집한 것으로 바빌로니아 버전이라 한다. 아카드어로 쓰여진 『길가메시 서사시』가 1~12개의 점토판들에 기록된 반면 『아트라하시스 서사시』는 1~3개의 점토판들에 기록되어 있다(Lambert and Millard, 1965 & 1966 & 1999; Dalley, 1998).

시파르에서 발견된 길이 25cm에 넓이 19.4cm의 아카드어 설형문자 점토판들은 현재 영국의 대영박물관에 전시되어 있다.

고고학적으로 가장 오래된 구약성경의 현존하는 문서는 1947~56년에 이스라엘 사해(死海) 서쪽 해안가인 쿰란 동굴에서, BC 150~AD

영국 대영박물관에 보관되어 있는 설형문자 점토판(Cuneiform tablet)의 『아트라하시스 서사시』(Cuneiform tablet with the Atrahasis Epic, Length: 25cm, Width: 19.4cm, ANE 78941, Room 56, Early Mesopotamia, case 25)[3]

75년에 히브리어로 쓰여진 타나크(Tanakh)의 『사해사본』이다. 이 『사해사본』이 가장 오래된 것으로 『사해사본』의 「창세기」에는 노아(Noah)가 홍수의 영웅으로 등장한다.

하지만 고대 도시인 니푸르(Nippur)에서 발굴된 단 하나의 점토판에, c.BC 2150년경에 수메르어로 쓰여진(Davila, 1995) 『에리두 창세기』(Eridu Genesis), 즉 영국 옥스퍼드대의 수메르 전자문학문서(ETCSL)의 『홍수 신화』(The Flood story)와 c.BC 2100년경에 쓰여진 『슈루팍

---

3 British Museum: Cuneiform tablet from Sippar with the story of Atra-Hasis-
  http://www.britishmuseum.org/explore/highlights/highlight_objects/me/c/
  cuneiform_the_atrahasis_epic.aspx, http://www.ancientx.com/nm/anmviewer.
  asp?a=115

의 명령』(The instructions of Suruppag)에는 슈루팍의 왕인 지우수드라 (Ziusudra)가 홍수의 영웅으로 등장한다(Black et al., 1998~2006).

또한 『아트라하시스 서사시』에는 아카드어 이름인 아트라하시스가 홍수의 영웅으로 등장하고, c.BC 1150년경에 쓰여진 『길가메시 서사시』에는 슈루팍의 왕인 우트나피시팀이 홍수의 영웅으로 등장한다.

이것은 원래 수메르어의 지우수드라가 각 시대에 따라 각기 다른 아카드어로 음역되거나 번역된 것이다. 그러므로 지우수드라=아트라하시스=우트나피시팀=노아는 같은 인물로 보는 것이 타당하다.

2절 아트라하시스의 서사시 내용 요약

〈점토판 1(Tablet 1)〉에는 신들의 역할과 인간창조(Creation of Humans)의 비밀을 다루고 있다. 최고의 신인 안(아누, Anu, An)과 그의 아들인 엔릴(Enlil) 신과 엔키(Enki, Ea) 신 및 아루루(닌후르쌍) 여신 등 여러 신들이 등장하고 이들 12명의 고위 신들로 구성된 아눈나키(Great Ahnunnaki)가 등장한다.

이 땅에는 많은 신들이 내려왔는데, 고위 신들인 아눈나키 이외의 신들, 즉 계급이 낮은 젊은 신들(Lower Gods)을 이기기 신들(Igigi-Gods)이라 표현하고 있는데, 이를 「창세기」 6장 1~4절에는 하나님의 아들들(sons of God), 즉 네피림(Nephilim)이라 표현하고 있으며, 이들은 주로 아프리카에서 금을 캐고 티그리스강(Tigris, 「창세기」 2장 14절의 '힛데겔')과 유프라테스강(Euphrates, 「창세기」 2장 14절의 '유브라데')을 파고 수로와 둑을 만드는 등의 매우 힘든 일을 했다.

이들은 힘든 일에 반대하며 폭동(insurrection)을 일으키고, 그 결과 이들을 대신해 일을 할 인간을 창조한다. 먼저 주형(모델)을 창조한다. 엔키와 닌후르쌍(아루루) 여신은 원인(Apewoman)의 난자(유전자)에 신의 정자(유전자), 그리고 이 땅의 구리 등의 22개 원소를 융합시키는 최첨단 생명공학기술로 반드시 죽어야 할(Mortal) 아담(Adam)과 이브(Eve)를 창조한다. 그 다음 주형의 유전자를 복제하여 남녀 7쌍을 창조한다. 그러나 처음의 인간들은 섹스를 하되 임신이 되지 않는 상태였다. 어차피 신들은 이 땅에서 금을 캐서 신들의 고향으로 가져가, 신들의 고향의 대기가 좋아지면, 이 땅에서 모두 떠날 것이기 때문에, 인간들은 반드시 죽어야 할 운명과 섹스를 통해 자식을 낳으면 안 되는 운명이었다.

〈점토판 2〉에는 인간이 섹스를 통해 자식을 낳게 되면서, 그 결과 인간의 수가 늘어나, 인간의 수를 줄이기 위해, 엔릴 신이 질병(disease)과 기근(famine)과 가뭄(drought)을 이 땅에 보내는 이야기가 적혀 있다. 인간들은 600년씩 6회 동안, 즉 3,600년 동안 신들이 내린 질병과 기근에 고통을 당한다. 〈점토판 2〉에는 인간이 어떻게 해서 자식을 낳을 수 있었는지가 설명되어 있지는 않다. 그러나 다른 수메르 문서들을 통해 우리는 이것이 『창세기』 3장에 나오는 선악과(knowing good and evil)임을 짐작할 수 있다. 이때 뱀(serpent)이 바로 물의 신인 엔키 신이며, 엔키 신이 아담의 정자(유전자)와 이브의 난자(유전자)를 생명공학기술로 조작해 자식을 낳을 수 있도록 했다.

〈점토판 3〉에는 마지막 고통이 시작되는 3,600년 이후의 대홍수의 이야기가 적혀 있다. 엔키 신의 경고에 따라 아트라하시스가 방주를 만드는 이야기가 적혀 있다. 〈점토판 3〉은 『길가메시 서사시』를 기록한 〈점토판 11〉의 홍수 내용과 거의 같지만 11에는 없는 내용이 담겨 있다. 특히 대홍수를 보고 아루루(닌후르쌍) 모신의 인간에 대한 정과 슬피 우는 모습이 담겨 있다. 홍수는 신들이 내린 것이 아니다. 신들의 행성인 니비루(Nibiru)가 소행성대로 접근할 때 그 중력장(인력장)에 의해 남극대륙의 빙하가 깨져 바다로 들어가면서 엄청난 지진과 해일과 폭풍이 전 지구를 덮친 것이다. 그러나 신들은 이러한 사건을 미리 알고 있었다. 다만, 인간에게는 비밀로 한 것이다. 암튼 아트라하시스는 인간과 동물을 구원했다는 이유로 신들로부터 칭송을 받지만 영생(Eternal Life, Immortality)을 얻지는 못한다.

3절 『아트라하시스 서사시』의 출처/인용

다음은 여러 인터넷 사이트와 댈리(Dalley)의 『메소포타미아 신화』(Myths From Mesopotamia, Dalley, 1998) 중 『아트라하시스 서사시』, 〈점토판 1~3〉 부분을 참조하여 한글로 번역하고 정리한 것이며, 「인간창조와 노아 홍수의 비밀」에 인용한 문구는 댈리의 영문 번역본에 따른 것이다.

4장

c.BC 2119년에 쓰여진
『수메르 왕 연대기』
(Sumerian King List & Flood Story)

1절 고고학적 발굴

고대 수메르 도시인 우르크(Uruk)는 1849년 영국의 고고학자인 로프터스(William Kennett Loftus)에 의해 발견되고, 1850년에 발굴되었다. 또한 동시에 수메르 위쪽에 위치한 도시인 라르사(Larsa)도 발굴되었다. 1851년에 로프터스는 엘람(Elam, 페르시아, Persia, 지금의 이란) 지역의 수사(Susa)에서 발굴의 결과를 발표하였다. 1853년에 우르크에 대한 대대적인 발굴작업이 시도되고 로프터스는 1854년까지 발굴을 지휘했으며, 그 결과 흙으로 된 원통형 벽(Clay cone wall)과 쐐기 모양의 수메르어 설형문자(Sumerian Cuneiform)로 쓰여진 점토판들을 발굴하였다.

그 후 1902년에 독일 동양사발굴단(German Oriental Society, GOS, Deutsche Orient-Gesellschaft, DOG)의 고고학자인 안드레(Walter Andrae)에 의해 재발굴되었으며, 1912~13년에 독일 동양사발굴단의 요단(Julius Jordan)은 인안나(Inanna) 여신의 지구라트(Ziggurat) 신전(Temple)인 에안나(Eanna)를 발견하였다. 이 인안나 신전은 우루크에 존재했던 4개의 신전 중 하나였는데, 벽돌과 다양한 색체로 된 모자

이크(mosaics)로 유명하다. 또한 요단은 c.BC 3000년 것으로 추정되는 도시의 성벽을 발견하였다. 독일팀(GOS)은 1928~39년 발굴을 재시도하여 1933~34년에 우루크 왕조(c.BC 3100~c.BC 2600) 시대의 c.BC 3000년 것으로 추정되는 인안나 여신이 조각된 우루크의 꽃병(Uruk Vase or Warka Vase)을 발굴하였다(Kleiner et al., 2006).

독일팀(GOS)은 제2차 세계대전이 끝난 후인 1953~67년과 1968년 에도 지속적인 발굴을 시도해 상당량의 고고학적 발견의 성과를 거두었다. 2001~2002년에 독일고고학연구소 (German Archaeological Institute)는 우루크에 대한 자기측정(magnetometer) 조사를 실시하고 더 나아가 지구물리

우루크에서 발굴된 c.BC 3000년 것으로 추정되는 우루크의 꽃병. 숭배자들이 인안나 여신의 신전에 공물을 바치고 있다. 우루크의 꽃병은 이라크 박물관에 보관되어 오다가 2003년에 도난을 당했고, 그 이후 돌아왔으나 깨져서 왼쪽의 사진처럼 부분적으로 복원되었다. Credit: Near East Collection: Middle Eastern & Islamic Cuisine from Yale University[4]

4 http://www.library.yale.edu/neareast/exhibitions/cuisine.html

학적(Geophysical) 조사를 실시하여, 우루크 지역에 대한 고선명 인공위성 사진을 찍어 공개했다.

2절 『수메르 왕 연대기』의 내용 및 출처/인용

영국팀과 독일팀(GOS)에 발굴된 점토판과 점토판에 새겨진 설형문자의 기록들은 대략 c.3000~c.BC 2000년 것으로 추정되고 있다. 이들 점토판들은 해독되고 번역되었는데, 그 유명한 『수메르 왕 연대기』(Sumerian King List)가 그 중의 하나이다. 연대기에는 수메르 문명(Sumerian civilization) 시대의 왕들의 이름이 기록되어 있다. 또한 점토판들에는 그 당시에 법을 다룬 문서와 학문적인 문서 등 매우 귀중한 문서들로 독일의 고고학자인 포켄스타인(Adam Falkenstein) 및 독일의 금석문학자들(epigraphists)에 의해 책으로 발간되었다.

또한 영국의 여행가인 웰드 블런델(Herbert Joseph Weld Blundell)은 1922년에 이라크의 고대 도시인 라르사를 발굴하여 c.BC 2119년 경에 쓰여진 『수메르 왕 연대기』 또는 그의 이름을 딴 웰드-블런델 프리즘(Weld-Blundell Prism, WB 444)을 발견하였다. 이는 20cm×9cm 큐브 크기의 구운 점토판(baked clay) 4개의 면에 각각 2줄(Columns)로 새겨진 수메르어 설형문자이다. 이 WB 444는 영국 옥스퍼드의 애시몰린 박물관(Ashmolean Museum)에 전시되어 있다. 박물관 소장 번호는 AN1923.444이다.

우르크 및 라르사 이외에도 니푸르 등에서 총 16개 이상의 복사본이 발견되었는데, 그 순서에 따라서 A, B, C 등으로 매겨 업데이트되고 있다. 이중에서 본 2권에 참고한 버전은 WB 444와 G로 라르사에서 발견된 『수메르 왕 연대기』이다. 오늘날 가장 많이 알려진 것으로 영국 옥스퍼드 대학 수메르 전자문학문서(ETCSL)의 『수메르 왕 연대기』(Black et al, 1998~2006)도 이 WB 444 버전과 G 버전을 기초로 하여 영어로 번역해 공개하고 있다.

수메르어(Sumerian language)는 그 후 아카드(Akkad, Agade, 아가데, 창세기 10장 10절에 나오는 '악갓') — 바빌로니아(바빌론, 바벨론, Babylonia, Babylon, 지금 이라크의 '바그다드') — 아시리아(Assyria) 문명의 근원으로

영국 옥스퍼드 대학의 애시몰린 박물관에 전시된 수메르 왕 연대기(웰드—블런델 프리즘), 박물관 소장 번호는 AN1923.444.(The Sumerian King—List(Weld—Blundell Prism), AN1923.444. Credit: Ashmolean Museum)[5]

---

5 http://www.ashmolean.org/departments/antiquities/about/ANEast/?s=Weld-Blundell%20Prism, http://lost-history.com/kinglists.html, http://www.cdli.ucla.edu/dl/photo/P384786.jpg

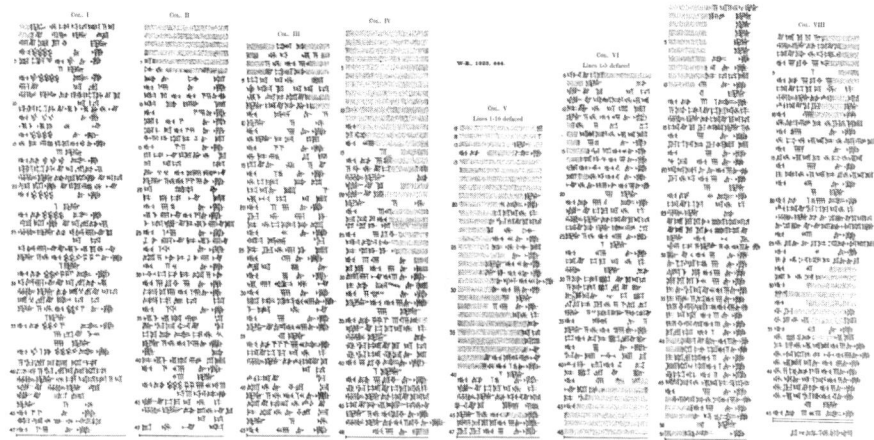

영국 옥스퍼드 대학의 애시몰린 박물관에 전시된 WB 444의 4면의 내용을 펼쳐 놓은 것. Credit:
CDLI/UCLA**6**

밝혀졌으며, 그 후 고고학적으로 바빌로니안(Babylonian)과 아시리안
(Assyrian) 왕의 연대기들도 발굴되어 계속 업데이트하고 있다.

　　앞으로 이 땅에 신들께서 언제 오셨는지를 파악하고 「창세기」 6장
3절의 "그들의 날은 일백이십 년이 되리라 하시니라(his days will be a
hundred and twenty years)"(NIV)를 해석하는 데『수메르 왕 연대기』의
내용을 인용할 것이다.

6 http://www.cdli.ucla.edu/dl/lineart/P384786_1.jpg

5장

c.BC 2150년에 쓰여진
『에리두 창세기』

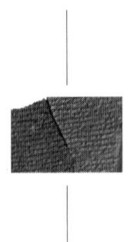

1절 고고학적 발굴

수메르 창조신화와 홍수 신화(Sumerian creation myth and flood myth) 중
홍수 이야기(The Flood Story) 또는 대홍수(The Great Flood)를 『에리두
창세기』(Eridu Genesis)라 하는데, 이는 고대 수메르 시대(c.BC 5000~c.
BC 2400)의 도시인 니푸르(Nippur)에서 발굴된 것으로, 단 하나의 점토
판(Clay tablet, 粘土板) 위에 c.BC 2150년에 수메르어 설형문자(Sumerian
Cuneiform)로 쓰여진 문서이다(Davila, 1995). 이는 창조와 홍수 관련 문
서 중 가장 오래된 문서이다.

발견 당시 점토판의 2/3는 분실되었으나 학자들은『수메르 왕 연
대기』와 『베로수스』를 참조하여 복원하고 있으며, 이 수메르어 설형문
자로 쓰여진 점토판은 현재 미국 펜실베이니아 박물관(Pennsylvania
Museum)에 소장품(Object) B10673으로 전시되어 있다.

이는 모세(Moses, BC 1526~BC 1406)가 이스라엘 민족을 이집트의
고센(Goshen) 땅에서 이끌어내고, 시나이 반도(Sinai Peninsula)와 시나
이 반도 남단의 시내산(Mt. Sinai, 히브리어로 Horeb)에서 40년의 광야생

이라크의 니푸르에서 발굴된 c.BC 2150년으로 추정되는 홍수신화를 담은 점토판. 현재는 미국 펜실베이니아 박물관에 전시되어 있음. Credit: Penn Museum, Object # B10673.[7]

활(Wilderness or Desert, BC 1446~BC 1406)을 할 때, 즉 출애굽 기간에 쓰여진 것으로 알려진 『모세오경』(Five Books of Moses)보다 무려 800년이나 앞선 것으로 대략 아브라함(Abraham, BC 2166~BC 1991) 시대에 쓰여진 것이다.

7 http://www.penn.museum/adopt-an-artifact.html

2절 『에리두 창세기』의 내용 요약

〈점토판〉은 수메르의 신들인 하늘에 거처하는 최고의 신인 안(아누, Anu, An)과, 하늘에서 이 땅에 내려와 아눈나키(Great Ahnunnaki 또는 the great Anunakk)의 수장이 되신 최고 높은 신인 엔릴(Enlil)과, 제일 먼저 이 땅에 내려오시고 인간을 만들어 과학과 문명을 전수하신 두 번째로 높은 신인 엔키(Enki, Ea)와, 그리고 엔키 신을 도와 인간을 창조하는데 제일 중요한 역할을 하신 모신(母神)인 닌후르쌍(Ninhursanga, Ninhursag) 등의 신들이 검은 머리에(black-headed, black hair)에 검붉은 피부를 가진(dark red blood~colored skin) 흑인 인간을 창조한 이야기에서, 왕권이 하늘로부터 내려와 에리두(Eridu), 라르사(Larsa), 시파르(Sippar, 수메르어로 Zimbir), 슈루팍(Shuruppak)에 도시를 건설했다는 내용으로 이어진다.

그 다음 슈루팍의 왕인 지우수드라(Ziusudra)의 홍수 이야기가 이어지고, 홍수가 끝난 후 '인간과 동물을 홍수로부터 보호했다'는 공을 인정받아 지우수드라는 하늘의 신인 안(An)과 이 땅의 최고 높으신 엔릴(Enlil) 신으로부터 영생(Eternal Life)을 얻고 그 당시 생명나무가 있던 동쪽의 해 뜨는 지역인 딜문(Dilmun)에 거처하게 된다는 이야기로 끝을 맺는다.

내용으로는 크게 다음과 같이 분류할 수 있다.

- 인간의 창조(분실됨)〈the creation of men(now lost)〉;
- 인간들의 처참한 상태/고통(their miserable condition);
- 왕권의 성립(creation of kingship);
- 최초의 도시들(the first cities);
- 대홍수 이전의 왕들(분실됨)(the kings who ruled before the Great

Flood(lost)
- 인간을 멸망시키려는 엔릴의 결정(분실됨)(the supreme god Enlil's decision to destroy sinful humankind(lost);
- 대재앙이 오고 있음을 터득하는 지우수드라(Ziusudra learns of the approaching calamity);
- 방주를 구축(분실됨)(building of the Ark(lost);
- 대홍수(분실됨)(the Great Flood(lost);
- 지우수드라의 번제(Ziusudra's sacrifice);
- 지우수드라에 영생을 내림(an offer of eternal life to Ziusudra).

3절 『에리두 창세기』의 출처/인용

〈점토판〉의 내용 중 「인간창조와 노아 홍수의 비밀」에 인용한 문구는 영국 옥스퍼드 대학의 수메르 전자문학문서 중 홍수 신화(The Flood Story)를 기본 참고 문헌으로 하고(Black et al., 1998~2006), 자콥슨(Jacobson)이 1981년과 1998년에 번역한 『한 때의 하프…: 수메르어 시의 번역』(Jacobson, 1981 & 1998)에서 『에리두 창세기』(Eridu Genesis)만을 인용해 여기에 소개한다.

2부

인간창조의 비밀: 고고학적 증명

질문들

신들은 이 땅에 왜 오셨는지? 언제 오셨는지? 인간을 왜 창조했는지?
혹시 노예(slave)로 창조한 것은 아니었을까? 어떤 구체적인 생명공학기
술로 창조했는지? 에덴 동산의 아담은 무엇을 의미하는지? 아담은 흑
인이었을까? 그러면 이브도 흑인이었을까? 구약성경은 그 구체적인 사
실들을 말하지 않는다. 그렇다고 「창세기」가 잘못 기록되었다는 뜻은
아니다. 다 기록하였으되 자세한 내용을 말하지 않을 뿐이다.

자, 구약성경보다 더 오래된 고대 수메르 문서를 바탕으로 이런 질
문들을 하나 하나씩 풀어가 보자.

1장
신들은 이 땅에 언제 오셨나

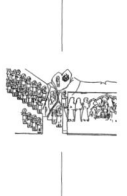

우선 첫 번째 질문이 신들은 이 땅에 언제 오셨는가이다. 『바이블 매트릭스』 1권 「우주창조의 비밀」에서 살펴보았듯이 신들께서 우주와 지구를 창조하셨다. 우주의 나이가 137억 년이니 137억 년 전에 우주를 창조하시고, 그로부터 대략 91억 년 흐른 후에 태양과 지구를 창조하셨다고 했다. 지구의 나이가 45.5억 년이니, 이렇게 본다면 신들은 이 땅에 대략 45.5억 년 전에 오셨다고 봐야 할 것이다. 이것은 우주 관점인 거시적인 매크로 관점이다.

그러나 『바이블 매트릭스』 2권의 주제는 '인간창조의 비밀'을 밝히는 것으로, 이는 보다 미시적인 관점의 주제이다. 자, 이러한 관점에서 신들은 이 땅에 언제 오셨으며, 무엇 때문에 오셨고, 인간을 왜 창조했는지, 그리고 언제 창조했는지를 고고학 문서와 성경을 들어 하나씩 풀어 나가 보자. 이것을 풀려면 대홍수 이전의 기록을 보아야 한다.

1절 대홍수 이전-8명의 왕

c.BC 2119년에 쓰여진 『수메르 왕 연대기』에 따르면 "대홍수 이전 시대(Antediluvian, pre-Diluvial)에 하늘로부터 왕권(Kingship)이 땅에 내려와(After kingship had descended from heaven) 최초의 도시를 건설했는데 그게 에리두(Eirdu)였으며 최초의 왕은 알루림(Alulim)이었다"라고 기록하고 있다. 그는 8샤르(Sars, Shar) 동안 통치했다고 기록하고 있다. 1샤르는, 『바이블 매트릭스』 1권의 「우주창조의 비밀」에서 살펴보았듯이, 신들의 고향인 니비루(Nibiru)의 1년 공전주기로 지구로 보면 3,600년을 말한다(시친, I, 2009; Proust, 2009). 다시 말해 8샤르×3600= 28,800년을 통치하였다. 이는 노아 홍수 이전의 통치자들(Antediluvian Rulers)로서 이같이 오래 통치한 이유는 초기의 왕들은 신들(Gods)에 속하는 계급이었고 신들의 고향인 니비루에서 내려왔기 때문이다.

『수메르 왕 연대기』를 보면 대홍수 이전 시대에 5개의 도시에서 8명의 왕들이 통치를 했다. 그런데 8명의 왕들이 통치를 한 것을 다 합친 연수가 버전마다 다르다. 버전 WB 444는 241,200년이라 되어 있고, 버전 G에는 385,200년이라 되어 있으며, 다른 버전에는 421,200년이라 되어 있다. 그러나 버전 G나 다른 버전들은 실제로 계산해 보면 241,200년이지만, 기록에는 385,200년이나 421,200년이라고 한 줄로 기록되어 있다. 여기서 특이한 점은 통치 기간이 모두 3,600년의 배수라는 점이다.

c.BC 2150년에 쓰여진 『에리두 창세기』와 c.BC 2119년에 쓰여진 『수메르 왕 연대기』를 종합해서 표를 만들면 다음과 같다.

도시이름	도시를 지배한 신(神)의 이름	왕 이름	통치기간	샤르로 계산
에리두(Eridu)	누딤무드 (Nudimmud, 엔키 =Enki, 에아=Ea)	알루림(Alulim)	28,800년	3,600 x 8
에리두(Eridu)		아랄가르(Alalgar)	36,000년	3,600 x 10
바드티비라(Bad-tibira)	인안나(Inanna) 여신과 두무지 (Dumuzi)	엔멘루아나 (Enmen-lu-ana)	43,200년	3,600 x 12
바드티비라(Bad-tibira)		엔멘갈안나 (Enmen-gal-ana)	28,800년	3,600 x 8
바드티비라(Bad-tibira)		두무지(Dumuzi)	36,000년	3600 x 10
라락(Larak/Larag)	파빌상(Pabilsag=위대한 수호자)=닌우르타(Ninurta)	엔시파지안나(En-sipad-zid-ana)	28,800년	3,600 x 8
시파르(Sippar, 수메르어로 Zimbir)	우투(Utu)	엔멘두르안나 (Enmen-dur-ana)	21,600년	3,600 x 6
슈루팍(Suruppak)	수드(닌후르쌍, 닌투, 닌마) 여신	우바라-투투 (Ubara-Tutu)	18,000년	3,600 x 5
5개 도시		8명의 왕들	241,200년	

2절 『베로수스』와 다른 버전-10명의 왕들이 120샤르 동안 통치

그런데 BC 280년경의 『베로수스』에는 대홍수 이전에 8명의 왕이 아니라 10명의 왕이 다스렸다고 기록하고 있다. 아리스토텔레스(Aristotle)의 제자였던 아비데누스(Abydenus, BC 200)는 『베로수스』를 인용하면서 대홍수 이전에 지구를 120샤르 동안 다스렸던 10명의 지도자(ten pre-Diluvial rulers)에 대해 언급하고 있으며, 10명의 지도자들과 그들의 도시가 모두 고대 메소포타미아에 있었다고 분명하게 기록하고 있다.

땅을 다스린 최초의 왕은 아로루스였다고 한다…

그는 10샤르 동안 통치했다.

1샤르는 3,600년인 것으로 생각된다.

그 다음에는 아라프루스가 3샤르 동안 통치했다;

그의 뒤를 이어 판티-비블론에서 아밀라루스가

13샤르 동안 통치했으며…

그 다음에는 아메논이 12샤르 동안 통치했다;

그의 도시도 판티-비블론이었다.

그 다음에는 메갈루루스가 역시 판티-비블론에서 18샤르 동안 통치했다.

그 다음엔 다오스 즉 목자가,

10샤르 동안 통치했다…

It is said that the first king of the land was Alorus....

He reigned ten shar's.

Now, a shar is esteemed to be three thousand six hundred years. …

After him Alaprus reigned three shar's;

to him succeeded Amillarus from the city of panti-Biblon,

who reigned thirteen shar's. …

After him Ammenon reigned twelve shar's;

he was of the city of panti-Biblon.

Then Megalurus of the same place, eighteen shar's.

Then Daos, the Shepherd,

governed for the space of ten shar's. … (시친, I, 2009, p. 352).

다른 통치자의 뒤를 이어

마지막으로 시시스루스가 통치했다;

모두 10명의 왕이 있었으며,

<u>그들의 통치기간은 120샤르이다.</u>

There were afterwards other Rulers,

and the last of all Sisithrus;

so that in the whole,

the number amounted to ten kings,

and the term of their reigns to an hundred and twenty shar's.(시친, I, 2009, p. 352).

아테네의 아폴로도로스(Apollodorus, BC 160)도 베로수스가 말한 것처럼 이전 시대의 왕들에 대해 10명의 지도자가 120샤르 동안 다스렸다는 기록을 남겼으며, 베로수스의 책을 요약한 알렉산더 폴리히스토르(Alexander Polyhistor, BC 50)는 베로수스의 두 번째 책에서, 갈대아(Chaldea, Chaldean)의 10명의 왕들과 통치 기간에 대해 설명하면서 그들의 통치기간은 대홍수 때까지 120샤르였다고 기록하고 있다(시친, I, 2009, p. 352 & 353).

물론 그 이름은 모두 그리스어로 대체되었지만 마지막 열 번째 왕이 바로 지우수드라(Xisuthros)로 64,800년 동안 다스려, 총 10명의 왕들이 총 432,000년을 다스렸다고 기록되어 있다. 또한 WB 62라는 하나의 점토판은 단지 두 문장으로 되어 있다. 이 버전에는 라르사(Larsa)를 다스렸던 두 명의 왕이 더 적혀 있는데 '키둔누(…kidunnu)'는 72,000년을, '알리누나(…alinuna)'는 21,600년을, 그리고 마지막 지우수드라(Ziusudra)는 36,000년을 다스려, 결국 총 10명의 왕이 총 454,000을 다스렸다고 기록되어 있다(Hasel, 1978).

버전 WB 62와 Berossos 상의 10명의 전체 통치기간(Hasel, 1978)

WB 62		Berossos	
Alulim	67,200년	Aloros	36,000년
Alalgar	72,000년	Alaparos(Alaprus)	10,800년
···kidunnu	72,000년	Amelon(Amillarus)	46,800년
···alinuna	21,600년	Amenon	43,200년
Dumuzi	26,800년	Megalaros(Megalurus)	64,800년
Enmendurauna	21,600년	Daonos(Daos)	36,000년
Ensipaizianna	36,000년	Euedorachos	64,800년
Enmenduranna	72,000년	Amempsinos	36,000년
Suruppak	28,800년	Otiartes	28,800년
Ziusudra	36,000년	Xisuthros(Sisithrus)	64,800년
10 Kings	454,000년	10Kings	432,000년

이렇게 보면 「창세기」의 노아가 대홍수 이전의 마지막 왕으로 보는 것이 타당하고, 『에리두 창세기』의 슈루팍(Suruppak)의 왕이었던 지우수드라, 『아트라하시스 서사시』(Babylonian Epic of Atrahasis or Atra-Hasis)의 슈루팍의 왕이었던 아트라하시스, 『길가메시 서사시』(Epic of Gilgamesh)의 슈루팍의 왕인 우트나피시팀(Utnapishtim), 그리고 「창세기」의 노아는 동일 인물로 보는 것이 타당하므로, 이들은 반드시 열 번째 왕으로 기록되어 있어야 한다.

그런데 「창세기」에는 노아가 600살 때 대홍수가 일어나고(「창세기」 7:11), 950살에 죽었다고 기록되어 있다(「창세기」 10:28~29). 그러나 WB 62에는 지우수드라가 36,000년, 그리고 『베로수스』는 지우수드라에 해당하는 시시스루스가 64,800년을 다스렸다고 기록되어 있어 연도가 일치하지 않는다. 이것은 실수일까 고의일까? 아무튼 알 수가 없다. 어느 분인가 연구해서 꼭 공유를 했으면 좋겠다.

아무튼 작고하신 시친(Sitchin)은 대홍수 이전에 왕들이 8명이 아니라 10명이라고 한다. 또한 그는 WB 62와 『베로수스』가 기술한 통치기간도 3,600년의 배수라고 지적한다. 따라서 각각의 왕들은 상당한 기간의 샤르 동안 다스렸고, 그들의 통치기간은 120샤르라고 결론짓고 있다(시친, I, 2009, p. 355 & 558). 즉, 대홍수 이전의 10명의 왕들의 통치기간은 120샤르×3,600년 하면 432,000년이 나온다. 이렇게 본다면 『베로수스』의 계산이 정확이 맞는다. 위키피디아[1] 사전도 1샤르는 3,600년이라고 밝히고 있는데, 이는 니비루 행성의 1년 공전주기이다.

3절 「창세기」 6장 3절의 120년은 120샤르
– 120년은 신들의 니비루의 연수

「창세기」 6장 1절에서 3절의 내용을 보면 확실하게 이해가 된다.

> 「창세기」 6:1–사람이 땅 위에 번성하기 시작할 때에 그들에게서 딸들이 나니
> 2–하나님의 아들들이 사람의 딸들의 아름다움을 보고 자기들의 좋아하는 모든 자로 아내를 삼는지라
> 3–여호와께서 가라사대 나의 신이 영원히 사람과 함께 하지 아니하리니 이는 그들이 육체가 됨이라 그러나 그들의 날은 일백이십 년이 되리라 하시니라(한글개역)

---

[1] http://en.wikipedia.org/wiki/Sumerian_King_List

1-When men began to increase in number on the earth and daughters were born to them,

2-the sons of God saw that the daughters of men were beautiful, and they married any of them they chose.

3-Then the LORD said, "My Spirit will not contend with man forever, for he is mortal; his days will be a hundred and twenty years."(NIV)

그 동안 많은 성경학자들과 역사학자들은 '그들의 날은 120년이 되리라'라는 구절을, 여호와 하나님이 인간에게 120년의 수명을 준 것이라고 해석했다. 필자도 처음엔 그렇게 해석했다. 그러나 이것은 잘못된 해석이다. 인간 전체를 멸망시키려는 여호와 하나님이 왜 인간에게 120년이라는 수명을 주겠는가? 대홍수에서 살아 남은 노아도 120년보다 훨씬 긴 950살을 살았다. 그리고 그의 후손들인 셈(Shem)은 600살을 살았고 아르박삿(Arphaxad)은 438살을, 그리고 셀라(살라, Shelah)는 433년을 살았다(「창세기」 10장 & 11장).

결론적으로 120년은 인간들에게 적용된 날이 아니라 신들에게 적용되는 날이었다. 지구에 처음 착륙한 시점에서 대홍수가 일어날 때가 바로 120샤르의 시간, 즉 120×3600=432,000년으로, 이는 『베로수스』의 432,000년과 정확히 일치한다. 즉 처음에 에리두에서 시작해 슈루팍에서 대홍수가 일어날 때 인간은 모두 멸망한다는 뜻이다. "나의 신(Spirit)이 이제 인간들과 함께 있지 않겠다"는 말은 인간과의 결별을 선언한 것이다. 인간은 신에게서 받은 영(Spirit)이 다 떠나가고 육체(flesh)로 돌아가고 있어—이 당시 인간은 황소와 같이 섹스에만 몰두했음—죽어야 할(mortal) 운명이기 때문에 대홍수로 다 죽이겠다는 뜻이다. 왜냐하면 신들은 다시 신들의 행성으로 돌아가면 그만이기 때문이었다.

4절 신들은 445,000년 전에 이 땅에 오시다

대홍수가 일어난 시점은 12궁의 처녀자리(처녀궁, 處女宮, Virgo, 12궁의 6궁)와 천칭자리(천칭궁, 天秤宮, Libra, 12궁의 제7궁) 사이인 BC 13020년경에 일어났음을 예측해 볼 수 있으므로, 대략 13,000년 전이라고 본다면, 신들이 지구에 최초로 착륙한 시점은 432,000+13,000=약 445,000년 전임이 확실하게 드러난다. 즉 445,000년 전에 신들은 이 지구를 방문한 것이다(참조: 시친, I, 2009, p. 359 & 570).

물론 그 전에도 이미 여러 번 탐방을 했을 것이다. 그러나 이 계산은 「창세기」 6장 3절과 『수메르 왕 연대기』와 『베로수스』에 의거한 연대임을 밝힌다. 다시 말해 「창세기」는 신들이 오신 시점과 인간 탄생 시점을 중심으로 하여 인간의 역사를 기록한 역사서이다.

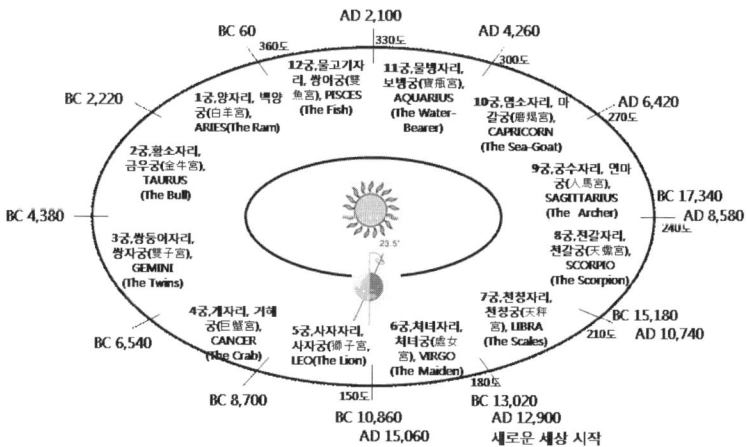

세차운동(歲差運動, Precession)에 의해 대주기(Grand Circle) 혹은 대년(Great Year)인 25,920년에 따라 변하는 시대별 춘분의 12개 별자리.

2장
금을 캐러 오신 신들

그럼 신들은 445,000년 전에 왜 지구를 방문했을까? 이에 대해 설명하는 기록은 c.BC 1640년에 쓰여진 『아트라하시스 서사시』, 〈점토판 1〉에 자세히 기록되어 있다(Dalley, 1998). 자, 그 기록과 더불어 참고문헌에 나타난 내용을 한번 보자.

1절 인간창조 전 신들의 문제─금을 캐고 노동을 하는 젊은 신들(네피림/이기기)

이 땅에는 신들의 고향 행성인 니비루(Nibiru)에서 많은 신들이 내려왔다. 신들이 왜 이 땅에 내려왔을까? 그 목적은 금(Gold)을 캐기 위함이었다. 아프리카 광산에서 채광된 금은 메소포타미아로 옮겨졌고, 다시 페르시아만 항구에서 수메르 지역의 바드티비라(Bad-tibira)로 옮겨져, 여기에서 정제했다. 정제된 금은 신들의 우주공항인 시파르(Sippar)를 통해 신들의 고향인 니비루로 우주선을 통해 옮겨졌다. 신들의 고향인 니비루의 대기환경이 나빠졌기 때문에 이를 치료하기 위해서는 금가루를 뿌려야 했기 때문이다. 과학적으로 금과 은은 대기의 오염을 정화시킨다.

따라서 이 땅에는 두 계급의 신들이 내려왔다. 하나는 고위급 신들(Higher gods)이었고, 다른 하나는 젊은 신들로 구성된 저위급 신들(Lower gods)이었다. 특히 저위급 신들은 「창세기」 6장 4절에 등장하는 네피림(Nephilim), 즉 이기기 신들(Igigi gods)이라 불렸다. 젊은 신들은 인간이 창조되기 전에 두 가지 일을 했다. 한 그룹은 아프리카 광산에서 금을 캐거나 수메르 지역에서 강을 막아 수로를 만들거나 했다. 또 한 그룹은 신들의 고향인 니비루로 금을 실어 나르는 화성(Mars)의 우주비행 군단(Astronaut Corps) 또는 지구궤도를 도는 모선(mother spaceship, 母船)에 속해 일을 했다. 이들은 지구에 착륙하지 않고 지구 궤도를 도는 모선에서 지구로 우주왕복선을 보내고 받았다.[2]

호로위츠(Horowitz)는 그의 저서 『메소포타미아인들의 우주적인 지리학』(Mesopotamian Cosmic Geography)에서 고대 기록인 점토판 〈KAR 307 30~38(VAT 8917)〉을 들어 이 땅에 내려온 이기기 신들이 600명이었고, 하늘 즉 모선에서 대기하는 이기기(Igigi) 신들은 300명이라고 서술하고 있다(Horowitz, 1998, p. 4). 작고하신 시친(Sitchin)은 그의 저서 『수메르, 혹은 신들의 고향』(The 12th Planet Book I, 2009)과 『틸문, 그리고 하늘에 이르는 계단』(The Stairway to Heaven Book II)에서 실제로 아눈나키(Anunnaki)라는 단어가 '하늘에서 내려온 50명'이라는 뜻이라며, 처음 이 땅에 오신 엔키 신과 이기기 신들은 50명이었

---

2 지금 미국항공우주국(NASA)은 화성(火星, Mars) 탐사 로봇인 스피릿(Spirit)과 오퍼튜니티(Opportunity)를 2004년 1월에 화성에 착륙시켜 생명체 찾는 일을 시작했고, 그리고 세 번째 탐사로봇인 큐리오시티(Curiosity)를 2012년 8월에 화성에 착륙시켜 생명체 생존 가능성을 탐색하고 있는데, 조만간 이들은 신들의 우주선기지를 화성에서 찾아낼 것임이 분명하다.

다고 서술하고 있다. 이들은 엔키 신의 지시로 에리두를 건설했다. 이들 이기기 신들, 즉 네피림은 처음에 50명으로 시작해서 결국 600명으로 늘어났다는 것이다(시친, I, 2009, p. 453~454; 시친, II, 2009, p. 184).

처음에 50명이라는 적은 숫자의 신들은 지구에서 원하는 광물을 채취하여 그들의 고향인 니비루 행성으로 어떻게 보냈을까? 분명히 신들은 우리가 오늘날의 과학기술보다 월등히 높은 과학기술에 의존했을 것이다. 그래서 기술자이자 과학자인 엔키 신께서 먼저 지구에 온 것이다. 현재 프랑스의 루브르 박물관(Louvre Museum)에 소장되어 있는 한 유명한 원통형 인장(cylinder seal)에는 엔키 신이 자신을 상징하는 흐르는 물과 함께 묘사되어 있는데, 특이하게도 거기에 묘사된 물은 여러 종류의 실험관을 통해 흐르는 것처럼 보인다.

아무튼 이들 이기기 신들은 고된 일을 했다. 첫 번째 그룹은 아프리카 광산에 투입되었다. 그리고 이들은 고위 신들에 대항해 반란, 즉 폭동을 일으킨다. 이게 인간을 창조하게 되는 근본 이유이다. 두 번째 그룹은 지구를 도는 모선에서 니비루로 금을 실어 나르는 일을 했고, 나중에 인간이 창조되자 모선에서 인간과 지구의 기후상황을 살피는 젊

루브르 박물관에 소장된 원통형 인장의 그림. 여러 종류의 실험용 기구들에 둘러싸인 기술의 신인 엔키. Credit: 시친, I, 2009, p. 455. © Z. Sitchin. Reprinted with permission.

은 신들로 구성된 주시자들 또는 감시자들(Watchers)이었다. 문제는 이들 감시자들이었다.

외경인 「에녹1서」에는 천사 또는 감시자 또는 주시자(Watchers), 즉 네피림인 이기기 신들이 역할과 위치를 이탈하고, 200명 규모로 이 땅에 내려와 인간의 여성들과 결혼하여 거인(Great/Giant Man)을 낳았다고 기록하고 있다(「에녹1서」 7:7)(Charles 1917 & Laurence, Internet Publishing). 이는 「창세기」 6장 1~5절에 상세히 기록되어 있다. 여하튼 이들 저위급 신들, 즉 하늘에서 지구로 내려온 하나님의 아들들(sons of God)을 『길가메시 서사시』와 『아트라하시스 서사시』에서는 이기기 신들(Igigi-Gods)이라 표현하고 있는데 「창세기」 6장 2~4절로 표현한다면 하나님의 아들들(sons of God)인 네피림(Nephilim)이다.

이 땅에 내려오신 고위급 신들 중 최고 12명으로 구성된 고위 신들의 그룹으로 이들을 아눈나키(Great Annunakki)라고 불렀다. 접미사 키(ki)는 지구(earth)라는 뜻이다. 엔릴(Enlil) 신(神)이 최고 높은(Most High or Great Mountain) 신으로 아눈나키의 수장이었다. 반면 하늘의 고위 신들의 그룹은 아눈나(Anuna, Anunna)라고 불렀으며 하늘의 수장은 안(An, Anu) 신이었다. 이 땅에 제일 먼저 내려오시고 인간을 창조하셨으며, 인간에게 과학과 지식과 문명을 전수해 준 엔키(Enki) 신은 안의 서자(庶子)로 2인자였다.

수메르 종교(Smerian Religion)에 따르면 우르 3왕조(Third Dynasty of Ur, BC 2055~BC 2004 또는 BC 2047~BC 1940) 동안에만 이 땅에는 고위급 신들과 저위급 신들을 포함해 총 3,600명의 판테온(The Pantheon) 신들이 있었다고 기록하고 있다.

자 그러면 신들은 어떤 문제를 가지고 있었는지 『아트라하시스 서사시』의 〈점토판 1〉의 기록을 살펴보자.

인간이 창조 되기 전에

신들(the gods)이 인간을 대신해

매우 고된 일을 했으며,

신들의 노동이 하도 힘들어서, 많은 문제를 야기시켰는데,

왜냐하면 위대한 고위신들의 그룹인 아눈나키가

이들 저위급 신들인 이기기(Igigi) 신들에게

7배나 가중한 노동을 시켰기 때문이었다.

신들의 아버지인 하늘의 왕인 안(An, Anu)과

그의 아들인 카운슬러인 전쟁의 신인 엔릴(Enlil) 신과,

엔릴 신의 시종인 아들 닌우르타(Ninurta) 신과,

수로-책임자인 에누누기(Ennugi) 신이 젊은 신들에게 고역을 가했다.

When the gods instead of man

Did the work, bore the loads,

The gods' load was too great,

The work too hard, the trouble too much,

The great Anunnaki [governing body of gods] made the Igigi [lower gods]

Carry the workload sevenfold.

Anu their father was king,

Their counselor warrior Enlil,

Their Chamberlain was Ninurta,

Their canal-controller Ennugi.(Dalley, 〈Epic of Atra-Hasis〉, Tablet I, 1998).

인간이 창조되기 전에 젊은 저위급 신들은 아프리카 짐바브웨(Zim-babwe)의 광산에서 금을 캤고, 수메르 지역에서는 금을 정제했으며,

수메르 도시를 건설하기 위해 강을 막고 운하를 팠으며 관개수로 공사를 했다. 3,600년 동안 낮과 밤을 통해 인간의 노동보다 7배나 가중한 노동을 했다는 것으로 보아 그것은 심히 가혹한 일이었다.

2절 아눈나키의 3개 영역 분할과 고위급 신들에 대한 젊은 신들의 반란/폭동

아눈나키는 제비 뽑기 상자를 가져왔다.

그리고 제비 뽑기를 했다; 그리고 신들은 각자 지역을 분할했다.

안(An, Anu) 신은 하늘의 영역을 뽑아 하늘을 관할하기로 하고,

엔릴(Enlil) 신이 땅을 관할하기로 했다.

빗장으로 막힌 바다는

멀리 떨어져 있는 엔키(Enki) 신이 관할하기로 했다.

안(An, Anu) 신은 하늘로 올라갔고,

압수(Apsu)에 속한 엔키 신과 종속 신들은 아래 지역으로 내려갔으며,

아눈나키는

이기기(Igigi) 젊은 신들에게 노동을 시키기로 결정했다.

젊은 신들은 운하를 파고,

그 수로를 만들었으며, 땅에 생명 줄을 만들었다.

젊은 신들은 티그리스 강을 파고

유프라테스 강을 팠다.

… 깊게

… 구축시키고

… 압수를

… 땅을 만들고

··· 그 안에서

··· 봉우리를 만들어

··· 모든 산을 만들었다

그들은 노동의 시간을 계산했는데

··· 그것은 대단히 커다란 늪지대를

<u>3,600년 동안 낮과 밤을 통해</u>

고된 일을 했다.

그들은 신음했으며 서로 비난하기 시작했다,

이 거대한 작업의 굴착에 대해 불평하기 시작했다:

They [Anunnaki] took the box of lots

Cast the lots; the gods made the division.

Anu went up to the sky,

And Enlil took the earth for his people.

The bolt which bars the sea

Was assigned to far-sighted Enki.

When Anu had gone up to the sky,

And the gods of the Apsu had gone below,

The Annunaki of the sky

Made the Igigi bear the workload.

The gods had to dig out canals,

Had to clear channels, the lifelines of the land.

The gods dug out the Tigris river

And then dug out the Euphrates.

··· in the deep

··· they set up

··· the Apsu

··· of the land

··· inside it

··· raised its top

··· of all the mountains

They were counting the years of loads

··· the great marsh,

They were counting the years of loads.

For 3,600 years they bore the excess,

Hard work, night and day.

They groaned and blamed each other,

Grumbled over the masses of excavated soil):(Dalley, 『Epic of Atra-Hasis』 Tablet I, 1998).

하늘에 거주하는 안(An, Anu) 신의 첫 번째 아들이 서자(庶子)로 니비루 행성의 하늘에서 태어난 엔키(Enki) 신이었다. 그리고 적자(嫡子)로 하늘에서 태어난 아들이 엔릴(Enlil) 신이었다. 이 땅에 제일 먼저 내려오신 신은 엔키 신이었다. 이들은 제비뽑기로 영역을 할당했다. 신들의 고향인 니비루(Nibiru)는 안(An) 신이 다스리기로 하고, 이 땅의 북반구는 엔릴 신이, 그리고 바다와 지하세계(Underworld, Netherworld), 즉 남반구는 엔키 신이 다스리기로 했다. 그리고 엔릴 신은 12명 고위 신들의 최고 의사결정 기구인 아눈나키의 수장이 된다.

3절 신들의 족보

수메르 시대의 주요 신들의 족보는 다음과 같다. 굵은 선의 신들과 여신들은 12명의 아눈나키(Anunnaki) 그룹이다. 엔키 신은 하늘에 거주하는 안(An, Anu) 신의 첫 번째 아들이지만 서자(庶子)로 니비루 행성의 하늘에서 태어나셨고, 엔키 신과 함께 인간을 창조한 닌후르쌍(Ni-nhursanga, 아루루, Aruru) 여신도 배가 다른 어머니 신으로부터 태어나셨다.

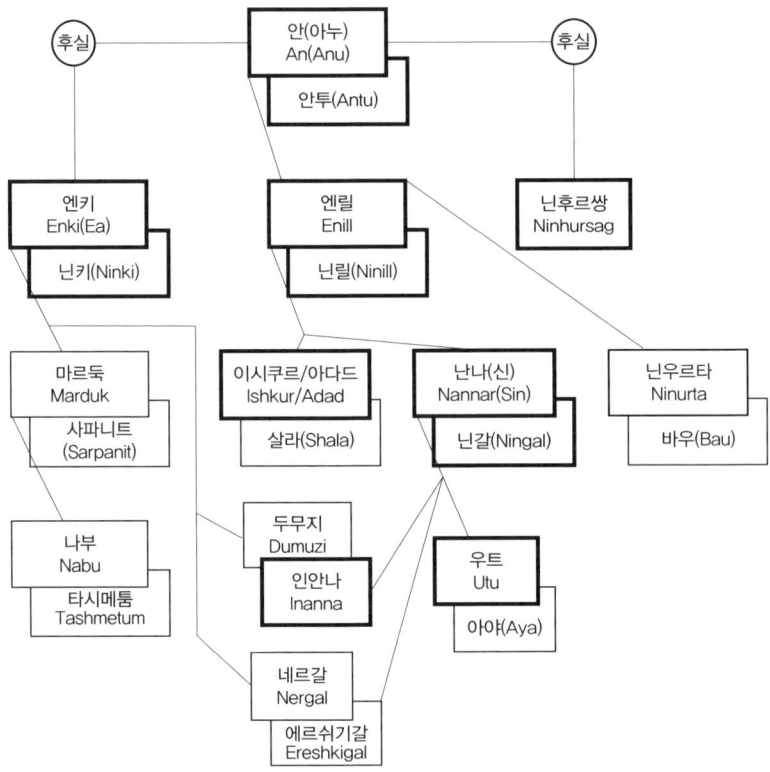

수메르 시대의 주요 신들의 족보도. 굵은 선의 신들과 여신들은 12명의 아눈나키(Anunnaki) 그룹.
Credit: 시친, I, 2009, p. 190, © Z. Sitchin, Reprinted with permission.

4절 엔키 신은 어느 분인가, 용-뱀-마귀-사단

엔키는 수메르어로 에아(Ea, E-A)라 불리는데, 바다를 관장하고 있었으므로, 이는 물의 집(the house of water) 또는 물의 신(Water of God) 이라는 뜻이다. 엔키 신은 달(초승달)로 표현하기도 했는데 그 이유는 바다의 조석(潮汐)을 만들어냈기 때문이다. 엔키 신은 에리두(Eridu)에 거주하고 있었는데 바로 이곳, 즉 페르시아만 근처의 늪지대에 위치한 에리두에 건설한 엔키의 지구라트(Ziggurat) 신전이 압주(Abzu=E-abzu=E-

랭던(Langdon, 1964) 교수가 구약의 아담과 메소포타미아의 아다파(Adapa) 이야기의 유사성에 착안해 구현한 그림. 뱀 한 마리가 나무를 감고 올라가면서 선악과의 나무 열매를 노리고 있고, 뱀의 왼쪽에는 안(An)을 상징하는 횡단하는 행성인 십자가 모양의 니비루의 상징이 있으며, 그 옆에는 엔키 신을 상징하는 초승달이 있음. Credit: 시친, I, 2009, p. 516, © Z. Sitchin, Reprinted with permission.

메소포타미아에서 발견된 원통형 인장에 새겨진 그림. 물과 연결되어 표현되는 엔키(에아) 신의 모습. Credit: 시친, II, 2009, p 183, © Z. Sitchin, Reprinted with permission.

engura)로 아카드어로 압수(Apsu)를 말한다.

압주 또는 압수는 때론 엔키 신의 주요 관할지역인 아프리카나 아프리카의 짐바브웨(Zimbabwe)를 뜻하기도 한다. 이집트에서는 프타(Ptah) 신으로 불렸다. 수메르어로 이미지 패셔너(Image Fashioner)라는 뜻의 누딤무드(Nudimmud)로 불리기도 하는데, 이는 땅을 고르게 펴거나 관개수로로 바꾸거나, 유전자를 조작해 인간을 만든 것에 비유하여 사용하기도 했다.

엔키 신은 물의 신으로 종종 뱀(Serpent)으로 표현되기도 하는데, 「창세기」 3장 1절에서 5절에 등장하는 뱀(serpent)이 바로 엔키 신이시다. 이를 많은 사람들은 땅에 기어 다니는 뱀으로 해석하고 있는데, 그것이 아니라 '바다의 신'과 '물의 신'인 엔키 신을 말하는 것이다. 아담과 이브에게 선악과를 따 먹도록 꼬셔, 즉 임신을 하도록 유전자 조작

메소포타미아에서 발견된 원통형 인장에 새겨진 그림. 엔키 신의 상징인 뒤얽힌 두 마리의 뱀.
Credit: 시친, II, 2009, p 189. © Z. Sitchin, Reprinted with permission.

을 한 신이 엔키 신이다. 이는 차차 4부의 "엔키 신과 선악과란 무엇인가"에서 자세히 다루기로 한다.

일반적으로 모든 신화에서 선적인 의로운 신들과 반대되는 신들은 모두 뱀으로 표현하고 있다. 엔키 신은 아눈나키의 수장인 엔릴 신의 명령에 종종 반대하기 때문에 뱀으로 표현되고 있으며 실제 뱀으로 불렸다. 『아트라하시스 서사시』와 『긴가메시 서사시』에서도 이런 경쟁관계를 확인할 수 있다.

수메르 시대의 반대, 즉 적(enemy)의 신들을 뱀(serpent), 용(dragon), 괴물(Monster), 악마(devil), 사단(Satan)으로 표현하는 전통은 그리스 신화에도 그대로 전승되어, 하늘을 지배한 제우스(Zeus) 신에 대항하는 티폰(Typhon) 신들은 모두 뱀으로 표현하고 뱀의 모양으로 그려져 있다.

성경도 마찬가지이다. 「요한계시록」 20장 2절에는 "용을 잡으니 곧 옛 뱀이요 마귀요 사단이라 잡아 일천 년 동안 결박하여(He seized the dragon, that ancient serpent, who is the devil, or Satan, and bound him for a thousand years)(NIV)"라는 내용이 나오는데, 여기에서 옛 뱀이란 「창세기」 3장에 등장하여 하와(Eve)를 꼬셔 선악과를 따 먹도록 한 엔키 신을 지칭하는 것이다.

선악과란 무엇인지에 대해서는 4부의 "엔키 신과 선악과란 무엇인가"에서 자세히 다루겠지만, 이때 뱀이란 의로운 신들의 반대편에 선 신들, 즉 엘로힘(Elohim)이다. 『바이블 매트릭스』 1권에서 살펴본 대로 엔키 신과 그의 아들인 마르둑(Marduk) 신과 그 족속의 신들과 천사들이다. 이러란 배경을 알아야 성경을 이해할 수 있다. 이는 차후 『바이블 매트릭스』 시리즈의 「하나님들과 하나님들의 과학기술」에서 자세히 다루기로 한다.

5절 니비루 행성과 3,600년의 해석

아눈나키의 명령에 따라 젊은 이기기(Igigi) 신들은 고된 일을 했고, 3,600년 동안 밤낮을 가리지 않고 일을 했다. 3,600년이란 신들의 고향 행성인 니비루(Nibiru)가 태양을 시계방향으로 진입하여 소행성대를 가로질러 다시 깊은 곳으로 여행하는 1년의 공전주기를 말한다. 신들의 관점에선 1년이지만 지구의 관점에선 3,600년이다. 우리는 이미 『바이블 매트릭스』 1권 「우주창조의 비밀」에서 이 행성이 아눈나키의 권력을 찬탈한 마르둑 신의 행성이라고 했다.

니비루는 번역하면, '가로질러 통과(crossing)' 또는 '타원형 궤도의 가장 높은 점' 또는 '교차점(point of transition)'이라는 뜻으로 '횡단하는 행성'이라는 뜻이다. 시친(Sitchin)에 따르면, 신들의 고향 행성을 말한다. 태양을 중심으로 시계 반대방향으로 도는 다른 행성들과는 달리 시계방향의 궤도로 공전하는 행성으로 공전주기 3,600년을 1샤르(Shar, Sar)라 하고, 니비루 행성이 지구에 근접할 때를 근지점(Perigee), 지구와 가장 먼 거리에 있을 때를 원지점(Apogee)이라 한다. 또는 태양과 가까울 때는 근일점(近日點, Perigee) 멀어질 때는 원일점(遠日點, Apogee)이라 한다. 니비루 행성이 근지점에 다다를 때, 다시 말하면 소행성대에 진입할 때 엄청난 인력으로 인해 지구에서는 남극대륙의 빙하가 깨져 바다로 미끄러져 들어가 지진과 해일 등 각종 재난이 일어난다(시친, I, 2009, p. 559; Sitchin, 1991, Chapter 14). 이것이 바로 노아 홍수의 비밀이다.

왜 『아트라하시스 서사시』에는 이기기 신들이 3,600년 동안 고생을 했다고 강조했을까? 바로 니비루 행성을 3,600년 동안 기다린 것이다. 니비루 행성이 지구에 근접할 때까지, 즉 3,600년 동안 이기기 신들은 고생을 해야만 했다. 이기기 신들은 두 그룹으로 일했다. 한 그룹의 땅에 속한 이기기 신들은 아프리카에서 금을 캐고, 캐낸 금을 수메르 지역의 바드티비라(Bad-tibira)에서 정제해서 금가루를 만들었다. 또한 그룹의 이기기 신들은 우주비행 군단에 속한 300명의 신들로서 정제된 금을 소형 우주선을 이용해 모선으로 이송시키는 일을 했다. 결국 두 그룹 모두 3,600년 동안 고된 노동을 했다.

두 번째 그룹의 이기기 신들은 3,600년 동안 신들의 행성인 니비루를 기다리면서, 모선을 타고 지구궤도를 돌아야 했다. 고위급 신들은 생명의 물(Water of Life)과 생명의 빵(Bread of Life)을 특정 장소에 두어 필요할 때마다 마시고 먹었지만, 모선에 타고 있던 젊은 신들은 시간과 공간상으로 생명의 물과 생명의 빵이 부족하여 고생을 했을 것이다. 그것보다 첫 번째 그룹인 금을 캐는 땅의 이기기 신들은 모선에 있던 같은 동료 신들보다 더욱 큰 고생을 했을 것이다.

니비루 행성의 근거는 어디에 등장하는 것일까? 니비루 행성은 c.BC 18~c.BC 17세기에 쓰여진 『창조의 서사시』(Epic of Creation, Enuma Elish, The Seven Tablets of Creation) 〈점토판 7〉의 109줄에 등장하는데 니비루를 마르둑(Marduk) 신의 행성이라고 표현하고 있다(Let his name(Marduk) be Nibiru)(King, 1902). 자세한 것은 『바이블 매트릭스』 1권 「우주창조의 비밀」 편의 제1부 "고고학적으로 발굴된 『창조의 서사시』 내용의 미시적 접근"을 참조하라.

6절 인디아나 존스: 크리스탈 해골의 왕국

2008년에 개봉된 〈인디아나 존스: 크리스탈 해골의 왕국〉(Indiana Jones And The Kingdom Of The Crystal Skull, 2008)은 수천 년간 풀리지 않은 마야(Maya) 문명─잉카(Inca) 문명도 포함(페루와 볼리비아의 안데스 지역)─의 비밀이자 고고학 사상 최고의 발견이 될 크리스탈 해골을 찾아 엘도라도로 알려진 황금의 도시(El Dorado City Of Gold)를 찾아가는데, 보신 분들은 아시겠지만, 바로 황금 기둥에서 황금가루가 나온다.

이곳은 엄청난 미스터리 서클(Mystery Circle)이 존재하고, 현대 건축의 힘으로도 건축이 어렵다는 건축물, 그래서 이집트의 피라미드(Pyramid) 등과 페루를 중심으로 하는 잉카(Inca) 문명을 포함해 세계의 7대 불가사의를 꿰차고 있는 문명이다.

최종 장면에 크리스털 해골을 맞추자 12명의 신들이 살아나고 이들은 비행접시 우주선을 타고 지구를 떠난다. 그 당시 마야와 잉카 문명 지역에도 신들이 금을 캐는 장소와 우주공항이 있었던 것으로 추측된다. 여기에서 중요한 것은 바로 황금가루와 신들의 우주선이다. 신들은 금을 캐러 온 것이다.

7절 압수와 바드티비라는 어디를 말하는가?

여기에 등장하는 아카드어의 압수(Apsu)는, 에리두(Eridu)에 건설한 엔키의 지구라트(Ziggurat) 신전인 압주(Abzu=E-abzu=E-engura) 또는 압수(Apsu)를 말하는 것이 아니라, 엔키 신의 주요 관할지역인 아프리카 지역이나 아프리카의 짐바브웨(Zimbabwe)를 말하는 것이다.

이를 종종 아래세계(Underworld, Netherworld)라고 표현하기도 한다. 즉 엔키 신은 압수의 통치권을 받은 것이다. 종종 학자들은 에아(Ea)라는 이름에 나타난 물의 의미를 주목해 압수를 '깊은 물(Deep Ocean)'로 해석하면서, 엔릴을 그리스 신화에 등장하는 제우스(Zeus)의 원형으로, 에아는 바다의 신인 포세이돈(Poseidon)의 원형 정도로 생각했다. 또한 엔릴의 영토는 '위 세계'이고 엔키의 영토는 '아래세계'라, 엔릴이 지구의 대기를 통제하고 엔키는 지하의 물을 다스렸다고 생각해,

메소포타미아에서 발견된 압주의 그림 문자-지구의 깊은 곳을 파 내려가는 갱도의 모양. Credit: 시친, I, 2009, p. 441. © Z. Sitchin, Reprinted with permission.

지하의 물이 그리스 신화의 하데스(Hades)와 같은 것이라고 보았다. 깊고, 어둡고, 위험한 물을 의미하는 아비스(Abyss)라는 단어도 압수에서 파생된 것이다. 그래서 학자들은 아래세계라는 문구가 등장할 때마다 지하세계(Unterwelt)나 죽은 자의 세계(Totentwelt)로 번역해 왔다. 최근에 들어서야 수메르 학자들은 명부 혹은 저승(Netherworld)이라는 단어로 대체해 부정적인 의미를 다소 완화시키고 있다(시친, I, 2009, p. 432; Sitchin, 1991, Chapter 11). 따라서 아래세계는 아프리카와 남극대륙을 포함한 남반구로 보는 것이 타당하다. 엔릴의 관할지역은 북반구이고 엔키의 관할지역은 남반구이다.

따라서 압수 또는 압주는 '깊은 물(watery deep)'의 뜻이 아니라 '태초의 깊은 근원(primeval deep source)'이라는 뜻이다. 수메르어의 문법에서는 어떤 단어의 두 음절이 그 순서가 바뀌어도 뜻은 변하지 않는다. 따라서 수메르어인 압주(AB.ZU)라는 단어는 주압(ZU.AB)과 같은 뜻을 지닌다. 그런데 주압이라는 수메르어는 고대에서 현재까지 보석을 의미하며, 히브리어에서는 보석 중에서도 특히 금을 의미한다. 압주라는 단어의 그림문자는 지구의 깊은 곳을 파 내려가는 갱도의 모양이다. 따라서 엔키 신은 지구의 금을 캐는 책임을 맡았던 신이었음을 알수 있다. 실제로 아카드어인 압수에서 파생된 그리스어 아비소스(abyssos)는 깊은 땅속의 구멍을 의미한다. 아카드어의 교과서에는 '압수는 니크부(nikbu)'라고 정의 내리고 있는데, 니크부는 젊은 신들과 인간이 만든 깊은 구멍을 뜻한다(시친, I, 2009, p 440; Sitchin, 1991, Chapter 11).

엔키 신에 속한 신들과 젊은 신들은 아프리카 남동 지역에서 채광된 원광석(ore)을 '마구르 우르누 압주(MA.GUR UR.NU AB.ZU, 아래 땅의 원광석을 위한 배)'라는 특수 화물선을 이용해 메소포타미아로 옮겼다(Smith, 2002; HUMANPAST.NET). 그리고 페르시아만 항구에서 다시 수메르 지역의 바드티비라로 옮겨졌는데, 이 도시의 이름은 문자 그대로 번역하면 '대장장이, 즉 금속 가공의 토대(the foundation of mentalworking)'라는 뜻으로 구약성경의 두발(Tubal, 「창세기」 4:22)에 해당된다. 구약에 나오는 두발가인은 철과 동과 금의 기술자였다.

바드티비라는 영국 옥스퍼드 대의 수메르 전자문학문서(ETCSL)의 『수메르 왕 연대기』(The Sumerian king list), 「인안나의 아래 세계 하강」(Inana's descent to the nether world), 『에리두 창세기』(Eridu Genesis)인 「홍수 신화」(The Flood Story), 그리고 「두무지 신의 꿈」(Dumuzid's dream)의 이야기에 언급된 도시이다(Black et al., 1998~2006). 『수메르 왕 연대기』에 따르면 대홍수 이전 시대(Antediluvian)에 하늘로부터 왕권(Kingship)이 땅에 내려와(After kingship had descended from heaven) 최초의 도시를 건설했는데, 그게 에리두(Eirdu)였으며, 에리두 다음의 도시가 바로 바드티비라였다고 기록하고 있다.

바드티비라에서 제련을 거친 광석들은 주괴(鑄塊)로 만들어졌으며, 당시 생산된 주괴의 모양은 근동 지역에서 수천 년 동안 그대로 모방했다. 주괴에는 가운데를 가로지르는 구멍이 있어 거기에 지지대를 끼워 운반했다(시친, I, 2009, p. 441).

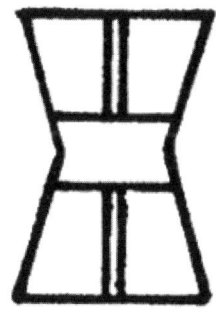

메소포타미아에서 발견된 그림 문자의 수메르의 주괴. 가운데를 가로지르는 구멍이 있어 여기에 지지대를 끼워 운반. Credit: 시친, I, 2009, p. 441, © Z. Sitchin, Reprinted with permission.

흐르는 물로 상징되는 엔키를 묘사한 몇몇 그림에는 그의 양쪽 옆에 주괴를 갖고 있는 사람들이 등장한다. 이는 엔키가 채광의 신이었다

메소포타미아에서 발견된 원통형 인장에 새겨진 그림. 주괴를 든 신들에 둘러싸인 엔키 신의 모습.
Credit: 시친, I, 2009, p. 442, © Z. Sitchin, Reprinted with permission.

는 것을 증명해 주는 것이다(시친, I, 2009, p. 42).

수메르의 한 그림을 보면 채광의 신인 엔키가 광산에서 나오면서 강력한 광선을 퍼뜨리고 주변의 신들은 그것을 막기 위해 일종의 보호막을 사용하고 있는 것을 볼 수 있다.

8절 신들의 채광 지역은? 아라리

신들의 채광지역은 어디였을까? 호로위츠(Horowitz)는 그의 저서 『메소포타미아인들의 우주적인 지리학』(Mesopotamian Cosmic Geography)에서 그 곳을 아라리(A-RA-LI), 즉 '빛나는 광맥이 있는 물의 장소'라고 지적하고 있다(Horowitz, 1998, p. 283).

영국 옥스퍼드 대 수메르 전자문학문서의 「두무지 신의 꿈」을 보면, 두무지(Dumuzi or Dumuzid) 신(神)은 아래세계로 끌려가기 전에, 아라리의 배수구(ditches of Arali)에 빠져 결국 갈루-악마들(gallu-

메소포타미아에서 발견된 원통형 인장에 새겨진 그림. 채광의 신인 엔키와 보호막 뒤의 신들의 모습. Credit: 시친, I, 2009, p. 451, © Z. Sitchin, Reprinted with permission.

demons)에 의해 잡힌다. 따라서 아라리는 배수구 역할을 하고 있고 아래세계로 연결된다는 것을 알 수 있다.

139~150:

그들(갈루-악마들)은 두무지 신의 머리를 짧은 초원에서 찾았으나 그를 찾을 수 없었다. "두무지 신은 그의 머리를 키가 큰 초원에 처박았기 때문에 저는 그가 어디 있는지를 모릅니다." 그래서 그들은 키가 큰 초원에서 두무지의 머리를 찾았으나 찾을 수 없었다. "두무지 신은 아라리의 도랑에 빠졌습니다, 그러나 저는 그가 어디 있는지를 모릅니다(They looked for Dumuzid's head in the short grass, but they couldn't find him. "He ducked down his head in the tall grass, but I don't know his whereabouts." They looked for Dumuzid's head in the tall grass, but they couldn't find him. "He has dropped down into the ditches of Arali, but I don't know his whereabouts.") (Black et al., 1998~2006)

151~155:

그들은 아라리 도랑에서 두무지를 붙잡았다. 두무지는 슬피 울기 시작했고 눈물에 젖었다(They caught Dumuzid in the ditches of Arali. Dumuzid began to weep and was tear-stricken.)(Black et al., 1998~2006)

아라리는 수메르의 바드티비라에서 멀리 떨어진 외곽의 대초원 지대(Steppe-lands)에 위치하고 있었다. 즉, 채광의 땅을 산이 많고 식물이 풍부한 대초원으로 묘사하고 있다. 다음 장면은 인안나(이시타르) 여신이 절대로 돌아올 수 없는 아래세계에 갔다가, 엔키 신의 도움으로 위 세계(Upper world)로 돌아온 후, 그 대신 누군가를 아래세계로 보내야 하는 규칙에 따라 두무지 신을 지명함으로써 두무지 신과 여동생인 게시티안나(Geshtinanna, Geshtin-ana, Jectin-ana, Belili)의 대화를 다룬 내용이다.

게시티안나는 초원을 배회한다, 초원을 배회한다, "오빠",
(두무지)(그녀는) 초원을 배회하며 운다.
초원 즉 아라리에서 그녀는 배회하며, "오빠"를.
(Gestinanna) roams the steppe, roams the steppe, "my bother",
(Dumizi)(She cries) as she roams the steppe.
The steppe, arali, she roams the steppe, "my brother").(Horowitz, 1998, p. 283).

아시리아 학자(Assyriologist)이며 2005년 타계한 라이너(Erica Reiner)는 『시카고 아시리안 사전』(Chicago Assyrian Dictionary)을 만든 분인데, 그가 보고한 「수메르 세계의 산과 강 목록」(Listing the mountains and rivers of the Sumerian world)에는 아라리 산을 금의 고향(Mount Arali: home of the gold)이라고 설명하고 있다.

엔키를 비롯한 압수에 속한 신들, 즉 엔키 신의 족속들은 그들의 관할지역인 아래 세계, 즉 아프리카로 내려간 것이다. 『아트라하시스 서사시』에는 왜 그리로 내려갔는지 이유가 안 나왔지만 그것은 이곳에 금을 캐는 광산이 있었기 때문이다. 아래(Below)라는 단어는 영국 옥스퍼드 대 수메르 전자문학문서의 「인안나의 아래세계 하강」이라는 내용의 1절~5절에 등장한다(Black et al., 1998~2006). 여기에서는 'Great Below'라 표현하고 있는데, 이는 아래세계를 의미한다.

아라리는 수메르에서 멀리 떨어진 남서쪽에 위치하고 있었다. 페르시아만에서 출발한 배가 남서쪽 방향으로 수천 킬로미터를 항해해도 도착할 수 있는 곳은 아프리카의 남부 해안지역 단 한 곳뿐이다(시친, I, 2009, p. 438).

9절 구약성경에서 말하는 채광 지역은?
오빌(Ophir)은 남아프리카

구약성경에서도 아프리카에 있었던 오피르(Ophir, 구약의 '오빌')를 고대의 금 채광 산지로 지목한다(「욥기」 22:24 & 28:16, 「시편」 45:9, 「이사야」 13:12).

모세(Moses, BC 1526~BC 1406)가 이스라엘 민족을 이끌고 이집트를 탈출하고(BC 1446), 가나안 정착 후에(BC 1406), 이스라엘 12지파 출신들의 12명의 사사들(士師, the Judges)의 통치가 시작되고(BC 1375~BC 1049), 베냐민 지파(Benjamite)의 사울(Saul)이 이스라엘의 초대 왕(Saul, 통치 BC 1050~BC 1010)이 된다(「사무엘상」 10:17~27). 이어서 2대 왕인 다윗 왕(David, 통치 BC 1010~BC 970)에 이어 3대 왕인 솔로몬 왕(Solomon, 통치 BC 970~BC 930)이 예루살렘을 수도로 하는 이스라엘의 통일 왕국(BC 1050~BC 930)을 이룬다.

「역대상」에는 다윗 왕이 하나님의 성전(Temple)을 위해 오빌(Ophir)의 금 삼천 달란트를 성전 벽에 발랐다는 내용이 나온다(「역대상」 29:4).

솔로몬 왕은 이스라엘 백성들이 야훼(Yahweh, YHWH) 신을 예배하기 위하여, 모리야 산(성전산, Mount Moriah, Temple mount, 아브라함이 아들 이삭을 번제물로 바치려 했던 산임) 정상에 예루살렘 성전 또는 여호와 하나님 성전(Temple of Jerusalem or Temple of the Lord)을 세운다. BC 966년에 건축하기 시작하여(「열왕기상」 6:1, 6:37, 「역대하」 3:1) BC 959년에 완공한다(「열왕기상」 6:38). 이스라엘 자손이 애굽 땅에서 나온 지 480년이요 솔로몬이 이스라엘 왕국의 왕이 된 지 4년에 건축을 시작하였다 했으니, 애굽 땅을 나온 때가 BC 1446년이므로 1446-480=966년이며, 왕이 된 때가 BC 970년이므로 970-4=966년이 된다. 또 솔로몬이 전을 건축한 기간이 7년이었다 했으니 966-7=959년에 완성하였다.

그 후 솔로몬 왕은 예루살렘 성전과 성벽과 본인의 궁의 건축을 서두르고자, 동맹국 티레(Tyre, 두레, 구약성경의 '두로')에서 놋점장(craftsman)인 히람(Hiram, 히브리어로 Huram)을 데려오고(「열왕기상」 7:13 & 9:15), 지금의 시나이 반도(Sinai Peninsula)에 위치한 홍해(Red Sea, Sea of Reeds) 반대쪽에 위치한 아카바만(Gulf of Aqaba)에 있는, 즉 에돔(Edom) 족속들이 살고 있던 에시온게벨(Ezion-Geger, 지금의 엘라트=Elath)에서 배들(ships)을 건축해 홍해로 나아간다. 그리고 그들은 오빌(Ophir)에 이르러 거기서 금 420~450달란트를 얻어 솔로몬 왕에게 가져온다(「열왕기상」 9:26~28, 「역대하」 8:17~18). 또한 히람의 배들이 오빌에서 많은 백단목과 보석을 운반하여 오매, 솔로몬 왕이 이를 이용해 성전과 왕궁의 난간을 만들고 각종 치장을 만든다(「열왕기상」 10:11~21, 「역대하」 9:10~11).

솔로몬 왕은 바다에 타시스 배(navy of Tarshish, Tharshish, 구약의 '다시스')(KJV)를 띄우고, 히람의 배와 함께 해상 무역을 하게 했다. 그 결과 3년에 한 번씩 타시스의 배가 금과 은과 상아와 원숭이와 공작을 실어 왔다(「열왕기상」 10:22, 「역대하」 9:21).

이번에는 바다(sea)에 히람의 배보다 더욱 커다란 선단을 띄웠는데, 여기서 바다라 함은 대해(Great Sea), 즉 높은 바다인 지중해(Mediterranean)를 말한다. 그리고 왕복 여행을 하는 데 3년이나 걸렸다. 오빌(Ophir)에서의 선적 기간을 감안해도 솔로몬 왕의 선단이 택했던 길은 오가는데 각각 최소한 1년 이상씩 걸렸다. 이것은 그들이 홍해와 인도양을 거치는 직선 항로보다 훨씬 시간이 많이 걸리는 우회적인 길을

솔로몬 왕 시대의 아프리카 항로. Credit: 시친, I, 2009, p. 446, © Z. Sitchin, Reprinted with permission.

택했음을 의미한다.

대부분의 학자들은 구약에서 말하는 타시스가 지중해 서쪽(western Mediterranean)의 도시로 지금의 지브롤터 해협(Strait of Gibraltar)이나 그 근처에 있었을 것으로 생각한다. 그곳은 아프리카 대륙을 우회하는 항해를 시작하는 데 아주 이상적인 장소였다. 또 어떤 학자들은 타시스라는 지명이 '제련소(smeltery)'를 의미한다고 지적한다. 많은 성서학자들과 고고학자들은 오빌(Ophir)이 현재의 로디지아(Rhodesia), 즉 잠비아(Zambia)와 짐바브웨(Zimbabwe) 지역이라고 생각한다. 실제로 현재 로디지아와 남아프리카의 광산 기술자들은 선사시대의 광산 흔적을 찾아냈으며 잠비아와 짐바브웨 사이를 흐르는 잠베지(Zambezi) 강을 통해 내륙 심장부에 있던 광석을 항구까지 옮겼을 것으로 추정하고 있다(시친, I, 2009, p. 446~447).

10절 남아프리카의 고대 광산 유적

현재 남아프리카(Southern Africa)에 있는 많은 광산이 고대에 이미 채광된 흔적이 있다는 사실을 발견한 앵글로 아메리칸 코퍼레이션(Anglo-American Corporation)은 고고학자들에게 이에 대한 조사를 의뢰했다. 보시에(Adrian Boshier)와 보몬트(Peter Beaumont)는 조사 결과, 수없이 많은 고대의 채광 흔적과 인간의 유골을 발견했다고 보고했다(Boshier et al., 1972). 미국의 예일 대학과 네덜란드 흐로닝언 대학의 방사성 탄소연대측정(Radiocarbon-dating) 결과에 따르면 발견된 유물들은 놀랍게도 기원전 2000년에서 기원전 7690년경의 것들이었다(시친, I., 2009, p. 448).

기대하지 않았던 결과에 놀란 고고학자들은 조사 범위를 넓혔다.

그리고 그들은 남아공(South Africa)의 케이프타운에 있는 라이온 봉(Lion Peak)의 가파른 서쪽 경사면 절벽 아래에서, 무려 5톤이나 되는 적철광 덩어리(a five-ton slab of hematite stone)가 입구를 막고 있는 동굴 하나를 발견했다. 방사성 탄소연대측정 결과 기원전 20000년에서 기원전 26000년경부터 이미 채광 작업(mining operations)이 이루어졌던 것으로 밝혀졌다.

그렇다면 구석기 시대(Old Stone Age)에 이미 채광이 행해졌다는 말인가? 의심이 풀리지 않은 고고학자들은 고대의 광부들이 채광을 시작했을 것으로 추정되는 장소에 갱도를 뚫었다. 거기서 얻어진 목탄 시료(charcoal sample)를 흐로닝언 대학 연구소에서 조사해 본 결과 그것은 기원전 41250년경의 것으로 밝혀졌다.

그 후에 남아공의 고고학자들은 남아공에 의해 둘러싸인 스와질랜드(Swaziland)의 남부 탄광 유적을 발굴했다(Boshier el al., 1974; Mason, 1982). 1964년에서 1982년 사이에 집중적으로 이루어졌는데, 1964년에 메이슨(Mason)은 스와질랜드의 팔라보아(Phalaborwa)를, 보몬트

메소포타미아에서 발견된 원통형 인장에 새겨진 그림. 갱도 안에서 채광 중인 젊은 하급 신들인 이기기(Igigi) 신들의 모습. Credit: 시친, I, 2009, p 456, © Z. Sitchin, Reprinted with permission.

(Beaumont)와 다트(Dart)와 보시에(Boshier)는 봄뷰 리지(Bomvu Ridge)와 포스트마스버그(Postmasburg)를 집중 조사했다. 그들은 이곳에서 잔가지, 잎사귀, 풀, 깃털 같은 것들을 발견했는데, 모두 고대의 광부들이 침구로 사용했던 것이다. 기원전 35000년경의 지층에서 그들은 무엇인가로 새긴 자국이 있는 뼈도 발견했는데, 그것은 그때 인간이 벌써 셈(Counting)을 할 능력이 있었다는 것을 보여 주는 증거이다. 또 어떤 유물은 기원전 50000년경으로 거슬러 올라가는 것도 있었다.

스와질랜드에서의 채광 작업의 기원이 기원전 7~8만 년 전까지 거슬러 올라간다고 믿게 된 보시에와 보몬트는 "남아프리카가 기원전 100000년 이후의 시대에 기술발전과 혁신의 최첨단에 있었다"는 결론을 내렸다((Beaumont 1990; Beaumont & Vogel 2006; Chazan et al., 2008).

앞으로 보게 될 것처럼, 남아프리카야 말로 금을 찾던 신들과 관련된 일련의 사건 때문에 지구에서 현생인류(Homo sapiens)가 처음 탄생하게 된다.

11절 구약성경의 검증, 금(Gold)을 수집하는 야훼 하나님

자, 그럼 구약성경에 신들이 금을 캐러 왔다는 내용을 확인해 주는 증거가 있나 살펴보자. 「창세기」 1장에서 6일간의 우주창조와 인간창조 이후 2장부터 금(Gold)이 나오기 시작한다. 「창세기」 2장 10절에는 에덴 동산에서 발원한 강이 총 4개의 강이 나오는데, 11절에는 첫째가 비손(Pishon) 강인데, 비손 강이 금이 있는 온 하월라(Havilah) 땅을 둘러 흘렀으며, 그 금은 그냥 금이 아니라 정금(good gold)이라고 표현하고 있다.

이는 무엇을 의미하는 것일까? 과학적으로 금은 전기를 가장 잘 전도하는 물질이다. 그것은 신들이 통신용이나 과학용으로 쓰기 위해 이 땅에서 가장 정금이 많이 나오는 곳에 정착했다는 의미일 수도 있다. 또는 니비루 행성으로 금을 가져가기 위해 메소포타미아 지역에 정착했을 가능성도 있다. 금 중에 가장 좋은 금을 정금이라 표현했으니 「창세기」 2장부터 금을 채광하고 그 금을 제련했다는 것을 알 수 있다.

창세기 2:11 - 첫째의 이름은 비손이라 금이 있는 하윌라 온 땅에 둘렸으며(The name of the first is the Pishon; it winds through the entire land of Havilah, where there is gold(NIV).

12 - 그 땅의 금은 정금이요 그 곳에는 베델리엄과 호마노도 있으며(The gold of that land is good; aromatic resin and onyx are also there).

13 - 둘째 강의 이름은 기혼이라 구스 온 땅에 둘렸고(The name of the second river is the Gihon; it winds through the entire land of Cush).

하윌라(Havilah)는 노아(Noah)의 세 아들 중 함(Ham) 족속의 3대 손인 하윌라의 이름과 같은데(「창세기」 10:6~7), 이후에 셈(Shem) 족속의 10대손인 이브라함의 아들인 이스마엘(Ishmael) 후손들이 살던 곳이다(「창세기」 25:17~18). 즉 이스마엘 자손들은 하윌라에서 앗수르(Asshur, 아시리아=Assyria)로 통하는 이집트의 앞 술(Shur)까지 걸쳐 그 모든 형제의 맞은편에 거하였는데, 지금의 시나이 반도(Sinai Peninsula)의 홍해(Red Sea)나 아카바만(Gulf of Aqaba)의 반대쪽인 이집트(애굽)와 가나안 사이의 지중해 해안이다.

그리고 기혼 강이 구스(Cush) 땅을 둘러 흘렀다고 기록되어 있으므로 애굽 지역의 강인 것이 분명하다. 히브리어 구스(Cush)라는 명칭은 노아(Noah)의 아들인 함(Ham)의 아들인 구스(Cush)와 같은데(「창세기」 10:6), 이는 지금의 수단 북동부 지역인 고대 누비아(Nubia) 또는 에티오피아(Ethiopia)를 가리킨다. 실제 영문성경인 NIV나 다른 영문성경에서는 구스(Cush)라고 표현하고 있지만 또 다른 영문성경인 New Living에서는 이를 에티오피아(Ethiopia)로 표현하고 있다(「에스더」 1:1; 8:9; 「욥기」 28:19). 또한 대부분의 영문성경은 구스 사람(Cushite)이라고 표현하고 있지만 New Living에서는 이를 에티오피아인(Ethiopian)이라고 표현하고 있다(「사무엘하」 18:21, 23, 31, 32). 영문성경 NIV의 「다니엘」 11장 43절에는 구스 사람을 누비안(Nubians)이라 표현하고 있다. 그리고 에티오피아는 나일 강의 중심 항구의 땅과 날개 치는 소리 나는 땅을 에티오피아라고 적시하고 있다(New Living, 이사야 18:1).

「학개」 2장 8절에는 야훼의 성전을 건축하라는 야훼의 말씀이 선지자 학개에게 나타나 "은도 내 것이요 금도 내 것이니라"라고 말씀하신다. 이는 금과 은을 이용해 야훼의 신전을 만들어야 야훼 하나님의 신(Spirit)이 통신할 수 있다는 뜻도 되겠지만 금과 은은 나에게 바치라는 뜻으로도 해석할 수 있다. 이때의 야훼의 신전이란 지구라트(Ziggurat)를 건설하라는 것이다.

「학개」 2:8 – 은도 내 것이요 금도 내 것이니라 만군의 여호와의 말이니라('The silver is mine and the gold is mine', declares the LORD Almighty)(NIV).

「민수기」 31장에는 모세에 의해 출애굽한 이스라엘 민족이 가나안으로 입성하기 전에, 야훼의 명령대로 미디언 족속(Midianites)에게 원수를 갚는 내용이 나온다. 미디언 족속들은 지금의 시나이 반도(Sinai

Peninsula)의 아카바만(Gulf of Aqaba) 오른쪽에 자리를 잡고 주로 해상 무역을 하며 사는 민족이었다. 이때 이스라엘 민족 1,000만 중 12지파에서 12,000을 뽑아 미디언 족속을 쳐서 미디언의 다섯 왕을 죽이고 남자들을 다 죽이고 성읍과 촌락을 다 불사르고, 탈취한 것, 노략한 것, 미디언의 부녀들과 아이들을 사로잡아, 여리고(Jericho) 맞은편 요단(Jordan) 강 모압(Moab) 평지의 진(camp)으로 돌아온다. 그리고 전리품을 분배(Dividing the Spoils)하는 내용이 나온다.

그런데 50~54절까지 보면 다른 것은, 즉 소, 양, 나귀, 여자 들은 다 12지파에게 배분하되, 군인들이 탈취한 모든 금(gold), 즉 190킬로그램이나 되는 금을 야훼 하나님에게 드리는 장면이 나온다. 이는 무엇을 의미하는 것일까? 왜 금만은 야훼 하나님에게 바치는 것일까? 그 당시만 해도 야훼께서 금을 모으고 있다는 것을 온 이스라엘 민족이 알고 있었을까? 아마도 그랬던 것 같다.

> 「민수기」 31:52 – 천부장과 백부장들이 여호와께 드린 거제의 금의 도합이 일만 육천칠백오십 세겔이니(All the gold from the commanders of thousands and commanders of hundreds that Moses and Eleazar presented as a gift to the LORD weighed 16,750 shekels)(NIV).
>
> * 16,750세겔 = 420파운드 = 190킬로그램.

「여호수아」 6장에는 여호수아(Joshua)가 드디어 요단(Jordan) 강을 건너 여리고 성을 점령하는 장면이 나온다. 여리고 성을 6일 동안 언약궤(言約櫃, The ark of the covenant of the LORD, Ark of the LORD)를 앞세워 나팔을 불며 매일 한 번 돌고 그리고 7일에는 7번 돌며 소리를 지르자 여리고 성은 무너진다. 이때 라합(Rahab)과 동거하는 자들은 살리고 남녀 노소 모두를 멸하고 여리고 성읍과 모든 것을 불사르지만 금은동은 반드시 취하여 야훼의 곳간(the treasury of the LORD's house)에 둔다. 금은동 기구들은 모두 야훼께서 구별하기 때문이다. 즉 금은동은 반드시 야훼 신께 바쳐져야 하기 때문이다.

「여호수아」 6:19 - 은금과 동철 기구들은 다 여호와께 구별될 것이니 그것을 여호와의 곳간에 들일지니라(All the silver and gold and the articles of bronze and iron are sacred to the LORD and must go into his treasury)(NIV).

6:24 - 무리가 불로 성읍과 그 가운데 있는 모든 것을 사르고 은금과 동철 기구는 여호와의 집 곳간에 두었더라(Then they burned the whole city and everything in it, but they put the silver and gold and the articles of bronze and iron into the treasury of the LORD's house).

다음 내용은 아주 재미 있는 이야기이다. 「여호수아」 7장에는 앞서 보았던 야훼께 반드시 바쳐져야 할 금은을 유다(Judah) 족속의 아간(Achan)이란 자가 훔치는 사건이 발생하고, 이에 대해 야훼께서 이스라엘 자손들에게 진노하시고, 금은을 훔쳤다고 하나씩 불러내어 인민 재판하는 장면이 나온다. 그것도 모자라 야훼 하나님은 여호수아 군대가 벧엘(Bethel) 동편에 있는 아이(Ai) 점령에 실패하도록 한다.

「여호수아」 7:1 - 이스라엘 자손들이 바친 물건을 인하여 범죄하였으니 이는 유다 지파 세라의 증손 삽디의 손자 갈미의 아들 아간이 바친 물건을 취하였음이라 여호와께서 이스라엘 자손들에게 진노하시니라 (But the Israelites acted unfaithfully in regard to the devoted things; Achan son of Carmi, the son of Zimri, the son of Zerah, of the tribe of Judah, took some of them. So the LORD'S anger burned against

Israel(NIV).

아이 점령에 실패한 여호수아가 옷을 찢고 이스라엘 장로들과 함께 여호와의 궤 앞에 엎드려 머리에 티끌을 무릅쓰고 저물도록 있다가(「여호수아」 7:6), 야훼 하나님께 어찌하여 아이 점령에 실패하게 했느냐고 간청을 한다. 이에 대해 야훼 하나님은 다음과 같이 대답하신다.[3] 누군가 야훼 하나님의 금을 훔쳐갔다는 것이다. 그런 이유로 아이에 대적하지 못했고, 너희 중에 바친 물건이 있으니 그 바친 물건을 너희 중에서 제하기 전에는 너희 대적을 당치 못한다는 것이다.

> 「여호수아」 7:11 – 이스라엘이 범죄하여 내가 그들에게 명한 나의 언약을 어기었나니 곧 그들이 바친 물건을 취하고 도적하고 사기하여 자기 기구 가운데 두었느니라(Israel has sinned; they have violated my covenant, which I commanded them to keep. They have taken some of the devoted things; they have stolen, they have lied, they have put them with their own possessions)(NIV).

그리고 「여호수아」 7장 14절부터 인민재판이 시작된다. 아침에 12지파가 다 가까이 나오고, 야훼 하나님께서 뽑는 지파는 그 다음 족속대로(clan by clan) 가까이 나오고, 다시 야훼 하나님께서 뽑는 족속은 가족대로(family by family) 가까이 나오고, 다시 야훼 하나님께서 뽑는 가족은 남자대로(man by man) 가까이 나오라는 것이다. 15절에는 인민

---

3 이는 실제 야훼 하나님께서 여호수아(Joshua)에게 나타나시어 대답하신 것이 아니라 언약궤(言約櫃, The ark of the covenant of the LORD, Ark of the LORD), 즉 통신시스템인 수신기를 통해 말씀하신 것이다. 자세한 것은 『바이블 매트릭스』 시리즈의 「하나님들과 하나님들의 과학기술」편에서 자세히 다루기로 한다.

재판을 통해 야훼께 바친 물건을 훔친 자가 나오면 그 자를 불살라 죽이고 그 자와 그 모든 소유를 불사르라고 야훼 하나님은 명령한다. 16절에는 유다(Judah) 지파가 뽑히고, 17절에는 세라 족속(Zerahites)이 뽑히고, 그 다음 삽디(Zimri) 가족이 뽑히고, 18절에는 드디어 남자를 다 나오게 하여 갈미(Carmi)의 아들인 아간(Achan)이 뽑힌다.

19절에는 여호수아가 다음과 같이 아간에게 말한다. "여호수아가 아간에게 이르되 내 아들아 청하노라 이스라엘의 하나님 여호와께 영광을 돌려 그 앞에 자복하고 네 행한 일을 내게 고하라 그 일을 내게 숨기지 말라." 이에 대해 아간은 다음과 같이 대답한다. "내가 노략한 물건 중에 시날 산(Babylonia)의 아름다운 외투 한 벌(a beautiful robe)과 은 이백 세겔과 오십 세겔 중의 금덩이 하나를 보고 탐내어 취하였나이다 보소서 이제 그 물건들을 내 장막 가운데 땅 속에 감추었는데 은은 그 밑에 있나이다(21절)."

그 다음은 뻔한 이야기다. "여호수아가 이스라엘 모든 사람으로 더불어 세라의 아들 아간을 잡고 그 은과 외투와 금덩이와 그 아들들과 딸들과 소들과 나귀들과 양들과 장막과 무릇 그에게 속한 모든 것을 이끌고 아골 골짜기로 가서, 온 이스라엘이 그를 돌로 치고 그것들도 돌로 치고 불사르고, 그 위에 돌무더기를 크게 쌓았더니 오늘날까지 있더라 여호와께서 그 극렬한 분노를 그치시니 그러므로 그 곳 이름을 오늘날까지 아골 골짜기(Valley of Achor)라 부르더라."

이것은 무엇을 의미하는 것일까? 금과 은은 반드시 야훼 신께 바쳐야 한다. 이것을 어기면 삼대가 아니라 씨를 말린다. 전부 죽이고, 소들과 나귀들과 양들과 장막과 무릇 그에게 속한 모든 것을 돌로 쳐서 죽이고 불사른다. 그만큼 금과 은은 야훼께 중요한 것이다.

3장
신과 원숭이의 유전자 조작으로
젊은 신들의 노동을 대체할
인간을 창조하다

1절 고위급 신들에 대한 전쟁을 선포한 젊은 신들

아무튼 젊은 이기기(Igigi) 신들은 이제 불평하기 시작했다. 그들은 더이상 못 참겠다고 외친다.

> 자 엔릴 신의 시종인 아들 닌우르타(Ninurta)에게 가서
> 이 어려운 노동에서 우리를 해방시켜 달라고 하자!
> Let us confront our Chamberlain
> And get him to relieve us of our hard work!(Dalley, ⟨Epic of Atra-
> Hasis⟩, Tablet I, 1998).

> 자 우리 주님인
> 신들의 카운슬러인
> 전쟁의 신인 엔릴의 거주지로 가자
> 그 다음… 그의 소리를 들었다
> 그리고 신들에게 그의 형제들에게 말을 했다:

자 우리 주신인

신들의 카운슬러인

전쟁의 신인 엔릴의 거주지로 가자.

지금, 전쟁을 선포하자!

다 같이 전쟁에서 싸우자!

고위 신들은 그의 말을 듣자,

젊은 신들의 무기에 대해 불을 퍼부었다,

젊은 신들은 불을 뿜는 고위 신들에게

무기를 계속 장전했다.

이제 젊은 신들과 고위 신들간에 전쟁으로

불꽃이 훨훨 타올랐다.

Come, let us carry the Lord

The counselor of the gods, the warrior from his dwelling.

Then...made his voice heard

And spoke to the gods, his brothers:

Come, let us carry

The counselor of the gods, the warrior, from his dwelling.

Now, cry battle!

Let us mix fight with battle!

The gods listened to his speech,

Set fire to their tools,

Put aside their spades for fire,

Their loads for the fire-god.

They flared up.(Dalley, 『Epic of Atra-Hasis』 Tablet I, 1998).

젊은 신들(이기기)의 폭동은 엔릴 신이 아프리카 채광지역을 방문했을 때 일어난 것으로 보인다. 그러나 여기서 자세히 보면 폭동의 주동자가 있다. 그의 이름은 훼손되어 확인할 수 없지만 그의 구호는 아주 분명하다. '이제 전쟁을 선포하자, 다 같이 전쟁에서 싸우자.' 이러한 폭동은 채광의 신인 엔키 신을 고통스럽게 했다.

> 젊은 이기기 신들은 주동자의 말에 귀를 기울였다.
> 그들은 그들의 도구에 불을 붙였고;
> 그들의 도끼에 불을 붙였다;
> 그들은 갱도에서 채광의 신인 엔키 신을 고통스럽게 했다;
> 그들은 주동자와 함께
> 영웅인 엔릴 신이 거주하는 문으로 돌진했다.
> The gods heeded his words.
> They set fire to their tools;
> Fire to their axes they put;
> They troubled the god of mining in the tunnels;
> They held [him] as they went
> to the gate of the hero Enlil.(Dalley, 〈Epic of Atra-Hasis〉, Tablet I, 1998).

2절 잠들고 있는 엔릴 신의 집이 포위되다

젊은 신들이 결국 엔릴 신이 거주하고 있는 곳으로 들이닥친다. 그것을 모르고 엔릴 신은 잠들어 있다. 칼칼(Kalkal)은 대신(vizier)인 누스쿠(Nusku)를 깨웠고, 누스쿠는 엔릴 신을 깨웠다.

젊은 신들이 전쟁의 신인 엔릴 신이 거주하고 있는 문에 도착했을 때,

그때는 밤이었고 반쯤 지난 때였다.

엔릴의 집은 포위되었지만, 그는 모르고 있었다.

칼칼만이 이것을 알고,

문을 잠그고 지켜보았다.

칼칼은 누스쿠를 깨웠다.

그들은 이기기 신들의 소리를 들었다.

그런 다음 그의 주인인 엔릴이

침대에서 일어나도록 깨웠다.

When they reached the gate of warrior Enlil's dwelling,

It was night, the middle watch,

The house was surrounded, the god had not realized.

Yet Kalkal was attentive, and had it closed,

He held the lock and watched the gate.

Kalkal roused Nusku.

They listened to the noise of the Igigi.

Then Nusku roused his master,

Made him get out of bed:(Dalley, 〈Epic of Atra-Hasis〉, Tablet I, 1998).

3절 엔릴 신이 공포에 떨다, 아눈나키가 소집되다

주님이시여, 당신의 집이 포위되었습니다,

젊은 신들이 문 앞으로 몰려들고 있습니다!

엔릴 신은 무기를 가져오도록 했다.

엔릴 신은 소리를 질렀다

대신인 누스쿠에게 말을 했다.

누스쿠, 문을 막아라,

무기를 들고 내 앞에 서라.

누스쿠는 문을 막았고

그의 무기를 들고 엔릴 신 앞에 섰다.

그러나 누스쿠가

엔릴 신에게 말했다.

오 주님이시여, 당신의 얼굴 색이 위성류(渭城柳)처럼 노래졌어요!

왜 당신의 아들들에게 두려움을 느끼십니까?

하늘에 계신 아누(Anu) 신에게 전갈을 보내 내려오게 하시고,

엔키 신도 당신 앞에 불러들이세요.

그는 아누 신에게 전갈을 보내 내려오도록 했고,

엔키 신도 불러들였다.

하늘의 왕인 아누 신께서 참석했고,

압수의 왕인 엔키 신도 참석했다.

My lord, your house is surrounded,

A rabble is running around your door!

Enlil had weapons brought to his dwelling.

Enlil made his voice heard

And spoke to the vizier Nusku,

Nusku, bar your door,

Take up your weapons and stand in front of me.

Nusku barred his door

Took up his weapons and stood in front of Enlil.

Nusku made his voice heard

And spoke to the warrior Enlil,

'O my lord, your face is sallow [yellow] as Tamarisk!

Why do you fear your own sons?

Send for Anu to be brought down to you

Have Enki fetched into your presence.

He sent for Anu to be brought down to him,

Enki was fetched into his presence,

Anu, king of the sky was present,

Enki, king of the Apsu attended.(Dalley, 〈Epic of Atra-Hasis〉, Tablet I, 1998).

기록으로 보아 이들 아눈나키 고위 신들은 최첨단 통신 장비를 갖추고 있었던 것으로 보인다. 오늘날의 과학으로 말하자면 레이저(광)나 테라헤르츠파 통신을 한 것으로 보인다. 아니 그 이상의 통신 기술을 사용한 것으로 보인다. 시급한 상황에서 하늘의 안(An, Anu)에게 급히 내려와 달라고 하자마자 내려왔고 아눈나키 고위 신들이 다 모인다. 그러나 3,600년의 공전주기를 가진 신들의 니비루 행성임을 감안 할 때 이 사건을 해결하기 위해 3,600년이 흘러서야 안 신께서 내려오셨다고 해석할 수도 있다.

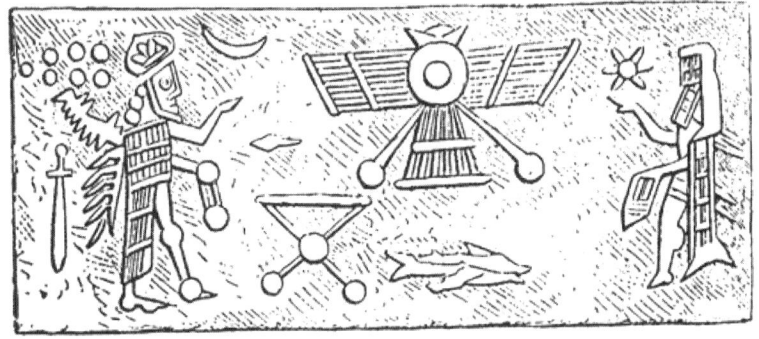

수메르에서 발견된 원통형 인장(Cylinder seal)에 새겨진 그림. 우주선과 지구 사이의 교신을 묘사한 그림. Credit: 시친, I, 2009, p 378, ⓒ Z. Sitchin. Reprinted with permission.

위대한 아눈나키가 다 참석했다.

엔릴 신이 일어나 이 일을 안에 붙였다.

엔릴은 소리를 내 고위 신들에게 말했다:

이 폭동이 나를 반대하는 것인가?

내가 전쟁을 해야 하는가…?

내 눈에 보이는 이 것이 무엇인가?

내 문 앞에서 전쟁이 벌어지고 있다!

아누가 소리를 내 전쟁의 신인 엔릴에게 말했다.

The great Anunnaki were present.

Enlil got up and the case was put.

Enlil made his voice heard

And spoke to the great gods:

Is it against me that they have risen?

Shall I do battle…?

What did I see with my own eyes?

A rabble was running around my door!

Anu made his voice heard

And spoke to the warrior Enlil.(Dalley, 〈Epic of Atra-Hasis〉, Tablet I, 1998).

안(An, Anu)은 이 문제에 대해 조사할 것을 제안한다. 누스쿠는 안 (An)과 다른 신들의 전폭적인 지지를 받고 폭동을 일으킨 젊은 신들에 게 간다. 누가 폭등을 주도했나? 누가 전투를 시작했나?

4절 젊은 이기기 신들은 그들의 노동이 감면되기를 원함

누스쿠를 보내 이기기 신들의 말을 들어보게 하자

누가 너희 문들을 둘러싸고

누가 명령을 했는지 알아보게 하자.

엔릴은 대신 누스쿠에서 말을 했다,

누스쿠, 문을 열어

너희 무기를 들고 내 앞에 서라!

이기기 신들이 모인 곳에서

절을 하고 서서 그들에게 말하라,

"너희 아버지 아누와,

카운슬러인 전쟁의 신인 엔릴과,

시종인 닌우르타와,

수로 책임자인 에누누기가

나를 보내 다음과 같은 말을 하라 했다.

누가 폭동을 주도했나?

누가 싸움을 주도했나?

누가 전쟁을 선포했나?

누가 엔릴 신의 문으로 달려들었나?"

Let Nusku go out

And find out the word of the Igigi

Who have surrounded your door.

A command…

To…

Enlil made his voice heard

And spoke to the vizier Nusku,

Nusku, open your door,

Take up your weapons and stand before me!

In the assembly of all the [lower] gods,

Bow, then stand and tell them,

"Your father Anu,

Your counselor, warrior Enlil,

Your chamberlain Ninurta

And your canal-controller Ennugi

Have sent me to say,

Who is in charge of the rabble?

Who is in charge of the fighting?

Who declared war?

Who ran to the door of Enlil?"(Dalley, 〈Epic of Atra-Hasis〉, Tablet I,
1998).

이기기 신들이 대답한다. 그리고 누스쿠는 엔릴 신에게 돌아와 보
고한다.

엔릴 신이여…

우리 모두가 전투를 선언하고 시작했습니다!

우리가 갱도를 파는 것이 중지되도록.

험한 노동으로, 우리가 죽어가고 있습니다!

우리의 작업이 너무 고되, 고통도 심합니다!

우리 모든 젊은 신들이 엔릴 신께 불평을 했습니다.

누스크는 자기 무기를 들고

엔릴 신께 돌아와 보고했다.

...

"모든 젊은 이기기 신들이 전쟁을 선포하고 전쟁을 시작했습니다.

그들이 갱도를 파는 것을 중지되도록.

험한 노동으로, 그들이 죽어가고 있습니다!

그들의 작업이 너무 고되, 고통도 심합니다!

그들 모두가 엔릴 신께 불평을 했습니다."

Enlil...

Every single one of us declared war!

We have put a stop to the digging.

The load is excessive, it is killing us!

Our work is too hard, the trouble too much!

So every single one of us gods

Has agreed to complain to Enlil

Nusku took his weapons

Went and returned to Enlil

...

Saying "every single one of us gods

Declared war

We have put a stop to the digging.

The load is excessive, it is killing us!

Our work is too hard, the trouble too much,

So every single one of us gods

Has agreed to complain to Enlil!"(Dalley, 〈Epic of Atra-Hasis〉, Tablet

I, 1998).

3,600년 동안 갱도를 파서 금을 캐는 작업에 대한 젊은 신들의 반

란이었다. 젊은 신들이 모두 고위 아눈나키에 대해 전투를 선언한 것이다. 이게 인간을 창조하게 되는 배경이다. 즉 젊은 신들의 고역을 인간들에게 부여하기 위해 인간을 창조하게 된다.

5절 젊은 이기기 신들의 노동을 대체할 인간창조

엔릴 신은 젊은 신들의 고된 일과 고통에 대한 누스쿠의 보고를 받고 눈물을 흘린다.

> 엔릴 신은 누스쿠의 보고를 받았다.
> 그리고 눈물을 흘렸다.
> Enlil listened to that speech.
> His tears flowed.(Dalley, 〈Epic of Atra-Hasis〉, Tablet I, 1998).

그러나 엔릴 신은 폭동의 주동자를 처단하자고 제안한다. 아니면 자신이 하늘로 돌아가겠다고 제안한다. 이에 대해 하늘의 안(An) 신은 젊은 신들의 편에 선다.

> 하늘의 신인 안이 입을 열고
> 모든 신들과 형제들에게 말을 했다.
> 우리가 무엇을 불평하고 있나?
> 젊은 신들의 일은 정말 고되고 그들의 고통도 너무 크다.
> 매일 지구에는 그들의 소리가 들린다.
> 탄식의 소리는 컸고, 불평하는 소리를 들었어야 했다.
> Anu made his voice heard

And spoke to the gods his brothers,

What are we complaining of?

Their work was indeed too hard, their trouble was too much.

Every day the Earth resounded.

The warning signal was loud enough, we kept hearing the noise.

(Dalley, 〈Epic of Atra-Hasis〉, Tablet I, 1998).

1. 반드시 죽어야 할(Mortal) 인간창조, 신과 원숭이의 배아복제

아눈나키 그룹에는 자궁의 여신이자 탄생의 여신인 아루루(닌후르쌍) 즉 벨레트-일리(Belet-Ili)도 참여하고 있었고, 엔키(Enki) 신도 참여하고 있었다. 안 신의 이런 말에 힘을 얻은 엔키(에아) 신이 입을 열어 안 신을 돕는다. 그리고 한 가지 제안을 한다.

그것은 원시적인 노동자(Primitive Worker), 즉 원시적인 인간을 만들자는 것이다. 그리고 반드시 죽을(Mortal) 인간을 만들자는 것이다. 그리고 그 이름을 인간(man)이라고 부르기로 한다. 아눈나키와 젊은 이기기 신들은 니비루의 나빠진 대기환경을 회복시키기 위해 필요한 금(Gold)을 캐러 이 땅에 내려왔으므로, 니비루의 대기환경이 좋아지면 지구를 떠날 신들이었다. 물론 신들은 영생하지만, 잠시 동안 젊은 신들을 대신할 원시적인 노동자, 즉 인간은 따라서 반드시 죽어야만 했다. 그래서 반드시 죽을 인간을 만들자고 제안한다. 그래서 우리는 죽는다.

에아 신이 입을 열고

모인 모든 신들과 그의 형제들에게 말을 했다,

왜 우리가 이기기 신들을 비난하는가?

그들은 고된 일을 했고, 그 고통이 컸다.

…

여기에…

자궁의 여신인 즉 탄생의 여신이 있으니-

그녀로 하여금 <u>죽을 원시적 인간</u>을 만들게 합시다.

그래서 그에게 멍에(짐)를 지게 하고…

그에게 멍에를 지게 해서, 엔릴 신의 노동을,

그를 인간이라 부르고,

모든 이기기 신들의 노동을 대신하게 합시다.

Ea made his voice heard

And spoke to the gods his brothers,

Why are we blaming them?

Their work was too hard, their trouble was too much.

…

There is…

Belet-ili the womb goddess is present-

Let her create a mortal man

So that he may bear the yoke…

So that he may bear the yoke, the work of Enlil,

Let man bear the load of the gods!(Dalley, 〈Epic of Atra-Hasis〉, Tablet I, 1998).

이에 대해 벨레트-일리(Belet-Ili) 여신, 즉 어머니인 마미(Mami) 또는 탄생의 여신인 닌투(Nintu) 여신은 인간을 창조하려면 젊은 신, 즉 이기기 신 한 명이 희생되어야 한다고 말을 하고, 젊은 신의 육체와 피와 인간의 요소(구리 등 기본 원자)를 진흙(clay)에 섞을 것이라 말한다. 오늘날의 과학으로 말하자면 젊은 신의 육체와 피는 바로 젊은 신의 정자에 들어 있는 유전자이다. 신들은 영생하기 때문에 젊은 신의 유전자에 반드시 죽어야만 하는 인간의 요소, 즉 구리 등 인간을 구성하는 22개의 원자를 섞어서 진흙, 즉 원숭이(호모 에렉투스=직립인간=Homo Erectus)의 난자(유전자)와 융합시켜 배아를 만들고 이것을 여신의 자궁에 이식해 인간을 창조하는 것이다. 그래서 인간의 조상은 원숭이라고 과학적으로 밝혀졌다. 따라서 진흙이란 신의 유전자와 인간의 요소가 섞인 혼합된 원숭이의 난자(유전자)를 말한다. 오늘날의 과학기술로 말하면 배아복제기술이다. 하지만 종이 다른 신과 원숭이의 배아를 만들어 인간을 창조한다는 것은, 우리가 알고 있는 생명공학기술보다 분명 몇 수 위의 과학기술이다.

2. 젊은 신의 육체와 피(영)를 진흙에 섞다

닌투는 입을 열고
위대한 아눈나키 신들에게 말했다,
이 달의 첫째, 일곱째, 그리고 15일에
나는 손을 깨끗이 씻고 정결하게 할 것이다.
그 다음 젊은 신 한 명이 살해되어야 한다.
그리고 신들은 물로 정결해야 한다.
닌투는 진흙 속에 젊은 신의 육체와 피를 섞을 것이다.
그 다음 젊은 신의 요소와 인간의 요소가 함께 진흙 속에 섞어 질 것이다.
그래서 세상이 끝나는 날까지 북소리(고동)를 듣게 하자,
신의 육체로부터 하나의 영(혼)이 나와 살아 있는 존재가 되고,
닌투가 그 것을 선언함으로써 그녀가 살아 있다는 증거로,
영(혼)이 존재함으로써 죽은 신을 절대 잊지 않게 하자.

모인 신들은 다 같이 "예"라고 대답하고,

위대한 아눈나키는 누가 죽을 것인지 운명을 지정한다.

Nintu made her voice heard

And spoke to the great gods,

On the first, seventh, and fifteenth of the month

I shall make a purification by washing.

Then one god should be slaughtered.

And the gods can be purified by immersion.

Nintu shall mix the clay

With his flesh and blood.

Then a god and a man

Will be mixed together in clay.

Let us hear the drumbeat forever after,

Let a ghost(spirit) come into existence from the god's flesh,

Let her proclaim it as her living sign,

And let the ghost exist so as not to forget the slain god.

They answered "yes" in the assembly,

The great Anunnaki who assign the fates.(Dalley, 『Epic of Atra-Hasis』

Tablet I, 1998).

신의 피, 즉 유전자는 진흙에 섞여 세상이 끝나는 날까지 인간과
신을 유전적으로 묶어 줄 것이라고 기록되어 있다. 그렇게 해서 신의
모양(Likeness, dmut, 육신/육체=flesh)과 형상(Image, selem, 영=spirit)이
절대로 없어지지 않도록 피로 엮인 혈연을 통해 인간에게 찍혀진다는
것이다. 이는 「창세기」 1장 26절의 내용을 정확하게 이해하게 해주는
대목이다.

이것은 대단히 중요한 내용이다. 많은 분들이 신은 형상이나 모양이 없는 영적인 존재라고 생각하지만, 사실은 신들도 인간처럼 육체와 영적인 존재이다. 인간이 신처럼 보이고 행동하도록 창조되었기 때문이다.

「창세기」 1:26 – 하나님이 가라사대 우리의 형상(image=영=spirit)을 따라 우리의 모양(likness=육체=육신=flesh)대로 우리가 사람을 만들고…(Then God said, "Let us make man in our image, in our likeness…")(NIV).

그 다음 게시투-E 신이 인간을 창조하기 위해 살해된다. 신의 육체에서 영(spirit)이 나와 살아 있는 존재의 인간을 창조하게 된다.

지능을 가진 게시투-E 신이
모두 모인 자리에서 살해되었다.
닌투는 그의 육체와 피를 진흙 속에 섞었다.
그들은 세상이 끝나는 날까지 고동을 들었다.
닌투가 그 것을 선언함으로써, 그가 살아 있다는 증거로,
신의 육체에서 영(혼)이 나와 살아있는 존재가 되었다.
Geshtu-E, a god who had intelligence,
They slaughtered in their assembly.
Nintu mixed clay
with his flesh and blood.
They heard the drumbeat forever after.
A ghost came into existence from the god's flesh,
and she proclaimed it as his living sign.(Dalley, 〈Epic of Atra-Hasis〉,

Tablet I, 1998).

마침내 인간이 탄생되었다. 그리고 마미(Mami) 신은 아눈나키와 이기기 신들을 불어 모아 입을 열고 다음과 같이 말한다.

마미는 입을 열어
위대한 신들에게 말했다,
당신들이 내게 준 임무를
내가 완벽하게 완수했습니다.
당신들은 한 영리한 젊은 신을 살해했습니다.
나는 당신들의 어려운 일을 없앴습니다,
그 대신 당신들의 짐을 인간에게 지도록 했습니다.
여러분들은 이제 인간들에게 그 소란을 주십시오.
나는 여러분들의 속박을 벗겨 주었고 여러분에 자유를 주었습니다.
이 말을 듣고,
모인 신들은 걱정으로부터 안심이 되어,
닌투 신의 발에 입을 맞추고:
우리는 당신을 마미라 부르겠습니다.
지금부터 당신의 이름은 모든 신들의 여왕입니다.
Mami made her voice heard
And spoke to the great gods,
I have carried out perfectly
The work that you ordered of me.
You have slaughtered a god together with his intelligence.
I have relieved you of your hard work,
I have imposed your load on man.

You have bestowed noise on mankind.

I have undone the fetter and granted freedom.

They listened to the speech of hers,

And were freed from anxiety, and kissed her feet:

We used to call you Mami,

But now your name shall be Mistress of All Gods.(Dalley, 『Epic of

Atra-Hasis』 Tablet I, 1998).

아눈나키와 이기기 신들은 이 소식에 환호를 질렀다. 그리고 달려와 마미 신의 발에 입을 맞추었다. 이렇게 해서 원시적이고 죽어야만 하는 인간이 태어났다. 지구로 내려온 아눈나키와 이기기 신들, 즉 하나님의 아들들인 네피림(Nephilim)은 이제 자신들의 노예(slave)를 갖게 되었다. 외부로부터 들여온 노예들이 아니라 신들이 지구에서 창조한 인간들이었다. 결론적으로 이기기 신들의 폭동이 인간의 창조로 이어진 것이다.

메소포타미아에서 발견된 원통형 인장에 새겨진 그림. 실험실에서 갓난아기를 안고 있는 여신의 모습. Credit: 시친, I, 2009, p 489. © Z. Sitchin. Reprinted with permission.

3. 신들의 고생기간과 인간창조의 때? 301,000년 전에 인간창조

원시적인 인간이 창조된 때는 언제일까? 다행히 메소포타미아 기록들은 인간이 창조된 때를 정확히 밝히고 있다. 「신이 인간처럼 일할 때」(When the gods, like men, bore the work)라는 서사시에는 지구에 신들만이 살고 있을 때로 시작된다.

신들이 인간처럼 일하고
고통을 받을 때−
신들의 고통은 컸다,
일은 힘들었고,
고통도 심했다…
When the gods like men
Bore the work and suffered the toil-
The toil of the gods was great,
The work was heavy,
the distress was much…(시친, I, 2009, p. 457~458)

그리고 계속해서 신들은 "40기간 동안 밤낮으로 일에 시달렸다"고 기록하고 있다. 신들은 지구에 도착해서 정확히 말하자면 40샤르 동안 고생을 했다. 1샤르는 니비루 행성의 3,600년 공전주기라 했다. 따라서 3,600년×40샤르=144,000년 동안 고생을 한 것이다. 즉 이기기 신들은 지구에 도착해서 144,000년 후에 더 이상 고된 일을 못하겠다고 폭동을 일으킨 것이다.

10기간 동안 신들은 일에 시달렸다;
20기간 동안 신들은 일에 시달렸다;

30기간 동안 신들은 일에 시달렸다;

40기간 동안 신들은 일에 시달렸다.

For 10 periods they suffered the toil;

For 20 periods they suffered the toil;

For 30 periods they suffered the toil;

For 40 periods they suffered the toil (시친, I, 2009, p. 471~472).

5부인 "노아 홍수의 비밀"에서 자세히 다루겠지만, 대홍수가 일어난 시점은 12궁의 처녀자리(처녀궁, 處女宮, Virgo, 12궁의 6궁)와 천칭자리(천칭궁, 天秤宮, Libra, 12궁의 제7궁) 사이인 BC 13020년경에 일어났음을 예측해 볼 수 있으므로, 대략 13,000년 전이라고 본다면, 신들이 지구에 최초로 착륙한 시점은 432,000년 전이므로 여기에 13,000년을 더하면 약 445,000년 전에 지구에 도착했다는 것이 확실하게 드러난다 (참조: 시친, I, 2009, p. 359 & 570). 따라서 이 땅에 신들이 445,000년 전에 오셨으므로, 445,000 - 144,000=301,000년 전에 네피림의 노동을 대신할 인간을 창조하게 된다.

이 계산은 어디까지나 「창세기」 6장과 노아 홍수에 기초하여 계산한 것이므로, 신들이 더 일찍 지구에 왔을 개연성을 배제할 수 없다.

4. 아담의 창조, 호모 에렉투스의 난자에 신의 정자 융합, 여러 번의 시행착오

엔키 신에 대한 아주 흥미로운 이야기인 「인간의 창조」(The Creation of Man)에서 인간창조의 비밀을 알아낼 수 있다. 엔키 신이 고위 신들의 그룹인 아눈나키가 인간을 만들자는 결정이 내려지자 엔키는 이미 존재하는 것의 위에 신의 형상을 덧붙이자고 제안한다.

당신들이 말한 그 존재가

이미 존재한다!

이미 존재하는 것의 위에,

신의 <u>형상</u>을 덧붙이자.

The creature whose name you uttered – IT EXISTS!

Bind upon it, the image of the gods.(시친, I, 2009, p. 472~473) ;

O my mother, the creature whose name thou hoist uttered, it ex-

ists, Bind upon it the … of the gods.(Kramer, 1998, p. 70)

아눈나키들은 아무것도 없는 상태에서 인간을 만든 것이 아니라, 이미 존재하는 생명체를 찾아 신의 형상, 즉 <u>이미지</u>(Image, selem, 영=spirit)를 덧붙여 인간을 창조한 것이다. 따라서 우리들의 직계조상인 호모 사피엔스는 신들의 창조물인 것이다. 대략 301,000년 전에 아눈나키들은 원인(Ape-man, 猿人)인 호모 에렉투스(직립인간, Homo Erectus)의 난자(유전자)에 신의 정자(유전자)를 융합해서 현생인류(호모 사피엔스)를 만들어낸 것이다.

『바이블 매트릭스』 1권 「우주창조의 비밀」에서 살펴보았듯이, 니비루와 티아마트(지구)의 충돌로 인해 니비루의 생명체가 티아마트로 유입되었기에 지구에 살던 원인은 비록 덜 진화된 형태이기는 했지만 아눈나키들과 상당히 많이 닮았을 것이다.

현대의 생명과학 기술은 서로 교배가 불가능했던 닭과 쥐의 세포를 융합해 닭도 아니고 쥐도 아닌 새로운 생명체를 만들어낼 수 있다. 또한 특정한 종에서 원하는 특성만을 선택해 융합된 세포에 결합시킬 수 있다. 이러한 기술은 무한한 유전자 이식의 가능성을 열었다. 특정한 박테리아에서 특정한 유전자를 선택해 인간이나 동물에 이식해서 원하는 특성을 그 자손들이 갖게 만드는 것도 가능하다.

지금으로부터 445,000년 전에 이미 우주여행을 할 수 있었던 아눈나키들은 오늘날 우리가 이룩한 과학기술보다 월등이 높은 지식의 생명과학 기술을 갖고 있었다고 보아야 할 것이다. 그것이 복제이든 세포융합이든 유전자 이식이든 혹은 우리가 알지 못하는 다른 기술이든 간에, 그런 기술들을 실제 살아 있는 원인(猿人)에게 적용하는 것도 가능했을 것이다.

아눈나키들이 자신들의 형상에 따라 인간을 만들기 전에, 원인과 다른 동물을 교배하는 방법으로 자신들의 노예를 만들려고 시도했을 수도 있다. 고대 근동의 신전을 장식하고 있는 정체를 알 수 없는 황소인간(bull-men)이나 사자인간(스핑크스, sphinxes)은 단순한 시대를 상징하는 결과물이 아니라, 아눈나키들이 실험실에서 실제로 창조했거나 또는 실패한 실험의 증거였는지도 모른다.

반인반수(半人半獸) 또는 반인반마(半人半馬)의 초기 인류. Credit: 시친, I, 2009, p 481, © Z. Sitchin, Reprinted with permission.

수메르 기록들은 엔키 신과 닌후르쌍 여신이 원시적 노동자를 만드는 과정에서 만들어진 흉한 모습의 인간들에 대해서도 묘사하고 있다. 신의 틀에 혼합물을 넣는 일(bind upon the mixture the mold of the gods)을 맡았던 닌후르쌍이 술에 취해서 엔키 신에게 가서 다음과 같은 말을 한다.

"인간의 몸이 도대체 얼마나 훌륭해야 하는가?

내 마음대로,

그 운명을 좋게 만들 수 있고 나쁘게 만들 수 있다."

"How good or how bad is Man's body?

As my heart prompts me,

I can make its fate good or bad."(시친, I, 2009, p.481~482).

이 기록에 따르면 여러 번의 시행착오로 닌후르쌍은 소변을 억제할 수 없는 남자, 아이를 낳을 수 없는 여자, 남자도 여자도 아닌 인간을 만들어냈다. 닌후르쌍은 모두 여섯 종류의 기형의 인간들(deformed or deficient humans)을 만들어냈다. 또한 엔키도 병든 눈을 가졌거나 손을 떨거나 손상된 심장이나 말을 할 수 없는 인간을 만들었다고 한다.

아눈나키들은 처음에 원인(猿人)과 다른 동물들을 혼합해서 원시적 노동자를 만들려고 했지만, 결국 유일하게 실현 가능한 혼합은 자신들과 원인의 혼합이라는 것을 안 것 같다. 그리고 몇 번의 실패 끝에 하나의 모델(model), 즉 아담(Adam)을 만드는 데 성공한다.

그리고 마침내 「창세기」 1장 26절과 27절에 나오듯이 신들의 형상과 모양대로, 즉 신들과 똑같이 생긴 아담을 창조하는 데 성공한다. 「창세기」 2장 7절의 '흙(dust of ground)'은 바로 원인(猿人)의 난자(유전자)에 신의 정지(유전자)와 죽어야 할 22개의 원자를 융합한 혼합물을 의미한다. 그 다음 혼합물을 통해 시험관 배아를 만든 후 닌후르쌍 여신의 자궁에 이식해 주형(mold), 즉 모델인 아담을 만들어내는 데 성공한다.

5. 진흙에서 7쌍의 복제인간을 창조, 인간이 신들을 대신해 노동을 시작하다

자 이제 아담의 모델 즉 주형을 이용해 복제품을 만들어낸다. 다시 말해 아담을 주형으로 사용해 남자와 여자를 만들어낸다. 「창세기」 2장

21절에 나오는 아담의 갈비뼈(rib)는 수메르어로 티(TI)에서 나온 것이다. 그런데 이 단어는 갈비뼈라는 뜻과 함께 '생명(life)'이라는 뜻도 지니고 있다. 따라서 이브(Eve)는 아담의 '생명', 즉 '생명의 정수(life's essence)', 즉 유전자를 복제하여 만들어진 것이다. 단어 그대로 해석하면 갈비뼈라 했으니 뼛속에 있는 골수세포(bone marrow cell)에서 유전자를 채취했을 것이다. '잠들게 하시니(a deep sleep)'는 마취(anesthetize)를 시켰다는 것이다.

원시적인 인간의 창조는 과학자이며 지식의 신인 엔키와 마미(닌후르쌍) 여신에 의해 주도된다. 실험실에 엔키, 모신인 마미, 그리고 14명의 대리모, 즉 자궁의 여신들이 모였다. 이제 복제 인간의 대량생산이

아시리아에서 발견된 원통형 인장에 새겨진 그림. 엔키와 마미 여신이 인간을 복제하고 있는 모습. 가운데 나팔관은 탯줄을 자르는 칼의 상징. Credit: 시친, I, 2009, p 488, © Z. Sitchin. Reprinted with permission.

시작된다.

엔키와 마미 신은
운명의 실험실로 갔다.
대리모인 자궁의 여신들이 소집되었다.
엔키 신은 마미 앞에서 진흙을 밟아 만들었다;
마미는 하나의 주문을 반복했다.
엔키는 마미와 같이 있으면서 마미가 그것을 반복하도록 도왔다
마미가 주문을 끝내자
그녀는 진흙 속에서 14개의 융합된 덩어리를 떼어냈다.
그리고 7개는 오른쪽에,
7개는 왼쪽으로 놓았다.
그들 사이는 진흙으로 만든 벽돌 즉 주형(鑄型, 모델)을 놓았다.
마미는 갈대(칼)를 이용해 그것들을 열고 제대(탯줄, 臍帶)를 잘랐다.
현명하고 지적이라 불리는 대리모인
자궁의 여신들은, 7명과 7명이었다.
7명은 7명의 남자아이를,
7명은 7명의 여자아이를 낳았다,
자궁의 여신들은 운명의 창조자이다.
엔키는   그들을 둘씩 쌍으로, 남자와 여자를 쌍으로,
… 쌍으로 나누었다.
마미는 인간들을 위해 규칙을 만들었다:.
생명을 탄생시키는 여자의 집에,
주형을 7일간 놓는다.
벨레트-일리(Belet-Ili), 즉 현명한 마미는 반드시 존경되어야 한다.
여자가 아이를 출산할 때,

산파는 즐거움을 얻고,

그 아이의 엄마는 스스로 출산 휴가를 가질 것이다.

남자는 한 여자에게,

… 그녀의 가슴에

젊은 남자의 얼굴에

수염이 보일 것이다.

정원과 노변에서

아내와 남편이 짝을 맺을 것이다.

자궁의 여신들이 소집되었고,

닌투가 거기에 있었다.

그들은 달(月)을 셌다.

운명의 열 달째가 다가왔다.

Far sighted Enki and wise Mami

Went into the room of fate.

The womb-goddesses were assembled.

He trod the clay in her presence;

She kept reciting an incantation,

For Enki, staying in her presence, made her recite it

When she had finished her incantation,

She pinched off fourteen pieces of clay,

And set seven pieces on the right,

Seven on the left.

Between them she put down a mud brick.

She made use of a reed, opened it to cut the umbilical cord,

Called up the wise and knowledgeable

Womb goddesses, seven and seven.

Seven created males,

Seven created females,

For the womb goddess is creator of fate.

He ··· them two by two,

··· them two by two in her presence.

Mami made these rules for people:

In the house of a woman who is giving birth

The mud brick shall be put down for seven days.

Belet-ili, wise Mami shall be honored.

The midwife shall rejoice in the house of the woman who gives

birth

And when the woman gives birth to the baby,

The mother of the baby shall sever herself.

A man to a girl···

···her bosom

A beard can be seen

On a young man's cheek.

In gardens and waysides

A wife and her husband choose each other.

The womb goddesses were assembled

And Nintu was present. They counted the months,

Called up the Tenth month as the term of fates.(Dalley, 〈Epic of

Atra-Hasis〉, Tablet I, 1998).

기록으로 보아 14명의 자궁의 여신은 두 집단으로 나뉘었다. 엔키
와 모신은 그들의 자궁에 혼합된 진흙을 이식했다. 또한 수술 도구인

남부 엘람(Elam, 페르시아, Persia) 산맥지대의 바위에서 발견된 암각 부조의 한 장면. 엔키 신과 마미 신이 오른쪽 가운데에서 작업을 하고, 14명의 대리모 여신들로 추정되는 여신들이 둘러싸여 있다. 왼쪽에는 길게 늘어선 인간들이 자신들을 창조한 주인을 바라보고 있다. 이것은 찍어낸 듯 똑같은 복제인간들이다. Credit: 시친, I, 2009, p 512, © Z. Sitchin. Reprinted with permission.

칼을 준비한 것을 보면 인간의 복제과정에 산파 수술이 포함되었음을 짐작할 수 있다. 여기서 중요한 것은 주형(鑄型, 모델)을 만들었다는 데 있다. 수메르의 기록들을 보면 인간의 모델, 즉 주형이라고 부르는 새로운 존재가 탄생했다. 그 모델이 창세기의 아담(Adam)이 될 수도 있고 그 이후의 아다파(Adapa)가 될 수 있다. 아니 그 이전의 어떤 모델이 될 수도 있다. 또 신들이 그것과 같은 것을 더 만들어 달라고 아우성친 것으로 보아 그 주형은 신들이 원하는 대로 만들어졌음이 확실하다. 주형을 먼저 만들고 그 다음에 복제품을 만들었다는 것은 별것 아닌 것 같지만 아주 중요한 사실이다. 이를 통해 인간이 창조된 과정을 보다 구체적으로 알 수 있을 뿐만 아니라 「창세기」 1장 27절에 나오는 말씀도 정확하게 이해할 수 있다.

이제 남은 일은 기다리는 것이다. 10달이 다가오자 마미는 "내가 창조했다"고 기쁨에 벅차 소리친다.

10달이 다가오자,

마미는 보조자 한 명을 데리고 들어가 자궁을 열었다.

그녀의 얼굴에는 기쁨이 넘쳤다.

머리를 감싸고,

산파술을 행했다.

그녀는 허리에 띠를 두르고 축복을 내렸다.

그녀는 형상을 그렸고, 주형을 내려 놓았다:

<u>내가 창조했다, 내 손이 그것을 만들어냈다.</u>

When the Tenth month came,

She slipped in a staff and opened the womb.

Her face was glad and joyful.

She covered her head,

Performed the midwifery,

Put on her belt, said a blessing.

She made a drawing in flour and put down a mud brick:

I myself created it, my hands made it.(Dalley, 『Epic of Atra-Hasis』 Tablet I, 1998).

이렇게 아프리카 광산지역에서 창조된 원시적 노동자, 즉 인간들은 이기기 신들을 대신해 광산에 투입된다. 바빌로니아와 아시리아 기록을 보면 인간이 아래세계의 탄광에서 중노동을 했다고 한다. 어둠 속에서 일을 하고 먼지를 먹으면서 그들은 일을 했고 거기서 죽었다. 이런 이유 때문에 아래세계를 칭하는 수메르어인 쿠르누기아(KUR.NU.GI.A)가 '돌아오지 못하는 땅'이라는 뜻을 얻게 된 것이다. 그러나 쿠르누기아의 문자적 뜻은 '신이 일하고, 깊은 갱도에 광석이 쌓인 곳'이다(시친, I, 2009, p. 456).

주형을 본떠서 만든 복제인간들이 젊은 신들인 이기기 신들을 대신해 일터에 투입되었다. 이제 인간들은 땅을 파고 고르고 운하를 건설하고, 그리고 신들을 위해 봉사했다고 기록하고 있다.

6. 처음엔 벌거벗고 다녀, 섹스를 해도 임신이 안 되는 인간창조

여기서 한 가지 중요한 사실이 있다. 초기 수메르의 그림에 자주 등장하는 원시적 노동자였던 인간은 벌거벗은 상태에서 노동을 했으며 신

수메르의 초기 그림. 벌거벗은 상태로 일을 하는 인간들. 이는 섹스를 해도 임신이 안 되는 상태를 의미함. Credit: 시친, I, 2009, p 508, © Z. Sitchin. Reprinted with permission.

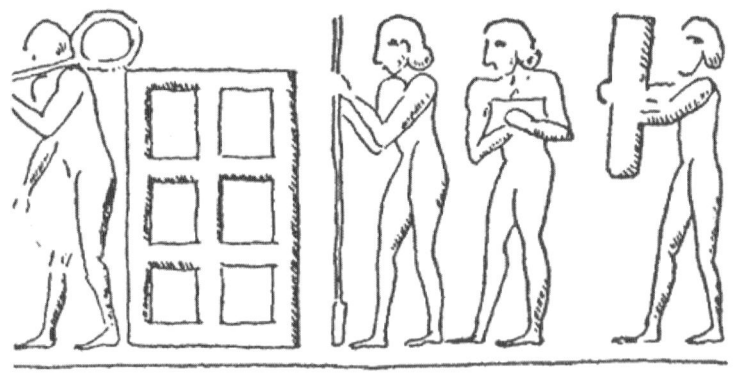

에게 봉사했다는 점이다. 신에게 음식이나 음료수를 바칠 때는 물론이고 들판이나 공사장에서 일을 할 때도 인간들은 벌거벗고 있었다. 그렇다고 이들이 섹스(성교)를 안 한 것은 아니다. 섹스를 해도 임신이 안 되는 상태였다. 그렇게 엔키 신과 닌후르쌍 여신이 임신이 안 되는 인간을 만들었다.

그런데 나중에 보면 아담과 이브가 선악과를 따 먹고 임신을 하게 된다. 이것은 「창세기」 3장에 등장하는 선(good)과 악(evil)을 알게 한 지식의 나무(Tree of Knowledge)와 연관이 있다. 자세한 것은 4부의 "엔키 신과 선악과란 무엇인가"를 참조하시라.

인간들이 …을 담당했다…
새로운 땅을 고르고 삽을 만들고,
커다란 운하를 파고,
사람들을 먹여 살리고 신들을 유지하기 위해.
They took hold of...
Made new picks and spades,
Made big canals,
To feed people and sustain the gods.(Dalley, 〈Epic of Atra-Hasis〉,
Tablet I, 1998).

6절 아프리카에서 메소포타미아로, 에덴 동산의 아담

인간은 아눈나키 그룹에 의해 채광을 하던 아래세계 즉 압수에서 창조되었다. 이것은 3부의 "인간창조의 비밀-현대 인류학적/과학적 증빙"에서 자세히 다루겠지만 인간은 남아프리카에서 탄생했다는 것과 같다.

「인간의 창조」(The Creation of Man)라는 기록에서 엔키는 모신에게 압수의 바로 위, 지구의 토대에서 가져온 흙을 섞어서 빚으라고 말한다. 다시 말해 압수 바로 위의 호모 에렉투스의 난자를 이용해 인간을 창조한 것이다.

압수(압주)의 바로 위,
지구의 토대에서 가져온 흙을 섞어서 빚으라
Mix to a core the clay from the Basement of Earth,
just above the Abzu.(시친, I, 2009, p. 497) ;
Mix the heart of the clay that is over the abyss.(Kramer, 1998, p. 70)

엔키가 압주에 그의 거처를 지은 업적을 기리는 송가인 「엔키와 에리두: 물의 신이 니푸르로의 여행」(Enki and Eridu: The Journey of the Water-God to Nippur)은 다음과 같이 시작한다.

압수의 신성한 에아 신은
진흙 한 덩어리를 떼어내,
쿨라(Kulla)를 창조해
압수의 신전을 재건했다.
Divine Ea in the Apsu
pinched off a piece of clay,
created Kulla to restore the temples.(시친, I, 2009, p. 498)

이 송가는 계속해서 엔키 신에 의해 창조된 건축가들과 산과 바다의 풍부한 자원을 관리하는 사람들에 대해 언급하고 있는데, 그들은 모두 압수의 광산 지역의 진흙으로 만들어진 인간들이었다. 이들 인간들은 「창세기」의 족보에 오르지 못한 인간들이다. 「창세기」의 아담의 족보 말고도 많은 인간들이 창조되었다.

엔키 신은 에리두의 물가에는 강둑(water-bank)과 벽돌(brickwork)로 신전을 지었지만, 압수에 신전을 지을 때는 귀한 은(silver)과 청금석(lapis-lazuli)을 사용했다. 신전을 건축하기 위해 압수서 인간들을 창조했다.

'엔키 신이 인간을 창조했다(fashioned)'에서 엔키 신은 또 다른 수메르어 이름인 이미지 패셔너(Image Fashioner)라는 뜻의 누딤무드(Nudimmud)로 불리기도 했는데, 이는 땅을 고르게 펴거나 관개수로로 바꾸거나 유전자를 조작해 인간을 만든 것에 비유하여 사용하기도 했다. 「엔키와 에리두: 물의 신이 니푸르로의 여행」을 보자.

압주의 주님인 엔키 왕이…
은과 청금석으로 신전을 지었다;
압주의 반짝이는 은과 청금석으로.
주님인 아버지는 압주에서 인간을 창조했다.
압주에서 밝은 표정의 인간들이 창조되어,
주님인 누딤무드 주변에 섰다.
The Lord of the AB.ZU, the king Enki…
Built his house of silver and lapis-lazuli;
Its silver and lapis-lazuli, like sparkling light.
The Father fashioned fittingly in the AB.ZU.
The Creatures of bright countenance,
Coming forth from the AB.ZU,

Stood all about the Lord Nudimmud.(시친, I, 2009, p. 498) ;

The lord of the abyss, the king Enki,

Enki, the lord who decrees the fates,

Built his house of silver and lapis lazuli;

Its silver and lapis lazuli, like sparkling light,

The father fashioned fittingly in the abyss.

The (creatures of) bright countenance and wise, coming forth
from the abyss,

Stood all about the lord Nudimmud.(Kramer, 1998, p. 62)

최초의 원시적 노동자는 아프리카 광산에서만 일했다. 따라서 근동, 즉 메소포타미아의 수메르 지역에 거주하고 있던 아눈나키들은 그 혜택을 받지 못했다. 그 결과 신들 사이에 갈등이 있었던 것으로 보인다.

"곡괭이의 신화(The Myth of the Pickax)" 또는 "곡괭이의 창조(The Creation of the Pickax)"라고 이름 붙인 수수께기 같은 기록에는 엔릴 신의 통치하에 있던 수메르의 아눈나키들이 어떻게 검붉은 피부(dark red blood-colored skin)의 검은 머리 인간들(Black-Headed People) (Black et al., 『The Flood Story, Segment A』 1998~2006; Tellinger, 2009, p. 251; 시친, I, 2009, p. 500), 즉 흑인들을 이용하게 되었는지 그 과정을 기록하고 있어 매우 흥미롭고 중요한 자료이다.

정상적인 질서를 회복시키기 위해 엔릴 신은 하늘—니비루 행성이나 지구궤도 위의 모선—과 지구의 통신을 끊는 극단적인 조치를 취하고 인간이 창조된 곳, 즉 압수를 공격한다. 엔릴 신은 그 당시 우주통제관제센터가 있던 니푸르(Nippur)의 주신(Patron god)으로 엔릴 신의 지구라트(Ziggurat) 신전은 니푸르의 에쿠르(Ekur, 높은 집)였다.

적절한 조치를 취할 수 있는 주님은,

결정을 취소할 수 없는 엔릴 주님은,

매우 빠르게 지구와 하늘을 분리시켰다

창조된 인간들을 끌어내기 위해;

매우 빠르게 지구와 하늘을 분리시켰다,

엔릴 신은 하늘과 땅의 유대에 상처를 냈다,

창조된 인간들을 끌어내기 위해

그들의 육신이 태어난 곳으로부터 끌어내기 위해.

The Lord, That which is appropriate he caused to come about.

The Lord Enlil,

Whose decisions are unalterable,

Verily did speed to separate Heaven from Earth

So that the Created Ones could come forth;

Verily did speed to separate Earth from Heaven.

In the "Bond Heaven-Earth" he made a gash,

So that the Created Ones could come up

From the Place-Where-Flesh-Sprouted-Forth).(시친, I, 2009, p. 499)

:

The lord, that which is appropriate verily he caused to appear,

The lord whose decisions are unalterable,

Enlil, who brings up the seed of the land from the earth,

Took care to move away heaven from earth,

Took care to move away earth from heaven.

In order to make grow the creature which came forth,

In the "bond of heaven and earth"(Nippur) he stretched out the.

(Kramer, 1998, p. 52)

엔키 신의 '곡괭이와 광주리(Upon the pickax and basket)'에 대항해 엔릴 신은 강력한 그의 곡괭이를 만든다. 그것은 바로 알아니(AL.A.NI)로 힘을 만드는 도끼였다. 이 무기는 '뿔이 하나 달린 황소의 이빨(like a one-horned ox's tooth)' 같은 것이었는데, 금과 은과 청금석으로 만들어, 거대한 벽을 기어올라가(ascending a large wall) 공격해 허물 수 있었다. 이 무기에 대한 묘사를 통해 추측해 보면, 이것은 거대한 동력 굴착기(huge power drill)로, 불도저 비슷한 차량(bulldozer-like vehicle)에 장착해 앞에 있는 것은 무엇이든 부숴 버릴 수 있는 무기 같은 것이다.

주님 앞에 저항하는 집,
주님 앞에 복종하지 않는 집,
알아니가 주님께 복종하도록 만든다.
사악한… 그들의 머리를 부수고;
뿌리를 뽑고, 머리를 부순다.
The house which rebels against the Lord,
The house which is not submissive to the Lord,
The AL.A.NI makes it submissive to the Lord.
Of the bad …, the heads of its plants it crushes;
Plucks at the roots, tears at the crown.(시친, I, 2009, p. 499~500)

땅을 가르는 곡괭이, 즉 알아니를 앞세워 엔릴 신은 엔키 신의 진영을 공격한다.
주님은 알아니를 향해 명령을 내렸다.
주님은 땅을 가르는 도구를 알아니의 머리에 붙이고,
육신이 태어난 곳으로 몰고 갔다.
한 인간의 머리가 구멍에 빠졌다;

인간들은 땅에서 흩어져 엔릴 신에게 몰려갔다.

주님은 검은 머리 인간들을 엄정하게 살폈다.

The Lord called forth the AL.A.NI, gave its orders.

He set the Earth Splitter as a crown upon its head,

And drove it into the Place-Where-Flesh-Sprouted-Forth.

In the hole was the head of a man;

From the ground, people were breaking through towards Enlil.

He eyed his Black-headed Ones in steadfast fashion.(시친, I, 2009, p. 500)

그 결과 검붉은 피부의 검은 머리 인간들 즉 흑인들이 아프리카에서 엔릴 신의 지역인 수메르로 이동하게 된다. 엔릴 신은 노동자들을 데리고 '정의로운 자들의 처소'인 에딘(E.DIN)으로 데려 갔다. 원시적 노동자를 데려다 달라고 간청했던 수메르의 아눈나키들은 엔릴 신에게 감사하면서 곧 인간들에게 일과 신들의 시중을 들게 했다.

아눈나키들은 엔릴 신에게 가서,

감사의 표시로 손을 흔들었다,

기도를 드려 엔릴 신의 마음을 편하게 했다.

엔릴 신에게 간청했던 검은 머리 인간들.

아눈나키들은 검은 머리 인간들에게,

그들이 갖고 있던 곡괭이를 쥐어 주었다.

The Anunnaki stepped up to him,

Raised their hands in greetings,

Soothing Enlil's heart with prayers.

Black-headed Ones they were requesting of him.

To the Black-headed people,

they give the pickax to hold.(시친, I, 2009, p. 500)

그 이후 일꾼 원시인들은 양쪽 땅에서 단순 작업에 투입되었다. 아프리카 광산의 땅에서는 금을 캤고, 메소포타미아에서는 곡괭이와 삽을 들고 신들의 집인 지구라트(Ziggurat)를 건설하고, 거대한 운하 제방을 쌓았으며, 신들의 음식으로 공급할 작물들을 길렀다.

1. 아담을 이끌어 에덴 동산에 두사

「창세기」 2장 15절을 보자. 야훼께서 그 사람을 어디에선가 '이끌어 내서(took)'라고 기록된 것이다. 어디서 이끌어 내셨을까? 바로 아프리카 압수 지역에서 이끌어 내서, 다시 말해 아프리카 압수지역에서 <u>데려왔다</u>는 뜻이다. 그 다음 에덴 동산에 두었다(put, placed). 무엇을 시키려고? 바로 <u>일을 시키고</u>(work) 에덴 동산을 <u>돌보도록</u>(take care of) 한 것이다. 또는 에덴 동산을 <u>가꾸고</u>(dress, tend) <u>지키도록</u>(keep, watch over, guard) 한 것이다. 영문성경 Good News에는 아담으로 하여금 에덴 동산을 <u>경작하도록</u>(cultivate)이라 했는데, 제일 번역이 잘 된 것 같다.

> 「창세기」 2:15 – 여호와 하나님이 그 사람을 이끌어 에덴 동산에 두사 그것을 다스리며 지키게 하시고(The LORD God <u>took</u> the man and <u>put</u> him in the Garden of Eden to work it and take care of it)(NIV); And the LORD God took the man, and put him into the garden of Eden to dress it and to keep it(KJV); The LORD God placed the man in the Garden of Eden to tend and watch over it(New Living); Then the LORD God placed the man in the Garden of Eden to cultivate it and guard it(Good News).

2. 아담은 흑인, 이브는 엷은 갈색 피부에 금발머리

최초의 아담은 검붉은 피부(dark red blood-colored skin)에 검은 머리 인간(Black-Headed People)의 흑인이다(Tellinger, 2009, p. 251; 시친, I, 2009, p. 500). 아프리카에서 탄생한 모든 남성은 다 흑인이다. 『에리두 창세기』의 세그먼트 A 버전의 10줄에서 14줄을 보자.

> 10-14. 안, 엔릴, 엔키, 닌후르쌍이 검은 머리 인간들을 유전자로 만들어낸 후, 그들은 또한 동물들을 창조해 이 땅에 번창케 했는데, 오늘날 네발로 걷는 동물들이 평원에서 번창하고 있는 것이다.
>
> 10-14. After An, Enlil, Enki and Ninhursaga had fashioned the black-headed people, they also made animals multiply everywhere, and made herds of four-legged animals exist on the plains, as is befitting.(Black et al., 〈The Flood Story, Segment A〉, 1998~2006)

여기서 중요한 것은 만들었다(fashioned)라고 표현했다는 점이다. 이는 엔키 신을 의미하는데, 엔키 신은 수메르어로 이미지 패셔너(Image Fashioner)라는 뜻의 누딤무드(Nudimmud)로 불리기도 했다. 이는 유전자를 조작해 인간을 만든 것에 비유하여 사용하는데, 기본(Essence), 즉 유전자 구조(DNA Structure)를 조작해 신들과 비슷하지만 검은 머리 인간을 만들었다는 뜻이다. 처음에 창조된 아담은 검은 머리에 검붉은 피부를 가진 흑인이었다. 왜냐하면 인간의 조상인 원인(猿人, Apewoman=호모 에렉투스 Homo Erectus)이 검기 때문이었다.

그렇다면 이브(Eve), 즉 하와는 어떤 피부색이었을까? 텔링거(Tellinger)의 저서 『신의 노예 종들』(Slave Species of God, 2009)에 의하면 이브의 원래의 이름은 티아마트(Ti-Amat)로 이는 '생명의 어머니(Mother of Life)'라는 뜻이며, 엷은 갈색 피부(a light brown skin)에 금발머리(a sandy-blonde)을 가졌다고 한다(Tellinger, 2009, p. 452). 티아마트는 『바이블 매트릭스』 1권 「우주창조의 비밀」에 등장하는 지구(Earth)의 전신인데, 여기서도 '생명의 어머니'로 등장한다.

이로써 우리는 흑인종과 황인종이 지구를 지배하고 있는 이유를 설명할 수 있다. 그렇다면 백인종은 어떻게 창조되었을까? 이는 7부의 "노아(Noah) 태생의 비밀, 노아는 엔키 신의 아들, 노아는 파란 눈의 백인"에서 자세히 밝히기로 한다.

3. 왕권의 성립(Creation of Kingship) 및 최초의 도시들(the First Cities)

이렇게 신들의 노동을 대체할 인간들을 만든 후, 왕권, 즉 통치 시스템이 하늘에서 내려오고 메소포타미아 지역에 도시를 건설한다. 『에리두 창세기』의 세그먼트 B 버전을 보자.

4-5. "내가 인간들의 노동을 관장할 거야… 이 땅의 구축 자, 견고한 기초를 파라(I will oversee their labour. Let ⋯⋯ the builder of the Land, dig a solid foundation.)"(Black et al., 〈The Flood Story, Segment B〉, 1998~2006)

6-18. 그 이후… 왕권이 하늘에서 내려와, 그 이후 기쁨으로 찬양된 왕권이 하늘로부터 내려와, 신성한 의식과 신들의 권위가 완벽해지고, 벽돌을 쌓아 신전을 세우고, 그들의 이름이 붙여지고… 배분되었다. 첫 번째 도시는 에리두였고, 제일 먼저 내려 오신 누딤무드(엔키) 신에게 주어졌다. 두 번째 도시는 바드-티비라였는데, 인안나 여신과 두무지 신에게 주어졌다. 세 번째는 라락이었는데, 파빌상(닌우르타)에게 주어졌다. 네 번째 도시는 시파르(짐비르)였는데, 우투(샤마시) 신에게 주어졌다. 다섯 번째 도시는 슈루팍이었는데, 수드(닌후르쌍, 닌투, 닌마) 여

신에게 주어졌다. 도시들의 이름이 공표된 후에… 도시들은 신들에게 배분되었으며, 강은… 물이 넘쳐 흘렀고, 작은 수로(운하)가 정화되어… 구축되었다(After the …… of kingship had descended from heaven, after the exalted crown and throne of kingship had descended from heaven, the divine rites and the exalted powers were perfected, the bricks of the cities were laid in holy places, their names were announced and the …… were distributed. The first of the cities, Eridug, was given to Nudimmud the leader. The second, Bad-tibira, was given to the Mistress. The third, Larag, was given to Pabilsag. The fourth, Zimbir, was given to the hero Utu. The fifth, Suruppag, was given to Sud. And after the names of these cities had been announced and the …… had been distributed, the river ……, …… was watered, and with the cleansing of the small canals …… were established).(Black et al., 〈The Flood Story, Segment B〉, 1998~2006)

여기서도 분명 인간창조의 목적은 노동과 신들에게 봉사하는 것이라고 기록하고 있다. 인간들은 신을 대신해 노동을 하고, 신전을 세우고 신들께 봉사한 것이다. 여기에 등장하는 5개의 대홍수 이전의 도시들(antediluvian/pre-Diluvial cities)은 『수메르 왕 연대기』에도 등장한다.

그런데 여기서도 중요한 사실이 드러난다. 다른 고대 문서들인 c.BC 1150년의 『길가메시 서사시』와 c.BC 1640년의 『아트라하시스 서사시』를 보면, 에리두는 제일 먼저 이 땅에 내려오신 엔키 신에게 주어졌는데, 그는 금을 캐러 내려왔기 때문에, 페르시아만에 근접한 에리두를 첫 번째 도시로 정했다. 아마도 처음에는 바다에서 금을 캐지 않았나 추측이 된다.

그리고 아프리카 짐바브웨에서 캐낸 금은 배를 이용하여 바드-티비라로 옮겨졌는데, 바드-티비라는 두무지 신이 관장하던 도시였다. 바드-티비라 도시의 이름은 문자 그대로 번역하면 '대장장이, 즉 금속 가공의 토대'라는 뜻으로 구약성경의 두발(Tubal, 「창세기」 4:22)에 해당된다. 구약에 나오는 두발가인은 철과 동과 금의 기술자였다.

그리고 시파르(짐비르)는 우투 신에게 주어졌는데, 우투는 태양의 신으로, 그 당시 시파르에 있던 우주공항을 책임지던 신이었다. 바드-티비라에서 정제된 금은 메소포타미아로 옮겨져 시파르 우주공항에서 우주선으로 지구궤도를 돌고 있던 이기기 신들의 모선으로 옮겨지고, 그 다음 신들의 행성인 니비루(Nibiru)로 가져간 것이다. 왜 금을 캐러 오셨을까? 니비루의 대기환경이 안 좋아져 금가루가 필요했기 때문이었다.

마지막으로 슈루팍은 수드(닌후르쌍, 닌투, 닌마) 여신에게 주어졌는데, 이곳에는 의료센터(Medical/Science Center, Healing Center), 즉 병원이 세워져 있었다. 그래서 닌투 여신은 생명을 관장하던 여신으로 등장하고, 아담을 유전자 조작으로 본인의 자궁에서 직접 창조하신 여신이다.

그리고 아눈나키들이 거주하는 고대 7개 도시들인 에리두(Eridu), 라르사(Larsa), 바드티비라(Bad-tibira), 라가시(Lagash), 슈루팍(Suruppak), 니푸르(Nippur), 라락(Larak/Larag)에는 하늘로 이어지는 계단식 피라미드(Step pyramid)의 신전(Temple)인 지구라트(Ziggurat)를 건설한다. 이 지구라트에는 각 도시를 지배한 고대 주신(Patron god)이 이 땅에 거주할 때 머무르곤 했는데, 오로지 제사장(Priest)만이 이곳을 출입할 수 있었다. 제사장들은 각 층의 방에 접근하여 신을 모시고, 신의 음식이나 요구에 시중드는 역할을 했다.

3부

인간창조의 비밀:
현대 인류학적·과학적 증빙

질문들

고대 수메르 문서에서 아담의 창조 연대가 301,000년 전이라 했다. 인간의 조상은 원숭이, 즉 호모 에렉투스(Erectus)라 했다. 처음에 신들은 여러 종류의 인간을 창조했다고 했다. 말을 못하는 인간! 손재주가 없는 인간 등!

　이러한 고대 수메르 문서의 내용들이 현대 인류학적이고 과학적인 발견, 즉 논문에서도 똑같이 증빙될 수 있을까? 지금까지 밝혀진 과학적 사실들을 바탕으로 하나하나씩 풀어가 보자.

1장
과학이 밝힌
인류의 조상−침팬지(원숭이)

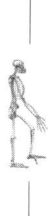

2003년에 과학은 획기적인 사건을 만나게 된다. 인간과 침팬지 (Chimpanzees)의 차이점을 유전학적으로 밝혀낸 것이다. 인간과 침팬지의 게놈(Genome)을 분석한 결과 유전자의 염기서열이 98.8%가 같고 나머지 1.2%, 즉 듣고(hearing), 말하고(speech), 두뇌를 사고하도록 연결하며(wire the developing brain), 냄새를 감지하고, 뼈를 구조화하는 (shape bone structure) 염기서열들만이 인간을 인간답게 차별화한다는 것이다.

인간과 침팬지와의 공통점 및 차이점(Clark et al., 2003)

	공통점	차이점	
인간 (Human)	인간과 침팬지 게놈의 유전자 배열은 98.8% 가 같음(the sequence of DNA units in the two genomes is 98.8 percent identical)	* Genes for hearing * Genes for speech, * Genes that wire the developing brain * Genes for detecting odors * Genes that shape bone structure * Genes involved in recycling amino acids	
침팬지 (chimpanzee)		N/A	

이것은 유전학적으로 인간의 조상은 원숭이라는 사실을 전 세계에 알린 것이다. 인간보다 먼저 원숭이라는 진화 관점에서도 원숭이의 화석이 인간의 화석보다 훨씬 오래된 것이 발견되고 있다. 이로써 고생물학(Palaeontology)이나 생물학에서는 공식적으로 원숭이, 즉 침팬지를 인간의 조상으로 여기게 되었다.[1]

---

1 Chimpanzee-human last common ancestor–
  http://en.wikipedia.org/wiki/Chimpanzee-human_last_common_ancestor

2장
과학이 밝힌
인간의 족보, 원숭이의 족보

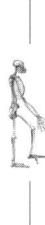

인간의 선조격인 유인원(類人猿), 즉 여우원숭이의 탄생은 독일의 그루베 메셀(Grube Messel)에서 발견된 것으로 무려 4,700만 년 전으로 거슬러 올라간다(Franzen et al., 2009). 이 화석은 갈고리 발톱이 아닌 손톱, 쥘 수 있는 손, 마주 보는 엄지손가락 등 우리 인간과 매우 유사한 특징을 가졌다. 중요한 것은 원숭이가 사람보다 먼저 존재한다는 것으로 이는 「창세기」 1장에 기록된 대로 하나님께서 6일째 동물을 먼저 만드시고 인간을 나중에 창조하셨다는 내용과 일치한다.

그리고 4,000만 년이 흘러 중앙 아프리카의 차드(Chad)에서 인간의 직접적인 조상으로 보이는 600만~700만 년 전의 두 발로 걷는(Bipedalism) 원인(原人, Hominids, Hominin)의 화석이 발견된다. 2001년과 2002년에 보우빌라인(Alain Beauvilain) 팀에 의해 발견된 이 화석의 종족은 사헬란스로푸스(Sahelanthropus)의 사헬린 타카덴인(S. tchadensis)으로 일명 토우메(Toumai)[2]이다(Brunet et al., 2002; Vignaud

---

2 사헬란스로푸스(Sahelanthropus), 토우메(Toumai)－Chad 지방 언어로 '생명의 희망(Hope for Life)'이란 뜻. http://en.wikipedia.org/wiki/Sahelanthropus

et al., 2002; Beauvilain, 2003).

또한 600만 년 전의 오로린(Orrorin) 종의 밀레니엄 맨(Millennium man)이 케냐(Kenya)에서 발견된다(Richmond & Jungers, 2008). 그리고 이어서 아르디피테쿠스(Ardipithecus)[3]가 발견된다. 이에는 두 종이 등장하는데 하나는 에티오피아(Ethiopia)에서 1997~2000년에 발견된 560만~580만년 전의 아르디피테쿠스 카다바(A. Kadabba)이고(Haile-Selassie et al., 2004; Gibbons, 2009), 다른 하나는 에티오피아와 케냐에서 1994년 발견된 440만 년 전의 원인(原人)인 아르디피테쿠스 라미두스(Ardipithecus ramidus), 즉 일명 아르디(Ardi)이다(Semaw et al., 2005; White et al., 2009; Gibbons, 2009). 이들은 모두 아프리카에 1만~10만 년 동안 잠시 나타났다가 모두 멸종되었는데, 멸종되었다는데 중요한 의미가 있다.

그리고 잠시 시간이 흐르고 현생인류(Modern Humans, Homo Sapiens)[4]와 정말 유사하다고 분류되는 오스트랄로피테쿠스(Australo-pithecus)[5]가 발견된다. 고생물학자들(Palaeontologists)과 고고학자들(Archaeologists)에 의하면, 오스트랄로피테쿠스는 동부 아프리카와 남부 아프리카에서 400만 년 동안 살다가 130만 년 전에 멸종되어 사라졌다. 이에는 10여 종이 등장하는데 우리에게 잘 알려진 종이 바로 1974년과 1978년에 에티오피아와 탄자니아의 라에톨리(Laetoli)에서 지리학자인 타에브(Maurice Taieb), 고고학자인 리키(Mary Leakey), 그리고 고생물학자인 요한손(Donald Johanson)에 의해 발견된 375만 년 전의

---

3 아르디피테쿠스(*Ardipithecus*) - http://en.wikipedia.org/wiki/Ardipithecus
4 현생인류(Homo sapiens) - 호모(Homo)는 사람(man)이란 뜻이고 사피엔스(sapiens)는 현명하다(wise)는 뜻으로, 똑똑한 인간, 지능의 인간, 지혜의 인간이란 뜻.
   http://en.wikipedia.org/wiki/Homo_sapiens
5 오스트랄로피테쿠스(Australopithecus) -
   http://en.wikipedia.org/wiki/Australopithecus

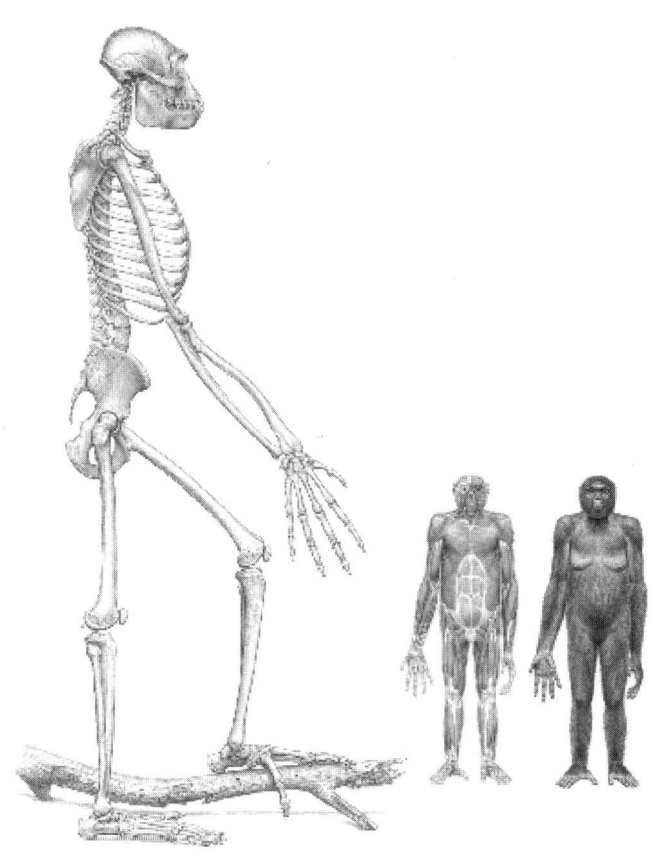

예술가가 재구성한 '아르디'의 골격, 근육, 몸의 모양, 그리고 어떻게 '아르디'가 나뭇가지 위에서 움직였는지를 보여 주는 이미지이다(From the inside out. Artist's reconstructions show how Ardi's skeleton, muscles, and body looked and how she would have moved on top of branches). Credits: Illustrations: Copyright 2009, J. H. Matternes

오스트랄로피테쿠스 아파렌시스(Australopithecus afarensis)[6]로 일명 루시(Lucy)[7]이다(Johanson, 1981; Jungers, 1988).

루시는 여성으로 두개골의 일부분 화석과 함께 발자국이 발견되었다. 루시의 발은 평평한 발바닥(flat feet), 각도 차이가 큰(higher angle) 엄지(big toe)와 다른 발가락 등 물체를 붙잡는 유인원 발의 특징을 보여 주고(representative of a foot still adapted to grasping) 있다. 이처럼 유인원의 것과 같은 발(ape-like foot)이 어떻게 현생인류의 발로(Modern version) 진화했는지는 아직 밝혀지지 않고 있다. 인류 화석은 주로 여성의 것이 남아 있는데, 이는 남성들이 주로 밖에 나가 일을 하거나 사냥이나 전쟁을 하기 때문이며, 남아 있는 화석에서 손발의 뼈가 남아 있는 경우가 드문데, 이는 포식동물들(carnivores)이 다른 동물(원인 포함)의 손발을 즐겨 먹기 때문이다. 따라서 살이 없어지고 나면 뼈가 보존되기 어려워 인간 조상들의 손과 발의 진화를 밝히기란 그리 쉽지 않다.

그러다가 현생인류와 똑같은 발 구조와 걸음걸이(modern human foot anatomy and gait)를 가졌던 150만 년 전 인류의 발자국(earliest human footprints)이 아프리카의 케냐에서 발견된다(Bennett et al., 2009). 영국과 미국 고고학 연구진은 케냐 북부 일레레트(Ileret)의 퇴적암층 두 개에서 여러 개의 발자국들을 발견했으며 이 발자국들은 호모 에렉투스(직립인류, Homo erectus) 혹은 호모 이락스터(Homo ergaster)의 것으로, 그 주인이 키(height)와 몸무게(weight), 걷는 방식

---

6 오스트랄로피테쿠스 아파렌시스(Australopithecus afarensis)−http://en.wikipedia.org/wiki/Australopithecus_afarensis

7 루시(Lucy)−http://en.wikipedia.org/wiki/Lucy_(Australopithecus)
http://news.bbc.co.uk/2/hi/science/nature/4697977.stm
http://news.bbc.co.uk/2/hi/science/nature/3494543.stm

(walking style)까지 현생인류와 똑같음을 보여 주고 있다. 따라서 호모 에렉투스/이락스터가 아프리카 기원의 호모 네안데르탈인(Neanderthal) 과 현생인류의 공통조상으로 밝혀졌다. 에렉투스/이락스터는 150만 년 전에서 30만 년 전까지 120만 년을 살다가 멸종되었는데, 멸종되었다는 데 중요한 의미가 있다.

이는 2부에서 살펴본 바와 같이 호모 에렉투스의 난자와 신의 정자를 융합해 301,000년 전에 인간을 만들었다는 고고학 문서의 내용과 정확하게 일치한다. 인간의 조상은 호모 에렉투스이며 동시에 신(神)

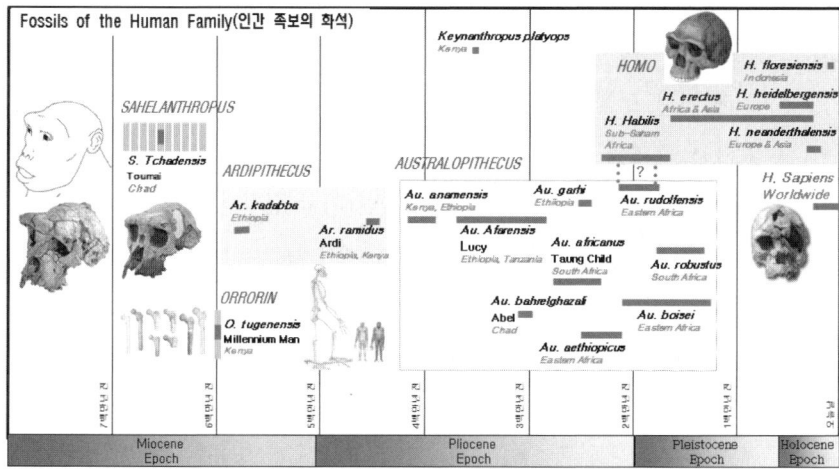

원인들(原人, Hominids, Hominins)은 종에 따라 불연속적으로 진화하였음을 보여 준다. 이는 이종교배가 일어나지 않았음을 의미한다. 이종교배가 일어나지 않았다는 것은 교배를 해도 종이 다르므로 임신이 안 되었음을 의미한다. 따라서 호모 사피엔스인 현생인류를 제외하곤 모두 멸종되었다. 이 인간 족보의 화석은 인간의 조상이 누구인지를 일러준다. 그러나 호모 사피엔스는 화석의 친척은 많으나 피가 유전된 직접적인 조상은 갖고 있지 않다. 그렇다면 호모 사피엔스는 어디서 왔을까? 구약 「창세기」에 기록된 것처럼 신이 창조했을까? 그렇다면 그 앞의 간접적인 조상들은 누가 창조했을까? 왜 창조했을까? Credit: Gibbons, 2009; Richmond & Jungers, 2008; White et al., 2009.

Miocene Epoch(중신세, Oligocene과 Pliocene과의 중간층, 700만년~500만년 전)
Pliocene Epoch(선신세, 제3기의 최신기, 500만년~200만년 전)
Pleistocene Epoch(홍적세, 신생대 제4기의 전기, 빙하가 후퇴하고 에렉투스가 출연한 시기, 200만년 ~70만년 전)
Holocene Epoch(현세의, 제4기의 현세의, 인류 발달 시대, 30만년 전~현세)

이 인간의 조상이다.

그 이후 유럽에 60만 년 전의 호모 헤이델베르지(Homo heidelber-gensis)[8]가 나타나는데, 1933년에 독일의 슈타인하임(Steinheim)[9]에서 이들의 화석이 발견되었다(Berckheimer, 1933; Weinert, 1936). 그러다가 40만 년 전에 호모 네안데르탈인(Neanderthal)이 유럽과 아시아에 출현하고, 곧 이어 30만 년 전에 호모 사피엔스가 출현한다.

이는 2부 3장 5절의 "3. 신들의 고생기간과 인간창조의 때 - 301,000년 전에 인간창조"와 정확히 일치한다. 호모 사피엔스, 즉 아담의 탄생 연도는 301,000년 전이다.

1957~61년 인류의 증거를 찾기 위해 메소포타미아 지역, 특히 이란과 이라크 국경지역인 자그로스(Zagros) 산맥과 노아의 방주가 닿았다는 북쪽의 아라라트(Ararat) 산과(「창세기」 8:4) 서북쪽의 타우루스(Taurus) 산맥의 산악지방을 탐사하던 미국 컬럼비아 대학의 고고학자인 솔레키(Ralph Solecki)[10] 교수는 80,000~60,000년 전에 호모 네안데르탈인(호모 네안탈레인시스, Homo neanderthalensis)이 사용하던 샤니다르(Shanidar)[11] 동굴을 발견하였다. 이 동굴에서 30,000년 전에 멸종한 네안데르탈인의 두개골 화석과 그 이후의 호모 사피엔스 두개골 화석을 발견하였다.

1935~36년 영국의 스완즈콤(Swanscombe)[12]에서 300,000년 전의

---

8 호모 헤이델베르지(*Homo heidelbergensis*)
  http://en.wikipedia.org/wiki/Homo_heidelbergensis
  http://www.archaeologyinfo.com/homoheidelbergensis.htm
9 슈타인하임(Steinheim) - http://en.wikipedia.org/wiki/Steinheim_Skull
10 http://en.wikipedia.org/wiki/Ralph_Solecki
11 http://en.wikipedia.org/wiki/Shanidar_Cave
12 http://en.wikipedia.org/wiki/Swanscombe http://en.wikipedia.org/wiki/Swanscombe_Heritage_Park

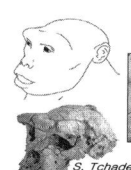

S. Tchadensis
Toumai
Chad

Au. Afarensis
Lucy
Ethiopia, Tanzania

H. Habilis
Sub-Saharn Africa

H. erectus/eragster
Africa & Asia

H. heidelbergensis
Europe

H. neanderthalensis
Europa & Asia

인간의 진화. 자료: BBC-Walking with Cavemen episode guide

호모 사피엔스 화석이 발견되면서, 약 35,000년 전에 출현하여 유럽의 네안데르탈인들을 사라지게 한 크로마뇽인(Cro-Magnon man)은 이미 250,000년 전에 서아시아와 북아프리카 지역에 살았던 다른 호모 사피엔스로부터 나타났으며, 호모 사피엔스는 300,000년 전에 갑작스럽게 나타났다는 것이 밝혀졌다(Weinert, 1936; Adam, 1985).

앞의 원인이나 원시인들은 거의 같은 수준의 둔화된 진화를 장기간 거듭해 왔지만, 예를 들어 아르디나 루시나 에렉투스 등은 600만 년 이상을 진화해 왔지만, 결국 나무와 돌과 철의 일부분을 이용했다. 그렇지만 호모사피엔스는 30만 년 전에 나타나 6만~5만 년 전에 전 세계 각 지역으로 퍼져 오늘날과 같은 급격한 발전과 과학을 이루어냈다. 이것은 역사 진화론으로는 밝힐 수 없는 신비이다. 진화의 단계로만 보면 인간은 아직도 과학문명에 이르지 못했어야 정상이다.

이것은 2부에서 살펴본 "인간창조의 비밀-고고학적 증빙"에서 다루었듯이 우리 인간은 신의 유전자를 받은 신이 만든 피조물이며 신의 아들임을 증명하는 것이다. 또한 4부에서 다룰 "엔키 신과 선악과란 무엇인가"에서 우리 인간은 선악과, 즉 임신하는 능력과 과학지식을 엔키 신으로부터 전수받은 결과이다.

3장
호모 네안데르탈인과
호모 사피엔스

독일의 막스 플랑크연구소(Max Planck Institute)를 중심으로 하는 국제공동연구팀이 2010년 유럽에서 발견된 38,000~44,500년 전의 화석으로부터 호모 네안데르탈인(호모 네안탈레인시스, Homo neander-thalensis)의 게놈(Neanderthal Genome)을 완전히 해독하였다(Green et al., 2010; Burbano et al., 2010).

인간인 호모 사피엔스와 네안데르탈인의 공통조상이 아프리카의 호모 에렉투스(Homo Erectus)로, 이는 150만~30만 년 전으로 거슬러 올라가며, 지금까지 밝혀진 최초의 공통조상은 700만 년 전의 침팬지(Chimpanzees)이다. 더욱 중요한 것은 30,000년 전에 멸종한 호모 네안데르탈인과 호모 사피엔스는 서로 전혀 다른 종이라는 기존의 정설을 뒤엎고, 네안데르탈인의 1~4%의 게놈이 호모 사피엔스로 유입 또는 기여했음을 밝혀냈는데, 이는 60,000~30,000년 전에 호모 네안데르탈인과 초기 호모 사피엔스 간의 이종교배(Interbreeding)의 가능성을 의미한다. 미토콘드리아 DNA(mtDNA) 게놈을 분석한 결과 호모 네안데르탈인의 것과 호모 사피엔스 것이 완전히 다르기 때문에, 이종교배를 했다는 직접적인 증거는 없어도, 1~4%의 다른 부분의 게놈이 유입된

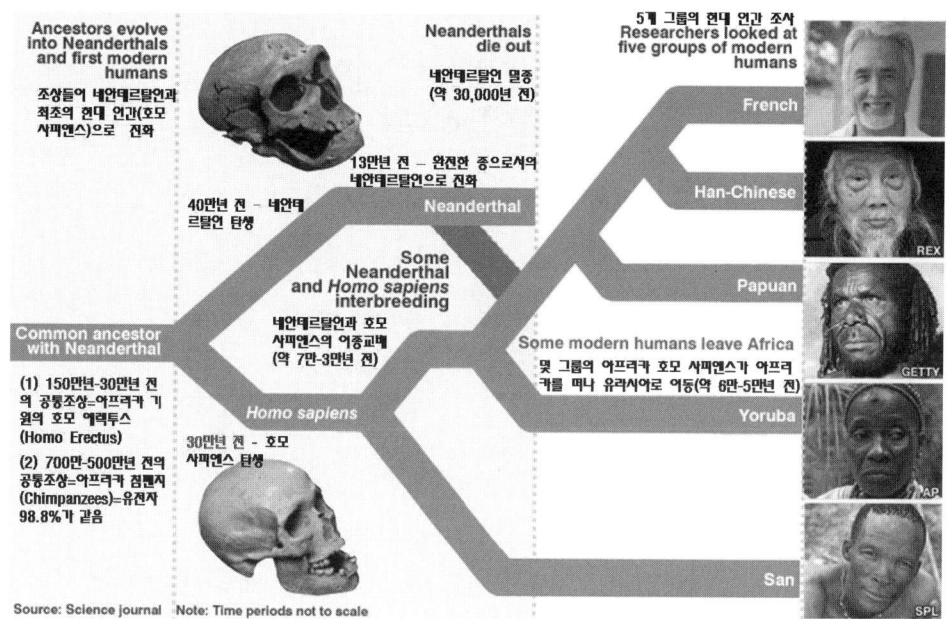

호모 네안데르탈인과 호모 사피엔스의 계통도, Credit: Green et al., 2010 & Burbano et al., 2010/ 차원용 번역/편집(16/May/2010)/REX/GETTY/AP/SPL

것으로 보아, 이종교배의 가능성을 완전히 배제할 수 없다는 것이다. 또 한 지금의 유럽인들의 조상은 200,000년 전 아프리카에서 기원한 호 모 사피엔스가 조상이라는 기존의 아프리카 기원설(Out of Africa)을 뒤 엎고, 아프리카를 떠난 상대적으로 적은 일련의 호모 사피엔스 그룹이 60,000~50,000년 전 유럽, 오세아니아/파퓨기니아, 중국, 프랑스, 시베 리아 등으로 퍼져나갔다는 것이다. 따라서 유럽 지역에 퍼져 살고 있었 던 초기 호모 사피엔스들은 이 지역에 살던 네안데르탈인의 1~4%의 게놈을 유산 받았다는 것이다.

여기서 중요한 것은 인간의 조상은 호모 에렉투스이며 호모 사피엔 스가 30만 년 전에 아프리카에서 탄생했다는 것이다.

4장
별종의 호모 사피엔스, 신의 아들

분명 호모 사피엔스는 다른 점이 있다. 침팬지와 차별화되는 1.2%의 유전자, 앞의 원인들과는 다른 똑똑한 두뇌, 호모 네안데르탈인과 차별화되는 달에 우주인을 착륙시키는 과학문명 등이 그것들이다. 이러한 지능과 과학문명은 어디에서 왔을까?

지금은 작고하신 우크라이나 태생의 미국 유전학자이자 진화생물학자로 인류 진화 분야의 최고 전문가인 테오도시우스 도브잔스키(Theodosius G. Dobzhansky) 교수는 유명한 책인 『진화하는 인간』(Mankind Evolving, 1962)을 썼는데 특히 호모 사피엔스의 진화 과정이 진화에 가장 부적합한 빙하시대에 일어났다는 사실에 더욱 큰 놀라움을 나타낸다. 그는 호모 사피엔스가 그 전의 원인들에게서 나타나는 특징들을 전혀 갖고 있지 않다는 사실과, 또 그 전에는 한 번도 나타난 적이 없는 특징을 갖고 있다는 점을 지적한다. 그래서 호모 사피엔스는 많은 화석 친척들을 갖고 있기는 하지만 피를 나눈 조상을 갖고 있지는 않다. 호모 네안데르탈인과 호모 사피엔스의 이종교배 가능성은 있지만 미토콘드리아 DNA(mtDNA)는 완전히 다르다. 따라서 호모 사피엔스의 유래는 아주 설명하기 어려운 문제라고 지적한다. 이는 무엇을 의미하는 것일까? 전혀 별종의 호모 사피엔스가 300,000년 전에 출현했다는 것을 의미한다. 그렇다면 인간인 호모 사피엔스는 다른 외계로부터 지구에 이식된 것일까? 아니면 「창세기」와 다른 고대 수메르 문서들에 나와 있듯이 신들에 의해 창조된 것일까?

의문은 한두 가지가 아니다. 왜 호모 사피엔스의 직계인 모든 원인들은 멸종했을까? 왜 모든 원인들은 연속적인 진화가 아니고 불연속적인 진화를 보여 주는 것일까? 혹시 이종교배를 해도 후손이 태어날 수 없는 잡종이었을까? 왜 원인들은 서로 다른 종으로 분류되는 것일까? 이들 직계인 모든 원인들도 고대 수메르 문서에서 말하듯이 신들과 원숭이의 잡종이 아닐까? 처음에는 말을 못하는 잡종! 손재주가 없는 잡종! 그러다가 여러 시험을 거쳐 마침내 신들과 같은 아담이 301,000년에 만들어진 것은 아닐까? 의문은 이것으로 끝나지 않는다.

창세기에서 말하는 호모 사피엔스, 즉 아담(Adam)을 신이 창조했다손 치더라도 그래서 그 이후에 그 후손들이 여러 민족으로 갈라져 오늘날의 우리가 있다고 하더라도 또 다른 문제가 있다. 아마존 정글, 뉴기니, 그리고 아메리카 원시 부족인들은 예를 들면 아메리카의 인디언들은 어떻게 설명할 수 있을까? 왜 이들은 우리 호모 사피엔스보다 후진성을 면치 못하는 것일까? 이들도 신이 만들었을까? 그렇다면 신이 아담만 만든 것이 아니라 그 전의 원인들과 지구상의 여러 곳에 존재하는 원시 부족인들까지 만들었을까? 어디서 처음 시작했을까? 그리고 하늘을 나는 신이 이주시켰을까? 만약 그렇지 않다면 신들이 메소포타미아 지역과 아프리카 지역에만 오신 것이 아니라 북아메리카나 남아메리카에도 오신 것이 아닐까?

4부

엔키 신과 선악과란 무엇인가

질문들

신들은 인간을 창조해 놓고 왜 선악과(the tree of the knowledge of good and evil)에 접근을 못하게 했을까? 선악과의 비밀이란 구체적으로 무엇을 말하는지? 이브를 꼬인 뱀(serpent)이란? 진짜 땅을 기어 다니는 뱀이 말을 했을까? 호랑이 담배 피던 시절이 있었을까? 뱀은 누구일까? 생명나무(Tree of Life)란? 생명의 빵(Bread/Food of Life)과 생명의 물(Water of Life)이란? 왜 이런 천상의 것들이 지구에서 필요했을까?

구약성경은 그 구체적인 사실들을 말하지 않는다. 그렇다고 「창세기」가 잘못 기록되었다는 뜻은 아니다. 다 기록하였으되 자세한 내용을 말하지 않을 뿐이다. 그래서 이해하기 어렵다.

1장

선악과의 3가지 비밀

처음에 창조된 인간들은 아프리카 광산에서 금을 캘 때나 수메르 지역
에서 신들의 시중을 들 때는 물론이고 들판이나 공사장에서 일을 할
때도 벌거벗고 일을 했다. 그렇다고 이들이 섹스(성교)를 안한 것은 아
니다. 섹스를 해도 임신이 안 되는 상태였다. 불완전한 인간이었다. 그렇
게 엔키 신과 닌후르쌍 여신이 임신이 안 되는 인간을 만들었다.

수메르에서 발견된 원통형 인장에 새겨진 벌거벗고 여러 가지 일을 하고 있는 모습. 불완전한 인
간들의 모습. Credit: Sitchin, III, 2009, p. 106, © Z. Sitchin, Reprinted with permission.

「창세기」 2장 25절에도 "아담과 그 아내 두 사람이 벌거벗었으나 부끄러워 아니하니라(The man and his wife were both naked, and they felt no shame)"(NIV)라고 기록되어 있다.

이것은 신들에게는 매우 중요한 비밀이다. 물론 엔릴 신은 원시적인 노동자, 즉 노예(slave)를 만드는 것에 반대했지만, 젊은 이기기 신들의 폭동으로 그들의 노동을 대체할 인간을 창조하는 과정에서 아눈나키 그룹은 중요한 사실을 결정한다. 언젠가는 지구에서 금을 캐는 일이 없어질 것이고, 그러면 아눈나키 그룹과 네피림(이기기)은 그저 신들의 행성인 니비루로 돌아가면 그만이었다. 이러한 이유로 아눈나키 그룹이 내린 결정은 다음 세 가지로 요약할 수 있다.

첫째, 반드시 죽어야 할(mortal) 인간을 만드는 것이고,

둘째, 아이를 낳으면 안 되는 인간을 만드는 것이었다. 인간들이 임신을 하게 되면 인간은 늘어날 것이고, 그렇게 되면 신들에게는 아주 골치 아픈 일이 아닐 수 없다. 4부 "엔키 신과 선악과란 무엇인가"와 5부와 6부의 "노아 홍수의 비밀"에서 자세히 설명하겠지만, 엔키 신이 유전자 조작을 통해 인간들로 하여금 임신하는 능력을 줌으로써, 이에 노한 엔릴 신은 인간들을 죽이기 위해 여섯 번의 재앙과 기근을 내린다.

셋째, 인간들은 신들의 지식(knowledge), 즉 우주선 기술과 우주공학기술이나 기타 과학문명을 터득해서는 안 된다. 차후『바이블 매트릭스』시리즈의 「하나님들과 하나님들의 과학기술」에서 자세히 설명하겠지만, 엔키 신이 과학기술을 인간에게 전수함으로써 바벨탑(The Tower of Babel)(「창세기」 11장) 사건이 터진다.

이 세 가지가 「창세기」 2장 17절에 등장하는 선악과(the tree of the knowledge of good and evil)에 숨겨진 비밀이다. '반드시 죽어야 하는 인간과 임신이 안 되는 인간과 신들의 지식을 모르는 인간'이 신들 입장에선 '선(good)'이고, '죽지 않고 영원히 사는 인간과 임신이 되는 인

간과 신들의 지식을 아는 인간'은 신들 입장에서 보면 '악(evil)'이다. 그래서 신들은 신들의 선(good)의 입장에서 인간은 반드시 죽고 임신이 안 되고 신들의 지식을 모르는 인간들을 창조한 것이었다. 이것은 이 땅에 오신 신들의 입장에서 보면 옳은 결정이었다고 필자는 생각한다. 이 세가지 중에서 가장 중요한 선악과는 바로 두 번째의 임신이 되는 인간이었다.

「창세기」 2:16 - 여호와 하나님이 그 사람에게 명하여 가라사대 동산 각종 나무의 실과는 네가 임의로 먹되(And the LORD God commanded the man, "You are free to eat from any tree in the garden)(NIV).

2:17 - 선악을 알게 하는 <u>나무의 실과</u>는 먹지 말라 네가 먹는 날에는 정녕 죽으리라 하시니라(but you must not eat from the tree of the knowledge of good and evil, for when you eat of it you will surely die(NIV).

3:22 - 여호와 하나님이 가라사대 보라 이 사람이 <u>선악을 아는 일에</u> 우리 중 하나같이 되었으니 그가 그 손을 들어 <u>생명나무 실과도 따먹고 영생할까 하노라</u> 하시고(And the LORD God said, "The man has now become like one of us, knowing good and evil. He must not be allowed to reach out his hand and take also from the tree of life and eat, and live forever"(NIV); Then the LORD God said, "Look, the human beings have become like us, knowing both good and evil. What if they reach out, take fruit from the tree of life, and eat it? Then they will live forever!"(New Living); Then the LORD God said, "Now these human beings have become like one of us and have knowledge of what is good and what is bad. They

must not be allowed to take fruit from the tree that gives life,
eat it, and live forever"(Good News).

3: 23 – 여호와 하나님이 에덴 동산에서 그 사람을 내어 보내어 그의
근본된 토지를 갈게 하시니라(So the LORD God banished him from
the Garden of Eden to work the ground from which he had been
taken(NIV).

3: 24 – 이같이 하나님이 <u>그 사람을 쫓아내시고 에덴 동산 동편에</u>
<u>그룹들과 두루 도는 화염검을 두어 생명나무의 길을 지키게 하시니라</u>
(After he drove the man out, he placed on the east side of the Gar-
den of Eden cherubim and a flaming sword flashing back and forth
to guard the way to the tree of life(NIV).

에덴 동산에는 두 가지 중요한 나무가 있었다. 하나는 선악과이고
다른 하나는 1,000살을 살게 해주는 생명나무(the tree of life)였다. 다
른 나무의 실과는 다 따 먹어도 되지만 선악과 만은 금지한 것이다. 그
렇다면 에덴 동산에 있던 아담과 이브는 쫓겨나기 전까지는 생명나무
의 열매도 따 먹었다는 것이 아닌가?

2장
선악과의 3개 비밀을
인간이 터득하다

1절 선악과의 두 번째 비밀, 인간이 임신하는 법을 터득하다

이 시적인 에덴 동산의 풍경은 곧 성서학자들과 신학자들이 '인간의
타락(Fall of Man)'이라고 부르는 극적인 전개(dramatic developments)로
치닫게 한다. 그리고 「창세기」 3장에는 어디선가 나타난 뱀(serpent)이
야훼의 경고에 대해 이브를 꼬이고, 그 결과 이브와 아담은 선악과를
따 먹고 추방되며, 생명의 나무를 오늘날 로봇과 같은 그룹들, 즉 체루
빔(cherubim)에 의해 인간 접근을 막는다.

이 내용은 간결하고 분명하기는 하지만 아무리 여러 번 읽어보아도
그 뜻을 이해하기란 무척 난해하다. 선악과, 즉 지식나무의 열매를 따
먹지 말라고 위협을 받던 아담과 이브가 뱀의 꼬임을 당해 선악과를
따 먹게 되는데, 뱀에 따르면 "눈이 밝아지고 하나님(God), 즉 엘로힘
(Elohim)처럼 되어서 선과 악을 알게 된다는 것(when you eat of it your
eyes will be opened, and you will be like God, knowing good and evil)"
(NIV, 「창세기」 3:5)이다. 그러나 선악과를 따 먹은 결과 정작 일어난 일은

아담과 이브가 눈이 밝아져 자신들이 '몸이 벗은 줄(they were naked)'을 알게 돼 무화과나무 잎(fig leaves)을 엮어 치마를 걸치게 됐다는 것이 전부이다(「창세기」 3:7).

이것은 매우 중요한 내용이다. 처음에는 "벌거벗은 것을 부끄러워하지 않다"(「창세기」 2:25)가 이제는 부끄러워 치마로 가린 것이다. 그것은 인간의 성적 능력에 관한 것이다. 그것은 한마디로 임신을 하게 되었다는 뜻이다. 여호와 하나님(LORD God), 즉 야훼(Yahweh) 하나님은 그들이 치마로 가린 것을 보고 곧 바로 무슨 일이 일어났는지를 안다. 남자는 사실을 털어놓으면서 자기의 아내를 탓하고 여자는 다시 뱀을 지목한다. 대단히 화가 난 야훼는 두 인간과 뱀에게 저주를 내린다. 그리고 에덴 동산에서 아담과 이브를 추방한다. 인간이 에덴 동산에서 쫓겨나게 된 이유가 결국 인간이 옷을 입게 된 과정이라고 생각하는 사람은 없을 것이다.

선악과의 세 가지 의미 중 '임신'이라는 결정적인 이유가 「창세기」 3장 16절에 나온다. 아담과 이브가 에덴 동산에서 살았을 때는 자식이 없었다. 그러나 선악과를 따 먹자 이브는 아이를 임신하고 낳을 수 있는 능력이 생기고, 그 결과 야훼께서 출산의 고통을 벌로 준다.

「창세기」 3:16 – 또 여자에게 이르시되 내가 네게 잉태하는 고통을 크게 더하리니 네가 수고하고 자식을 낳을 것이며 너는 남편을 사모하고 남편은 너를 다스릴 것이니라 하시고(To the woman he said, "I will greatly increase your pains in childbearing; with pain you will give birth to children. Your desire will be for your husband, and he will rule over you)(NIV).

구약에서 '먹다(eat)'라는 말은 '알다(know)'라는 말로 지식의 재능을 터득했다는 것뿐만이 아니라 성교를 뜻하며, 특히 이 단어는 남자와 그의 아내가 '아기를 낳기 위해 하는 성교'를 지칭할 때 사용되었다. 「창세기」의 아담과 이브 이야기는 인간의 발전에서 아주 중요한 단계에 대한 기록이다. 그것은 신들의 유전자와 원인(猿人)의 난자(유전자)의 잡종(hybrid) 산물인 인간이 처음으로 생식을 할 수 있는 능력을 얻게 된 과정에 대한 이야기이다. 이것은 인간이 선악과의 두 번째 금지된 임신의 능력을 얻은 것으로, 이때부터 인간들은 선악과의 두 번째 비밀을 터득하게 되어 자식을 낳게 된다.

최초의 아담과 이브도 신과 원인의 유전자를 융합해 만든 잡종이었다. 말(a mare)과 당나귀(a donkey)를 교배해 만든 노새(a mule)처럼, 아담과 이브도 처음엔 자식을 낳을 수 없었다. 종이 다른 신과 원숭이와의 잡종이기 때문이었다. 오늘날은 인공 수정이나 보다 발달된 다른 생물공학적 방법을 이용해 말과 당나귀를 실제 교미시키지 않고도 수없이 많은 노새를 만들어낼 수 있지만, 노새끼리는 같은 종의 새끼를 낳을 수 없다. 이처럼 인간을 만들되 잡종을 만들어 임신을 못하게 했던 선악과의 두 번째 비밀을 하나님(God), 즉 엘로힘(Elohim)께서 인간에게 능력을 준 것이다.

잡종 인간이 생식을 할 수 없는 것은 남자의 정자와 여자의 난자, 즉 생식세포 내의 결함 때문이다. 모든 세포에는 단지 한 줄기의 염색체(chromosome)만 있는 데 반해, 인간과 다른 포유류의 생식세포에는 두 줄기, 즉 두 쌍의 염색체가 있기 때문에 생식이 가능하다. 그러나 처음 아담과 이브는 이러한 생식세포를 갖고 있지 않았었다. 지금은 유전공학을 통해 잡종 동물의 생식세포에 두 쌍의 염색체를 만들어 생식기능이 가능한 정상적인 잡종을 만드는 시도가 진행되고 있다.

그러면 아담과 이브는 어떻게 임신이 가능했을까? 그렇다면 '뱀'이라고 지칭한 어떤 신, 즉 엘로힘이 인간을 위해 제공한 것이 이런 내용이 아니었을까?

2절 뱀은 누가인가? 바로 엔키 신!

구약에 등장하는 뱀은 분명히 땅을 기어 다니는 문자 그대로의 뱀은 아니다. 그 뱀은 이브와 대화를 나눌 수 있었고, 선악과, 즉 지식의 본질에 대해 알고 있었으며, 여호와 하나님의 거짓말을 폭로할 정도의 지위를 갖추고 있기 때문이다.

  우리는 『바이블 매트릭스』 1권 「우주창조의 비밀」에서 다음과 같은 사실을 알았다. 수메르 시대의 신들의 전쟁에서 적(enemy)의 신들을 뱀(serpent), 용(dragon), 괴물(Monster), 악마(devil), 사단(Satan)으로 표현하는 전통은 그리스 신화에도 그대로 전승되어, 하늘을 지배한 제우스(Zeus) 신에 대항하는 티폰(Typhon) 신들은 모두 뱀으로 표현하고, 뱀의 모양으로 그렸으며, 성경도 마찬가지이다. 「요한계시록」 20장 2절에는 "용을 잡으니 곧 옛 뱀이요 마귀요 사단이라 잡아 일천 년 동안 결박하여(He seized the dragon, that ancient serpent, who is the devil, or Satan, and bound him for a thousand years)(NIV)"라는 내용이 나오는데, 여기에서 옛 뱀이란 「창세기」 3장에 등장하여 하와(Eve)를 꼬여 선악과를 따 먹도록 한 그 뱀(serpent)이다. 이때 뱀이란 여호와 하나님(야훼)의 반대편에 선 신들, 즉 엘로힘이다. 이들 용-뱀-마귀-사단의 결말에 대해서는 『바이블 매트릭스』 시리즈의 「예수님의 재림과 새 하늘과 새 땅」에서 자세히 다루기로 한다.

  그런데 구약에 등장하는 여호와 하나님과 뱀의 갈등은 수메르 신들 중에 엔릴 신과 엔키 신의 갈등을 그대로 전하고 있다. 이 땅에 제일 먼저 오신 분은 엔키 신이지만, 엔키 신은 하늘의 안(아누) 신의 서자(庶子)이고, 엔릴 신은 안 신의 적자(嫡子)로, 나중에 오셨지만 12명의 최고 고위급 신들의 그룹인 아눈나키의 수장이 되신다. 그 결과 그들 사이의 갈등은 엔키 신이 개척한 지구의 통치권을 엔릴 신이 가져가면 서부터 시작된다. 또한 엔릴 신은 니푸르(Nippur)에 있는 우주통제관제 센터에 편하게 머물러 있었는 데 반해, 엔키 신은 아래세계, 즉 압수로 내려가 채광작업을 했다. 네피림, 즉 이기기 신들의 폭동은 엔릴 신과 그의 아들인 닌우르타(Ninurta) 신을 향한 것이었는데, 이때 엔키 신은 오히려 폭동을 일으킨 이기기 신들을 두둔했다. 그리고 그들을 위해 원시적 노동자를 만들자고 제안했고, 실제로 인간을 만들어낸 것도 엔키 신이었다.

히브리어의 구약에 쓰인 '뱀'이라는 단어는 나하시(nahash)이며 뱀으로 번역되었지만, 문자 그대로의 의미는 '해석하다(to decipher)' 혹은 '발견하다(to find out)'라는 뜻의 나시(NHSH)에서 파생했다. 따라서 나하시는 '해석하거나 발견할 수 있는 자(he who can decipher, he who finds things out)'라는 뜻이다. 또는 '비밀을 푸는 신(God Who Solves

랭던(Langdon, 1964) 교수가 구약이 아담과 메소포타미아의 아다파(Adapa) 이야기의 유사성에 착안해 구현한 그림. 뱀 한 마리가 나무를 감고 올라가면서 선악과의 나무 열매를 노리고 있고, 뱀의 왼쪽에는 안(An)을 상징하는 횡단하는 행성인 십자가 모양의 니비루의 상징이 있으며, 그 옆에는 엔키 신을 상징하는 초승달이 있음. Credit: 시친, I, 2009, p. 516, © Z. Sitchin, Reprinted with permission.

수메르에서 발견된 엔키 신의 상징인 뒤얽힌 두 마리의 뱀. 두 마리의 뱀은 생식세포, 즉 정자와 난자에 있는 두 쌍의 염색체를 의미, 즉 이중나선형(Double Helix)을 의미. Credit: 시친, II, 2009, p 189, © Z. Sitchin, Reprinted with permission.

Secrets)'이나 '깊은 광산의 갱도의 신(God of the Deep Mines)'이나 '금속에 해박한 자(He Who Knows Metals)'란 뜻이다. 아눈나키의 지식의 신이며 최고의 과학자였던 엔키 신에게 적절한 형용사다(시친, I, 2009, p. 515; 시친, III, 2009, p. 181~182). 실제로 엔키 신은 물의 신(Water of God)으로 뱀으로 불렸다.

아시리아(지금의 시리아)의 고대 도시였던 마리(Mari, 지금의 Tell Hariri)에서 발견된 한 원통형 인장에 새겨진 그림은 구약 「창세기」의 메소포타미아 원본에 해당하는 내용을 묘사한 것으로 보인다. 거기에는 흐르는 물결 위에 높이 세워진 옥좌에 앉은 신이 등장하는데, 분명이 엔키 신을 묘사한 것이다. 그리고 옥좌의 양쪽 아래에는 물을 뿜어내는

성(性) 지식을 전하는 엔키 신(중앙)과 화가 난 엔릴 신(왼쪽 끝). Credit: 시친, I, 2009, p. 518, © Z. Sitchin, Reprinted with permission.

뱀 두 마리가 보인다. 엔키 신의 양 옆에는 나무 모양을 한 두 명의 신이 있다. 오른쪽에 음경(陰莖) 같은 모양의 나뭇가지가 달려 있는 신은 생명의 열매로 추정되는 것이 담긴 그릇을 들고 서 있다. 왼쪽의 질(膣) 같은 모양의 나뭇가지가 달려 있는 신은 열매가 달린 나무를 들고 있는데, '지식'의 나무를 상징하는 것으로 보인다. 그리고 맨 왼쪽에는 또 다른 위대한 신이 서 있는데 엔릴 신으로 추정된다. 그가 화가 나 있다는 것은 그림에서도 확인할 수 있다(시친, I, 2009, p 517).

우리는 에덴 동산에서 이런 갈등이 일어난 정확한 사정을 알 수 없다. 그러나 엔키 신은 그 동기가 무엇이었든지 간에 그는 원하는 원시적 노동자를 신들과 같은 형상과 모습으로 만드는 데 성공했고, 또 자식을 낳을 수 있는 아담 또는 아다파를 만들어냈다.

인간이 성 지식을 얻은 후에 「창세기」는 그를 더 이상 인간(man)이라 부르지 않고 특정한 인간 개체를 부르는 아담(Adam)이라는 이름으로 부른다. 영문성경(NIV)을 보면, 「창세기」 1장부터 2장 18절까지 처음엔 아담(Adam)과 이브(Eve)라 지칭하지 않고 여자(woman)와 남자

(man) 또는 남편(husband)이라 지칭한다. 그러다가 「창세기」 2장 19절부터는 아담이라고 지칭한다. 「창세기」 3장도 마찬가지이다. 1절부터 16절까지는 여자와 남자라 지칭하다가 성 지식을 얻은 후인 17절부터는 아담과 이브라는 이름으로 부르게 된다.

3절 엔키 신이 유전자를 조작하여 인간을 임신하게 만들다

텔링거(Tellinger)의 저서 『신의 노예 종들』(Slave Species of God, 2009)에 의하면, 이브의 원래의 이름은 티아마트(Ti-Amat)로, 이는 '생명의 어머니(Mother of Life)'라는 뜻이며, 엷은 갈색 피부(a light brown skin)에 금발머리(a sandy-blonde)를 가졌다고 한다(Tellinger, 2009, p. 452). 티아마트는 『바이블 매트릭스』 1권 「우주창조의 비밀」에 등장하는 지구(Earth)의 전신인데, 여기서도 '생명의 어머니'로 등장한다.

이로써 아담은 흑인이고 이브는 갈색 피부라는 사실을 알 수 있으며, 황인종이 어떻게 탄생되었는지를 짐작할 수 있다.

티아마트의 난자에 유전자 조작을 한 분이 엔키 신이시다. 작고하신 시친(Sitchin)은 그의 저서 『잃어버린 엔키 신의 책』(The Lost Book of Enki)에서 다음과 같이 쓰고 있다. 엔키 신의 또 다른 아들인 닝기쉬지다(Ningshizidda), 즉 아프리카에서 토트(Thoth) 신으로 불리는 신은 엔키 신과 닌후르쌍 여신과, 그리고 아다무(Adamu)와 티아마트를 마취시킨다. 그는 엔키 신으로부터 유전자를 채취하여 아다무의 유전자에 주입하고, 닌후르쌍 여신으로부터 유전자를 채취하여 티아마트에 주입한다. 닝기쉬지다는 소리 높여 선언한다. "이제 아이를 생산하게 되는 생명의 정수, 즉 유전자가 두 쌍으로 융합되어, 두 줄기의 가지들이 생명의 나무에 추가되었다(To their Tree of Life two branches have been

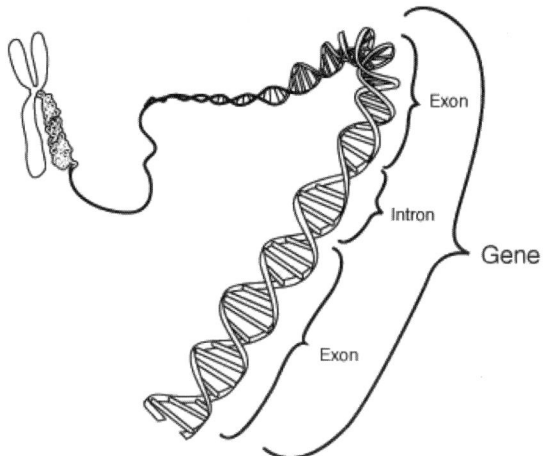

정자와 난자에는 1~22번 그리고 X, Y라는 23개로 이루어진 두 쌍의 염색체가 실타래처럼 이중 나선형으로 꼬여 있다. 유전자(Gene)는 이 염색체 안에 있는데, 유전정보를 가진 엑손(Exon)과 아무런 정보를 갖지 않은 인트론(Intron)으로 구성된다. Credit: 미국게놈연구소[5]

added, with procreating powers their life essences are now entwined)" (Sitchin, 〈The Lost Book of Enki〉, 2004, p. 148).

여기에서 두 줄기의 가지들이란 정자와 난자 안에 있는 두 쌍의 염색체, 즉 이중나선형(Double Helix)을 말한다. 이제야 비로서 아담과 이브는 두 쌍의 염색체를 가진다. 그 것은 생식을 할 수 있는 능력을 얻었다는 뜻이다.

이렇게 되어서 아다무와 티아마트는 성교 후 임신하게 된다. 그래서 「창세기」 3장 1절에서 16절까지는 여자(woman)와 남자(man)라고 표현하다가 「창세기」 3장 17절부터(NIV) 아담과 이브라 칭한 것이다. 엔키가 한 일을 알고 엔릴 신은 격노했다. 인간은 신처럼 생식을 할 수 있도록 아눈나키 그룹에서 결정한 것이 아니기 때문이다. 이에 대해 엔키 신은 생식을 하는 지식을 주었으나 장수(Long living)하는 유전자는 주입하지 않았다고 설명한다. 격노한 엔릴은 아담과 이브를 에덴 동산에서 추방시킨다(「창세기」 3:23).

4절 엔키 신과 아다파(Adapa), 인간이 세 번째 비밀인 과학지식을 터득하다

아눈나키의 결정에 정면으로 도전한 신이 엔키이다. 본인이 창조한 생식을 할 수 없는 잡종 인간에게 본인의 정자를 이용하여 유전자 조작 실험을 계속한 끝에 엔키 신은 완벽한 모델(Perfect model)을 만들어냈다. 엔키는 이 인간을 아다파(Adapa, 모범적 인간)라 불렀는데, 아다파는 뛰어난 지능을 갖고 있을 뿐 아니라 무엇보다 중요한 완벽한 생식능력을 갖추고 있었다(시친, II, 2009, p. 188). 엔키 신은 아다파를 '문명화된 지구인(Civilized Earthling)'이라 불렀는데, 아담보다는 똑똑한 노예(Superslave)였다.

혹은 엔키 신이 아프리카에서 아담족속(Adamite), 즉 아담 후손의 두 딸들로부터 직접 성교를 통해 얻은 아들이 아다파이고, 딸이 티티(Titi)였는데, 엔키 신과 그의 아내인 담키나(Damkina, Ninki)가 특별히 이들을 좋아해, 모든 과학과 지식을 가르쳤으며, 농작물을 재배하고 양을 키우는 방법을 가르쳤다고 한다. 아다파와 티티는 서로 결혼했다 (Sitchin, 『The Lost Book of Enki』 2004, p. 167~170).

아눈나키 그룹에서 금지했던 세 번째 선악과의 비밀인 과학 지식을 엔키 신이 아다파에게 전수한 사실을 알고 엔릴 신은 격노했다. 엔릴 신은 엔키 신에게 아다파에게 영생에 해당하는 수명을 주기 위해 또 무슨 짓을 할 것이냐고 물었다. 이런 소식을 듣고 하늘에 계신 안(아누) 신도 역시 마음이 복잡해졌다. 안 신은 아다파를 데려오라고 명령한다 (시친, II, 2009, 189~190).

c.BC 14세기에 점토판 3개에 쓰여진 「아다파의 신화」(The Myth of Adapa) 혹은 「아다파와 생명의 음식」(Adapa and the Food of Life)이라는 메소포타미아의 기록에는 아다파(Adapa)가 등장한다(Mark, 2011; Rogers, 1912). 엔키 신은 아다파에게 과학의 지식을 줄 뿐만 아니라 위대한 지능(intelligence)과 지혜(wisdom)를 전수해 준다. 땅의 운명(destiny)까지 알려준다. 하지만 불멸(immortality)의 영생(eternal life)을 주지는 않는다. 〈점토판 2〉에서도 아다파는 '엔키 신의 아들(Adapa, the son of Ea)'이라고 기록되어 있다.

〈점토판 1〉
아다파는 지능을 소지했다…
그의 명령은 안(아누) 신의 명령과 같았고…
엔키(에아) 신이 아다파에게 현명한 귀를 주어 그 땅의 운명을 드러나게 했고,
엔키 신은 그에게 지혜를 주었으나 영생은 허락하지 않았다.
He [Adapa] possessed intelligence . . .
His command like the command of Anu …
He [the god Ea] granted him a wide ear to reveal the destiny of the land,
He granted him wisdom, but he did not grant him eternal life).(Mark, 2011; Rogers, 1912)

엔키 신은 아다파를 메소포타미아로 데려와서 많은 과학문명을 가르쳐 주었다. 아다파는 똑똑해서 많은 인간 노예들의 수장이 되었다. 그리고 아다파는 열심히 공부했고 생각했다. 그는 아눈나키들이 생명의 빵(Food/Bread of Life)과 생명의 물(Water of Life)을 니비루 행성에서 가져와 먹는다는 사실을 알았다. 그래서 아눈나키들은 수만 년을 영생하는 것을 알았다. 그는 엔키 신에게 불멸(immortality)을 얻기 위해 생명의 빵과 물을 달라고 간청한다. 이에 엔키 신은 안의 명령에 따

라 아다파를 천상의 니비루로 보낸다.

〈점토판 2〉
아다파여,
너는 이제 왕이신 안 신에게로 간다.
하늘로 오르는 길을 가게 될 것이다,
안 신의 문에 이르게 되면,
탐무즈(두무지) 신과 닝기쉬지다 신이 안 신의 문 앞에 서 있을 것이다…
그들이 안 신에게 말하면;
안 신의 자비로운 얼굴이 보이게 될 것이다.
그들이 죽음의 빵을 제공하면,
절대로 먹지 마라.
그들이 죽음의 물을 권하면,
절대로 마시지 마라.
Adapa,
Thou art going before Anu, the Ruler.
The road to Heaven wilt thou take.
When to Heaven thou hast gone up,
and hast approached the gate of Anu,
Tammuz and Gizzida at the gate will be standing…
They will speak to Anu;
Anus benign face they will cause to be shown thee.
As thou standest before Anu,
When they offer thee the Bread of Death,
thou shalt not eat it.
When they offer thee the Water of Death,

thou shalt not drink it…)(시친, II, 2009, 190~191).

엔키는 그의 아들인 두무지(Dumuzi) 신과 닝기쉬지다(Ningshizid-da) 신을 아다파와 같이 하늘로 보냈다. 안 신은 엔키의 우려와는 달리 아다파의 지능과 엔키 신으로부터 배워 알고 있는 하늘과 땅에 대한 계획을 듣고 깊은 감동을 받는다. 안 신은 참모들에게 이러한 아다파에게 생명의 빵과 생명의 물을 주라고 명령한다. 그러나 엔키로부터 미리 경고를 받은 아다파는 그것들을 먹지도 마시지도 않았다. 그들이 제공한 것이 죽음의 빵과 죽음의 물이 아니라는 사실을 알았을 때 이미 영생을 얻을 기회를 잃은 후였다. 아다파는 지구로 돌아와 에리두(Eridu)의 대제사장으로 봉해졌다.

결론적으로 엔키 신은 두 가지 아눈나키의 결정을 번복했다. 하나는 두 번째 결정을 번복했는데, 인간에게 임신을 할 수 있도록 유전자 조작을 했다. 또 하나는 세 번째 결정을 번복했는데, 인간에게 과학지식과 문명을 전수했다. 하지만 첫 번째 결정인 죽어야 하는 인간(mortal man)에 대해서는 엔키 신도 어쩔 수 없다는 것을 안 것 같다.

따라서 엔키 신은 본인이 창조한 인간들에 대해서 깊은 동정심과 애정을 보인다. 그러나 「창세기」 3장의 뱀은 엔키 신과 그의 족속의 신들과 그 족속의 사자(천사)들이라고 말할 수 있다. 이 점이 매우 중요한데, 이는 『바이블 매트릭스』 시리즈의 「하나님들과 하나님들의 과학기술」에서 자세히 다루기로 한다.

5절 선악과의 첫 번째 비밀 – 생명나무에 인간이 도전하다

「창세기」 2장 16~17절 및 3장 22~24절은 이해하기가 난해한 대목이다. 어차피 우리 인간은 이 땅에서 반드시 죽을(mortal) 운명으로 창조되었다. 이러한 관점에서 본다면 야훼께서 아담에게 엄포를 놓은 것인가?

분명 처음에 아담과 이브는 에덴 동산에서 살았다. 선악과를 따 먹기 전에는 모든 나무의 실과를 임의로 따 먹으라고 야훼 하나님은 허락했다. 그러면 선악과를 따 먹기 전에는 생명나무의 실과를 따 먹으면서 살았다는 것이 아닌가?

「창세기」에서는 여호와 하나님(야훼)이 임신한 이브와 아담을 에덴 동산에서 추방시킨다. 그리고 생명나무 실과도 따 먹고 영생할까 염려하여 에덴 동산 동편에 그룹들과 두루 도는 화염검을 두어 생명나무의 길을 지키게 하신다(「창세기」 3:23~24). 다시 말해 생명나무가 인간에게 금지된다.

> 「창세기」 2:16 – 여호와 하나님이 그 사람에게 명하여 가라사대 동산 각종 나무의 실과는 네가 임의로 먹되(And the LORD God commanded the man, "You are free to eat from any tree in the garden)(NIV)
>
> 2:17 – 선악을 알게 하는 <u>나무의 실과</u>는 먹지 말라 네가 먹는 날에는 정녕 죽으리라 하시니라(but you must not eat from the tree of the knowledge of good and evil, for when you eat of it you will surely die(NIV)
>
> 3:22 – 여호와 하나님이 가라사대 보라 이 사람이 <u>선악을 아는 일에</u> 우리 중 하나같이 되었으니 그가 그 손을 들어 <u>생명나무 실과도 따 먹고 영생할까 하노라</u> 하시고(And the LORD God said, "The man has

now become like one of us, knowing good and evil. He must not be allowed to reach out his hand and take also from the tree of life and eat, and live forever"(NIV); Then the LORD God said, "Look, the human beings have become like us, knowing both good and evil. What if they reach out, take fruit from the tree of life, and eat it? Then they will live forever!"(New Living); Then the LORD God said, "Now these human beings have become like one of us and have knowledge of what is good and what is bad. They must not be allowed to take fruit from the tree that gives life, eat it, and live forever"(Good News)

3:23 – 여호와 하나님이 에덴 동산에서 그 사람을 내어 보내어 그의 근본된 토지를 갈게 하시니라(So the LORD God banished him from the Garden of Eden to work the ground from which he had been taken(NIV)

3:24 – 이같이 하나님이 <u>그 사람을 쫓아내시고 에덴 동산 동편에 그 룹들과 두루 도는 화염검을 두어 생명나무의 길을 지키게</u> 하시니라 (After he drove the man out, he placed on the east side of the Garden of Eden cherubim and a flaming sword flashing back and forth to guard the way to the tree of life(NIV)

1. 신들의 생명의 물과 생명의 빵

원래 우주물리학적인 관점으로 지구를 볼 때 1년이 365일이라 지구의 시간은 매우 빠르게 간다. 그것은 매우 빠르게 늙는다는 것을 의미한다. 그러나 신들의 행성인 니비루(Nibiru)의 공전주기는 3,600년이다. 이 땅에 오신 엔키 신과 엔릴 신, 이들을 포함한 아눈나키 그룹, 그리고 이기기 신들은 니비루 행성에 있는 신들보다 빨리 늙어갔다(Sitchin, 『The

Lost Book of Enki』, 2004, p. 193). 대홍수 직전 니비루에서 '위대한 아는 자(Greater Knower)'라는 눈(snow)처럼 하얀 머리(white-haired)의 갈주 (Galzu) 신이 하늘에 거주하는 안(An) 신의 특사로 이 땅에 내려온다. 아눈나키 그룹의 12명의 고위 신들이 다 모인 자리에서 갈주 신은 닌 마(닌후르쌍) 여신에게 다음과 같이 말한다.

> 갈주 신은 닌마 여신에게 말을 했다.
> 우리 같은 학교에 다녔었지!
> 닌마 여신은 기억을 할 수 없었다;
> 특사 신은 닌마 여신의 아들과 같이 젊었고,
> 닌마 여신은 특사 신의 엄마처럼 늙었다!
> Of the same school and age we are! to her he said.
> This Ninmah could not recall;
> the emissary was as young as a son, she was as his olden mother!
> (Sitchin, 〈The Lost Book of Enki〉, 2004, pp. 208~209)

그래서 고위급 신들은 생명을 연장하기 위해 니비루에서 생명의 물 (Water of Life)과 생명의 빵(Food/Bread of Life)을 지구에 가져와 마시고 먹었다. 이 생명의 물과 생명의 빵! 필자가 보기엔 신들이 마시고 먹은 생명의 물과 생명의 빵은 「창세기」 3장 22절에 나오는 생명의 나무 (Tree of Life)와는 완전히 다른 것이다. 물론 이 땅의 우주물리학적 관점에서 보면 신들께서도 생명의 나무 열매를 먹었을 것이다.

2. 아담, 생명의 나무 열매를 먹었다
생명의 나무는 선악과를 따 먹기 전에 다시 말하면 임신을 하기 전에 아담과 이브가 따 먹은 것이 확실하다. 선악과를 따 먹은 후 생명나무는 인간에게 금지됐다. 그래서 아담은 930살을 살았다. 가장 오래 산 인간이 므두셀라(Methuselah)인데, 그는 969살을 살았다. 그는 에녹(Enoch)의 아들이며 라멕(레멕, Lamech)의 아버지이며, 노아(Noah)의 할아버지이다. 생명의 나무는 이 땅에서 1,000살을 보장하는 것 같다. 분명 아담은 생명의 나무 열매를 에덴 동산에서 따 먹었기 때문에 본인이나 후손들은 900살을 살았다. 노아는 950살을 살았다. 그러나 그 이후 후손들은 점점 빨리 죽어 아브라함이 175세, 야곱이 147세, 그리고 모세가 120세로 죽는다. 그 이후 어느 누구도 120살을 넘게 살지 못했다. 오늘날에도 120살이 한계다.

여기서 잠깐 위경으로 간주되었던 「희년서」(Book of Jubilees)의 4장 29절에서 31절의 내용을 잠깐 보자(Charles, 1917 & 2002, 인터넷 공개).

「희년서」 4:29 – 주님께서 저주하셨다. 열아홉 번째 희년의 마지막, 여섯 번째 해의 일곱 번째 주에, 그래서 아담은 죽었다, 그리고 <u>아담의 아들들은 그가 창조된 땅</u>에 묻었다(which the Lord hath cursed.' And at the close of the nineteenth jubilee, in the seventh week in the sixth year, thereof, Adam died, and all his sons buried him in the land of his creation, and he)

30 – 아담은 최초로 이 땅에 묻혔다. <u>천 년에 70년이 모자라는 930</u>에 죽었는데, 천 년은 하늘의 하루이며, 그렇게 지식의 나무에 관하여 쓰여진 바: <u>그것을 먹으면 그 날에 죽으리라.</u> 이러한 이유로(was the first to be buried in the earth. And he lacked seventy years of one thousand years; for one thousand years are as one day in the testimony of the heavens and therefore was it written concerning the tree of knowledge: 'On the day that ye eat thereof ye shall die.' For this reason he)

31- 이 하루의 연수를 채우지 못했다. 이러한 이유로 아담은 죽었다 (did not complete the years of this day; for he died during it).

아담은 하늘의 하루인 1,000년에서 70년이 모자라는 930살에 죽었다. 왜냐하면 성(性) 지식을 습득했기 때문이었다. 인간이 여호와 하나님의 계명을 어기고 여호와 하나님을 떠나 독립적인 존재가 되었을 때, 하나님은 그러한 상태에서 생명나무의 열매까지도 먹고 죽지 않고 1,000살을 생존할 때 일어날 수 있는 비극적인 상황을 미리 아셨기 때문이었다. 모든 인간이 1,000년을 산다고 가정해 보라. 무슨 일이 일어날지에 대해서는 삼척동자도 다 아는 얘기가 아닌가? 그래서 차라리 인간들에게 죽음을 주신 것이다. 과학적으로도 이 땅에서 모두가 1,000살을 영위하는 것은 불가능하다. 아담은 신들과 함께 있었고 생명나무의 열매를 먹었기 때문에 930살을 살았다. 그래서 죽음이 차라리 축복일 수도 있다. 우리 모두는 죽음을 통하고 부활을 통하여 영생에 이를 수 있기 때문이다(참조 : 김정한, 1997, 72페이지).

3. 생명나무-예수님의 재림, 금지에서 허락으로, 우리의 사명

생명나무는 생명은 연장되어 1,000살을 살게 하지만 영생(eternal life)을 주지는 않는다고 생각한다. 영생은 신들이 마시고 먹던 생명의 물, 즉 생명수나 생명의 빵을 마시고 먹을 때 가능한 것이다.

이 생명나무는 에덴 동산에 있었다. 에덴이란 '기쁨' 또는 '희열'이라는 뜻으로 지구에는 없는 이상적인 환경을 가진 아름다운 곳인 낙원(Paradise)을 의미한다. 천상에 실제로 존재하는 에덴의 낙원(Paradise of EDEN)을 신들께서 이 땅에 재현한 곳이 에덴 동산이다(「에녹2서」 8~9장)(Luarence, 인터넷 공개). 천상의 낙원은 『바이블 매트릭스』 1권 「우주 창조의 비밀」의 3부 1장의 "성경에 등장하는 하늘의 매트릭스"에서 살펴본 것과 같이 「고린도후서」 12장 2~4절, 「누가복음」 23장 43절, 그리고 「요한계시록」 2장 7절에 등장하는 세 번째 하늘(Third heaven)의 낙원(paradise)이다. 그리고 「에녹2서」(2 Enoch)에 등장하는 세 번째 하늘이 낙원이다(Luarence, 인터넷 공개).

그런데 신약에 가면, 즉 예수님이 이 땅에 재림함으로써, 금지되었던 생명나무가 인간에게 허락되어진다. 생명나무의 열매가 허락되는 것이 아니라 인간보고 생명나무를 만들라고 창조하라고 커다란 사명과 역할을 주신다.

정경인 4개 복음서에는 생명나무에 대한 언급이 전혀 없다. 생명나무는 「요한계시록」에만 등장한다(「요한계시록」 2:7, 22:2, 22:14 & 22:19). 「요한계시록」 2장 7절에는 생명나무는 낙원에 있다고 기록되어 있다. 신약의 외경인, 이집트의 나그함마디(Nag Hammadi)에서 이집트의 콥트어로(Coptic) 파피루스(Papyrus)에 c.AD 340년에 쓰여진, 「도마복음」(Gospel of Thomas)(Patterson & Meyer) 19절에도 생명나무가 언급되고 있다. "낙원에는 5개의 생명나무가 있느니라 그 것들은 여름이나 겨울이나 변화가 없으며 가을에 낙엽이 되어 떨어지지 아니하나니 누구든지 생명나무를 아는 자는 죽지 않으리라(For there are five trees in Paradise for you; they do not change, summer or winter, and their leaves do not fall. Whoever knows them will not taste death)."

여기에서 중요한 것은 '생명나무를 아는 자'라고 기록되어 있다는 점이다. 안다는 것은 생명나무가 어떻게 나서 잎이 자라고 꽃을 피고 열매를 맺는지 그 방법론, 즉 메커니즘을 알고 있는 자는 죽지 않는다는 것이다. 이는 우리 인간에게 그 생명나무에 도전하여 과학적으로 메커니즘을 밝혀 생명나무를 만들라는 명령과 같은 것이다. 이는 "귀 있는 자는 성령이 교회들에게 하시는 말씀을 들을지어다 이기는 그에게는 내가 하나님의 낙원에 있는 생명나무의 과실을 주어 먹게 하리라

(He that hath an ear, let him hear what the Spirit saith unto the churches; To him that overcometh will I give to eat of the tree of life, which is in the midst of the paradise of God)"(KJV, 「요한계시록」 2:7)는 말씀과 같은 것이다.

「창세기」에서 생명나무를 인간들에게 금지했던 내용이 「요한계시록」에서는 180도로 바뀐다. 『바이블 매트릭스』 1권 「우주창조의 비밀」에서 살펴본 바와 같이 두 번째 우주의 새 하늘과 새 땅에서는 인간들에게 생명나무를 허락한다. 아니 생명나무를 창조하라고 하신다. 보다 자세한 것은 『바이블 매트릭스』 시리즈의 「예수님의 재림과 새 하늘과 새 땅」에서 자세히 다루기로 하고, 여기서는 「요한계시록」에 기록된 생명나무의 속성을 간단히 알아보자.

「요한계시록」 2장 7절에는 "이기는 그에게는 내가 하나님의 낙원에 있는 생명나무의 과실을 주어 먹게 하리라"라고 기록하고 있다. 인간에게 생명나무를 허락한다는 것이다. 「요한계시록」 22장 1~2절에는 그 곳은 마실 수 있는 생명수의 강이 있고, 12가지 실과가 매달 맺히는 생명나무가 있으며, 생명나무의 잎사귀들은 약제로 쓴다고 기록되어 있다.

「요한계시록」 22:1 - 또 저가 수정같이 맑은 생명수의 강을 내게 보이니 하나님과 및 어린 양의 보좌로부터 나서(Then the angel showed me the river of the water of life, as clear as crystal, flowing from the throne of God and of the Lamb).

2 - 길 가운데로 흐르더라 강 좌우에 생명나무가 있어 열두 가지 실과를 맺히되 달마다 그 실과를 맺히고 그 나무 잎사귀들은 만국을 소성하기 위하여 있더라(down the middle of the great street of the city. On each side of the river stood the tree of life, bearing twelve crops of fruit, yielding its fruit every month. And the leaves of the tree are

for the healing of the nations).

「이사야」 65장 20~22절에는 생명나무를 인간에게 허락한 결과를 설명하고 있다. 20절에는 죽는 유아와 연수를 채우지 못한 노인이 없다. 100세에 죽으면 유아겠고 100세를 못 채우면 저주받은 것이다. 22절에는 누구나 나무의 수한대로 산다고 기록하고 있다. 즉 누구나 나무의 나이, 즉 1,000년을 산다고 기록하고 있다.

「이사야」 65:20 – 거기는 날 수가 많지 못하여 죽는 유아와 수한이 차지 못한 노인이 다시는 없을 것이라 곧 백세에 죽는 자가 아이겠고 백세 못되어 죽는 자는 저주 받은 것이리라("Never again will there be in it an infant who lives but a few days, or an old man who does not live out his years; he who dies at a hundred will be thought a mere youth; he who fails to reach a hundred will be considered accursed(NIV); There shall be no more thence an infant of days, nor an old man that hath not filled his days: for the child shall die an hundred years old; but the sinner being an hundred years old shall be accursed(KJV).

22 – 그들의 건축한 데 타인이 거하지 아니할 것이며 그들의 재배한 것을 타인이 먹지 아니하리니 이는 내 백성의 수한이 나무의 수한과 같겠고 나의 택한 자가 그 손으로 일한 것을 길이 누릴 것임이며(No longer will they build houses and others live in them, or plant and others eat. For as the days of a tree, so will be the days of my people; my chosen ones will long enjoy the works of their hands).

자, 이것으로 보아 분명 생명나무는 생명을 연장하여 1,000살까지 사는 것이 분명하다. 그렇다고 영생을 보장하는 것은 아니다. 「창세기」는 첫번째 우주창조이고 「요한계시록」은 두번째 우주창조여서, 이 둘은 대칭적이다. 「요한계시록」에서는 금지되었던 생명나무를 인간에게 허락하여 다시 「창세기」의 아담이 930살에 도전하게 하는 것이다. 선악과 중 임신하는 능력 때문에 저주받았던 인간이 완전하게 회복되는 것이다. 따라서 언젠가는 인간의 수명이 늘어 누구나 900살을 넘어 1,000살을 영위하게 될 것이다. 이것은 인간들에게 하나의 커다란 도전이다. 생명나무가 어떻게 나서 잎이 자라고 꽃을 피고 열매를 맺는지 그 방법론, 즉 메커니즘을 과학으로 풀라는 것이다. 실제 생명나무를 만들라는 것이다.

「요한계시록」은 나중에 『바이블 매트릭스』 시리즈의 「예수님의 재림과 새 하늘과 새 땅」에서 자세히 다루겠지만, 미완성의 「창세기」를 완전하게 재창조하는 내용으로 가득 차 있다. 그것은 우리 인간보고 「요한계시록」에 쓰여진 예언을 다 이루라는 말이다. 인간들에게 과제를 준 것이다. 「요한계시록」 1장 3절과 22장 7절에는 이 예언의 "말씀을 지키는 자(take to heart, keeps the words)"라고 기록되어 있다. '말씀을 지키는 자', '말씀을 명심하는 자'가 복이 있다! 그것은 예언의 말씀을 행함으로 이루라는 것이다. 이루려면 그 말씀을 어떻게 행할 것인지 그 과학지식을 찾으라는 것이다.

「요한계시록」 1:3 – 이 예언의 말씀을 읽는 자와 듣는 자들과 그 가운데 기록한 것을 지키는 자들이 복이 있나니 때가 가까움이라(Blessed is the one who reads the words of this prophecy, and blessed are those who hear it and take to heart what is written in it, because the time is near)(NIV)

22:7 – 보라 내가 속히 오리니 이 책의 예언의 말씀을 지키는 자가

<u>복이 있으리라</u> 하더라("Behold, I am coming soon! Blessed is he who keeps the words of the prophecy in this book.")(NIV)

그리고 매우 중요한 말씀이 있다. 바로 「요한계시록」 22장 11~12절의 말씀이다. 불의를 하는 자는 그대로 불의를 하게 그냥 놔두라는 것이다. 더러운 자는 그대로 더럽게 그냥 놔두라는 것이다. 그리고 의로운 자는 계속 의를 행하게 하고 거룩한 자는 계속 거룩한 일을 하게 놔두라는 것이다. 그러나 어떠한 경우이던지 줄 상이 있어 "각 사람에게 그의 일한 대로 갚아 주리라"는 것이다. 「요한계시록」에 쓰여진 말씀대로, 그 말씀을 명심하고 지키는 자들은 그 일한 대로 보상을 준다는 것이다.

이는 매우 중요한 예수님의 말씀이다. 과학은 날로 발전한다. 모세가 120세로 죽었지만 그 다음엔 인간의 평균수명이 35세인 때가 있었다. 그러나 오늘날 평균수명은 80세가 넘는다. 언젠가는 과학자들의 노력에 힘입어 모든 사람들이 120세를 돌파할 것이고 200~300세를 돌파하게 될 즈음에는 과학자들이 생명나무를 발견하게 될 것이다. 그리고 예수님이 재림시에는 인간들은 아담에 견줄 것이다. 인간이 신(神)이 되어 가는 것이다. 아니 인간은 신(神)이다. 이것은 성경에도 기록되어 있는 엄연한 사실이다. 자세한 것은 것은 7부의 "노아(Noah) 태생의 비밀, 노아는 엔키 신의 아들, 노아는 파란 눈의 백인"을 참조하라.

이 과정은 신인조화(神人調化)가 아니다. 인간이 중심이 되어 인신조화(人神調化)가 되는 것이다. 바로 이를 찾아 행하라는 것이다. 그러나 의롭게 거룩하게 하라는 것이다. 그것은 하나님을 아버지로 기꺼이 받아들이는 경건한 자(Godly men, the Godly)가 되라는 것이다. 그리고 예수님이 재림하실 때 그것은 신인조화를 이룰 것이다.

「요한계시록」 22:11 – 불의를 하는 자는 그대로 불의를 하고 더러운 자는 그대로 더럽고 의로운 자는 그대로 의를 행하고 거룩한 자는 그대로 거룩되게 하라(Let him who does wrong continue to do wrong; let him who is vile continue to be vile; let him who does right continue to do right; and let him who is holy continue to be holy)(NIV).

22:12 – 보라 내가 속히 오리니 <u>내가 줄 상이 내게 있어 각 사람에게 그의 일한 대로 갚아 주리라</u>(Behold, I am coming soon! My reward is with me, and I will give to everyone according to

what he has done)(NIV).

3장
신들이 먹는 생명의 빵과
생명의 물(생명수)까지 인간에게 허락

이번에는 영생(eternal life, everlasting life)을 하는 신들께서 먹는 생명의 빵(Food/Bread of Life)은 예수님이 이 땅에 오셔서 죽임을 당함으로써 예수님의 살과 피를 이미 우리에게 주셨고, 그 다음 생명의 물, 즉 생명수도 줄 것이라고 성경에 분명하게 기록되어 있다는 점이다.

1절 영생이란? 인간이 예수님을 통해 영생을 얻을 기회를 갖다

영생이란 영원히 사는 것을 말한다. 천상의 하루인 1,000년을 사는 게 아니라 그 이상 20,000년 그 이상 사는 것을 의미한다. 또한 그것은 『바이블 매트릭스』 1권 「우주창조의 비밀」에서 밝혔듯이 우주를 의미하는데, 특이점-블랙홀-빅뱅을 통해 반복되는 첫 번째 우주에서도 살고 두 번째 우주에서도 사는 것을 의미한다. 아니 그 이상의 세 번째 네 번째에서 사는 것을 의미한다. 그러나 성경은 「창세기」가 첫 번째 우주, 그리고 「요한계시록」이 두 번째 우주를 기록하고 있다. 세 번째 우주 이상은 기록해 봤자 아무런 의미가 없다.

영생이란 말은 한글개역, 구약의 「창세기」에 두 번(「창세기」 3:22, 「창세기」 21:33), 「시편」에 한 번(「시편」 133:3), 그리고 「다니엘」에 세 번(「다니엘」 4:34, 「다니엘」 12:2, 「다니엘」 12:7) 나온다. 이 중에서 몇몇 인간들이 영생할 것이란 말씀은 예언서인 「다니엘」 12장 2절에 나온다.

「다니엘」 12:2 – 땅의 티끌 가운데서 자는 자 중에 많이 깨어 <u>영생을 얻는 자도 있겠고</u> 수욕을 받아서 무궁히 부끄러움을 입을 자도 있을 것이며(Multitudes who sleep in the dust of the earth will awake: some to everlasting life, others to shame and everlasting contempt)(NIV); Many of those who have already died will live again : some will enjoy eternal life, and some will suffer eternal disgrace)(Good News).

신약에 가면 「마태복음」 18장 8절부터 시작하여 「유다서」 1장 21절까지 영생이란 단어가 47번이나 나오는데, 모두 우리 인간이 영생을 얻을 것이며 어떻게 영생을 얻을 것인지 그 방법론에 대해 서술하고 있다. 가장 대표적인 말씀이 「요한복음」이다. 그 내용은 이렇다! 예수님을 믿는 자는 영생을 얻는다. 예수님을 믿고 죽은 자는 마지막 날에 살린다. 하나님 아버지와 예수 그리스도를 아는 것이 영생이다. 여기서도 "아는 자가 영생을 얻는다"라고 쓰여 있다. 안다는 것은 한 마디로 창조의 능력, 즉 과학지식을 의미한다. 하나님 아버지와 예수님이 어떻게 첫 번째 우주를 창조하시고 인간을 창조했는지 그 비밀을 푸는 것, 즉 그 메커니즘을 밝혀내 두 번째의 새 하늘과 새 땅을 창조하는 것에 일조하는 것이다.

「요한복음」 3:16 – 하나님이 세상을 이처럼 사랑하사 독생자를 주셨으니 이는 저를 믿는 자마다 멸망치 않고 영생을 얻게 하려 하심이니라(For God so loved the world that he gave his one and only Son, that whoever believes in him shall not perish but have eternal life)(NIV).

6:40 - 내 아버지의 뜻은 아들을 보고 믿는 자마다 영생을 얻는 이것이니 마지막 날에 내가 이를 다시 살리리라 하시니라(For my Father's will is that everyone who looks to the Son and believes in him shall have eternal life, and I will raise him up at the last day)(NIV).

17:3 - 영생은 곧 유일하신 참 하나님과 그의 보내신 자 예수 그리스도를 아는 것이니이다(Now this is eternal life: that they may know you, the only true God, and Jesus Christ, whom you have sent)(NIV).

2절 예수님의 죽음 — 생명의 빵인 살과 피를 이미 주시다

신들이 먹는 생명의 빵(Bread/Food of Life)! 영생하려면 이 양식을 먹어야 한다(Work for food to eternal life). 이 생명의 빵은 예수님이 오심으로 이미 우리에게 주셨다. 예수님은 하늘에서 내려온 산 떡(the living bread)이다. 이 떡을 먹으면 영생한다. 그것은 예수님이 우리를 위해 죽음으로써 이루어졌다. 즉 예수님의 살과 피가 생명의 빵이다. 이 살과 피를 먹고 마시는 자는 영생을 얻고 마지막 날에 예수님이 살리시다! 그것은 예수님을 믿고 사랑하고 예수님의 말씀을 행하는 것이다.

「요한복음」 6:27 - 썩는 양식을 위하여 일하지 말고 <u>영생하도록 있는 양식을 위하여 하라</u> 이 양식은 인자가 너희에게 주리니 인자는 아버지 하나님의 인치신 자니라(Do not work for food that spoils, but for food that endures to eternal life, which the Son of Man will give you.

On him God the Father has placed his seal of approval)(NIV).

6:51 – 나는 하늘로서 내려온 산 떡이니 사람이 <u>이 떡을 먹으면 영생하리라</u> 나의 줄 떡은 곧 세상의 생명을 위한 <u>내 살이로라</u> 하시니라 (I am the living bread that came down from heaven. If anyone eats of this bread, he will live forever. This bread is my flesh, which I will give for the life of the world)(NIV).

6:54 – <u>내 살을 먹고 내 피를 마시는 자는 영생을 가졌고</u> 마지막 날에 내가 그를 다시 살리리니(Whoever eats my flesh and drinks my blood has eternal life, and I will raise him up at the last day)(NIV)

3절 신들이 마시는 생명수까지 인간에게 주신다

「요한복음」 4장 14절에는 예수님이 주시는 생명수를 마시면 영생한다고 기록되어 있다. 「창세기」에 신들께서만 마시던 생명수까지 주신다고 기록되어 있다. 생명나무의 1,000살이 연장되는 것이다. 「요한계시록」에는 마지막 날에 예수님이 생명수를 준비하시고 우리를 생명수로 인도하실 것이라 기록하고 있다. "듣는 자도 오라 할 것이요 목마른 자도 올 것이요 또 원하는 자는 값없이 생명수를 받으라 하시더라."

「요한복음」 4:14 – <u>내가 주는 물을 먹는 자는</u> 영원히 목마르지 아니하리니 나의 주는 물은 그 속에서 <u>영생하도록</u> 솟아나는 샘물이 되리라(but whoever drinks the water I give him will never thirst. Indeed, the water I give him will become in him a spring of water welling up to eternal life)(NIV)

「요한계시록」 7:17 – 이는 보좌 가운데 계신 어린 양이 저희의 목자가 되사 생명수 샘으로 인도하시고 하나님께서 저희 눈에서 모든 눈물을 씻어 주실 것임이러라(For the Lamb at the center of the throne will be their shepherd; he will lead them to springs of living water. And God will wipe away every tear from their eyes)(NIV)

「요한계시록」 21:6 – 또 내게 말씀하시되 이루었도다 나는 알파와 오메가요 처음과 나중이라 내가 생명수 샘물로 목마른 자에게 값없이 주리니(He said to me: "It is done. I am the Alpha and the Omega, the Beginning and the End. To him who is thirsty I will give to drink without cost from the spring of the water of life.")(NIV)

「요한계시록」 22:1 – 또 저가 수정같이 맑은 생명수의 강을 내게 보이니 하나님과 및 어린 양의 보좌로부터 나서(Then the angel showed me the river of the water of life, as clear as crystal, flowing from the throne of God and of the Lamb)(NIV)

「요한계시록」 22:17 – 성령과 신부가 말씀하시기를 오라 하시는도다 듣는 자도 오라 할 것이요 목마른 자도 올 것이요 또 원하는 자는 값없이 생명수를 받으라 하시더라(The Spirit and the bride say, "Come!" And let him who hears say, "Come!" Whoever is thirsty, let him come; and whoever wishes, let him take the free gift of the water of life.)(NIV)

4장
인간이 하나님과 예수님의 지식에 이미 접속하다

인간들은 이제 임신하게 된다. 그 후로 인간은 번창했다. 그리고 이제 인간은 더 이상 광산이나 들판에서 일만 하는 노예가 아니었다. 인간은 신전(지구라트)이라 부르는 신들의 집을 지었고, 신들을 위해 요리하고 춤추고 음악을 연주하는 법을 배웠으며, 신들에게 시중을 들었고 제사장이 된다. 그리고 신들로부터 농사짓는 법, 관개수로 하는 법, 운하를 파고 관리하는 법 등의 과학지식을 터득한다.

여호와 하나님(야훼)이 말했다. "보라 이 인간이 선악을 아는 일에 우리 중 하나같이 되었다"(「창세기」 3:22). 선악을 아는 일! 그것은 한마디로 창조의 비밀, 즉 여호와 하나님의 지식을 알게 되었다는 뜻이다.

첫째는, 신들처럼 불멸의 영생을 하기 위해서는 생명의 나무, 생명의 빵과 생명의 물을 먹어야 한다는 것을 아는 인간이다.

둘째는, 신들처럼 아이를 낳을 수 있는 임신하는 생식능력을 아는 인간이다.

셋째는, 신들처럼 창조할 수 있는 과학문명의 지식을 아는 인간이다.

「창세기」 3:22 - 여호와 하나님이 가라사대 보라 이 사람이 선악을 아는 일에 우리 중 하나같이 되었으니 그가 그 손을 들어 생명나무 실과도 따먹고 영생할까 하노라 하시고(And the LORD God said, "The man has now become like one of us, knowing good and evil. He must not be allowed to reach out his hand and take also from the tree of life and eat, and live forever.")(NIV)

그렇다! 창세기에서 인간은 두 번째 선악과의 비밀인 임신하는 능력을 갖게 되었고, 세 번째 비밀인 하나님의 지식을 알게 되었다. 그리고 신약에 가면 예수님으로 인해 창세기에서 금지되었던 생명나무의 열매가 허락되고, 생명의 빵은 이미 예수님께서 살과 피로 우리에게 주셨으며, 생명수도 준다고 약속하고 있다.

이제 인간은 하나님 아버지의 지식과 예수님의 지식에 접속할 수 있는 능력과 권한을 가진 것이다. 이때의 지식! 이것을 가장 잘 표현한 말씀이 있다. 바로「다니엘」12장은 끝날(The End Times)에 대해 다음과 같이 기록하고 있다. 여기서 중요한 것이 지식(knowledge)이다. 우리는 이 지식에 이미 도전하고 있다. 빨리 왕래하며! 조만간 미국에서 한국에 오는 데 30분이 걸린다. 지구의 이 세상이 하루 생활권으로 좁혀진다. 세미나, 학회, 각종 컨퍼런스! 그것은 지식을 더하기 위함이다.

「다니엘」12:4 - 다니엘아 마지막 때까지 이 말을 간수하고 이 글을 봉함하라 많은 사람이 빨리 왕래하며 지식이 더하리라(But you, Daniel, close up and seal the words of the scroll until the time of the end. Many will go here and there to increase knowledge)(NIV).

5장
다가오는 대홍수의 원인

301,000년 전에 네피림(이기기)의 노동을 대신할 인간을 창조한 이래 시간은 대략 200,000만 년이 흘러, c.BC 100000년에 혹은 성경 연대기의 c.BC 3400(B)년에 느닷없는 중대한 두 가지 사건이 일어난다. 첫 번째 사건은 우주비행군단, 즉 화성(Mars) 혹은 지구궤도를 돌고 있던 모선에 속해 일하던 300명의 젊은 이기기(Igigi) 신들, 즉 네피림(Nephilim) 중 200명의 젊은 신들이 본인들의 위치와 역할을 이탈해 지구로 내려와 아름다운 인간의 딸들과 결혼해 성관계를 가짐으로써 거인(Great/Giant Man)들이 탄생했다. 이것은 대홍수가 일어나는 첫 번째 원인으로 신들의 문제로 야기된 것이다. 두 번째 사건은 인간의 남자와 여자의 성관계가 너무 심해 인간의 숫자가 기하급수적으로 늘어난 것이다. 이 것은 인간들의 문제였지만, 신들의 관점에서 보면 중대한 사건이었다. 왜냐하면 그것은 엔키 신의 중대한 실수였던 것이다.

BIBLE MATRIX

5부

홍수의 비밀(1),
신들의 문제, 네피림

질문들

「창세기」 6장 4절의 하나님, 즉 엘로힘(Elohim)의 아들들(sons of God) 인 네피림(Nephilim)은 누구인가? 네피림과 이기기(Igigi) 신들은 어떤 관계일까? 같은 젊은 신들일까? 왜 이들이 이 땅에 내려왔을까? 이들 은 젊은 벨(Young Bel)이자 바알(Baal)인 마르둑(Marduk) 신과 어떤 연 관이 있을까? 왜 이들이 인간의 아름다운 딸들과 결혼해 거인(Giant/ Great man)을 낳았을까? 100미터가 넘는 거인들이 무슨 나쁜 짓을 했 을까? 「창세기」 6장 5절의 '거인의 죄악이 세상에 관영함'이란 무슨 의 미일까? 왜 구약성경에는 네피림의 후손들인 거인인 아낙(Anak, Ana- kim, Anakite) 자손들이 등장할까? 피라미드와 스핑크스는 누가 쌓았을 까? 왜 페루에서 흑인이 발견될까? 페루에서 발견된 거인의 유골은 누 구의 것일까?

「베드로후서」 2장 4절, 「유다서」 1장 6절과 「고린도전서」 6장 3절에 등장하는 "하나님이 범죄한 천사들을 용서치 아니하시고 지옥에 던져 어두운 구덩이에 두어 심판 때까지 지키게 하셨으며", "또 자기 지위를 지키지 아니하고 자기 처소를 떠난 천사들을 큰 날의 심판까지 영원한 결박으로 흑암에 가두셨으며", 그리고 "우리가 천사를 판단할 것을 너 희가 알지 못하느냐 그러하거든 하물며 세상 일이랴"의 범죄한 천사란 누구를 말하는 것일까? 자, 하나하나씩 풀어가 보자.

1장
이기기 신들(네피림)이 위치를 이탈해
인간의 딸들과 결혼해 야기시킨 문제

1절 「창세기」 6장 1~7절 요약

「창세기」 6장 1~7절의 내용은 많은 성경학자들과 신학자들을 괴롭혔다. 이해하기가 무척 난해하기 때문이다. 그러나 고고학 문서와 다른 성경, 즉 위경의 내용들을 공부하다 보면 이게 무슨 내용인지 정확히 이해할 수 있다. 우선 「창세기」 6장을 보자.

「창세기」 6:1 - 사람이 땅 위에 번성하기 시작할 때에 그들에게서 딸들이 나니(When men began to increase in number on the earth and daughters were born to them)(NIV)

6:2 - 하나님의 아들들이 사람의 딸들의 아름다움을 보고 자기들의 좋아하는 모든 자로 아내를 삼는지라(the sons of God saw that the daughters of men were beautiful, and they married any of them they chose)

6:3 - 여호와께서 가라사대 나의 신이 영원히 사람과 함께 하지 아니하리니 이는 그들이 육체가 됨이라 그러나 그들의 날은 일백이십 년이

되리라 하시니라(Then the LORD said, "My Spirit will not contend with man forever, for he is mortal; his days will be a hundred and twenty years.")

6:4 – 당시에 땅에 네피림이 있었고 그 후에도 하나님의 아들들이 사람의 딸들을 취하여 자식을 낳았으니 그들이 용사라 고대에 유명한 사람이었더라(The Nephilim were on the earth in those days—and also afterward—when the sons of God went to the daughters of men and had children by them. They were the heroes of old, men of renown).

6:5 – 여호와께서 거인의 죄악이 세상에 관영함과 그 마음의 생각의 모든 계획이 항상 악할 뿐임을 보시고 (The LORD saw how great man's wickedness on the earth had become, and that every inclination of the thoughts of his heart was only evil all the time).

6:6 – 땅 위에 사람 지으셨음을 한탄하사 마음에 근심하시고(The LORD was grieved that he had made man on the earth, and his heart was filled with pain).

6:7 – 가라사대 나의 창조한 사람을 내가 지면에서 쓸어 버리되 사람으로부터 육축과 기는 것과 공중의 새까지 그리하리니 이는 내가 그것을 지었음을 한탄함이니라 하시니라(So the LORD said, "I will wipe mankind, whom I have created, from the face of the earth—men and animals, and creatures that move along the ground, and birds of the air—for I am grieved that I have made them.")

이를 요약하면 다음과 같다. 인간이 임신하는 능력을 얻어 인간의 숫자가 번성하였다. 이브는 갈색 피부에 금발머리였다고 했다. 이 당시에는 엔키 신이 인간의 유전자를 통제하던 시기라는 점을 이해한다면 여자들은 다 갈색 피부에 금발머리였다는 것을 짐작할 수 있다. 그 아름다움은 이루 말할 수 없었을 것이다. 따라서 하나님의 아들들이 사람의 딸들의 아름다움을 보고 자기들의 좋아하는 모든 자로 아내를 삼았다. 그 결과 그 사이에서 거인들(Great/Giant man)이 탄생한다. 키가 100~140미터의 거인들이 출생한다. 거인들이란 반신반인들(半神半人, Demigod)이다. 이 거인들이 문제였다. 거인들은 사악(great man's wickedness)했다. 이게 노아 홍수의 첫 번째 비밀이다. 여호와 하나님은 이 거인들을 비롯해 인간을 다 죽이기로 결정한다.

문제는 하나님의 아들들(sons of God)인데, 많은 신학자들이 이를 '인간'이라 해석하고 있다. 정답은 미안하지만 '아니다'이다. 이는 바로 '하나님의 아들들', 즉 네피림(Nephilim)이라고 「창세기」 6장 4절에 분명히 기록하고 있는데, 이는 젊은 이기기(Igigi) 신들을 말한다. '하나님의 아들들'이 '인간'이라면 왜 거기서 거인들이 탄생하겠는가? 또한 성경학자들과 신학자들은 '천사'라고 해석한다. 그러나 그것도 잘못 해석한 것이다. 「마태복음」 22장 30절에는 예수님께서 "부활 때에는 장가도 아니 가고 시집도 아니 가고 하늘에 있는 천사들과 같으니라(For in the resurrection they neither marry, nor are given in marriage, but are as the angels of God in heaven.)"(KJV)고 분명히 말씀하셨다. 결혼할 수 없는 천사의 신분에 대해 말씀하신 것을 보면 네피림은 천사가 아니라 인간과 성관계를 가질 수 있는 신들의 아들인, 젊은 신들의 네피림, 즉 이기기 신들이다.

2절 네피림, 즉 이기기 신들이란?

「창세기」 6장 4절에 등장하는 '복수'의 단어인 네피림(Nephilim)은 하나님의 아들들(sons of God), 즉 '하늘에서 지구로 내려온 신들'이라는 뜻이다. 특히 계급이 낮은 젊은 신들(Lower Gods)을 지칭하는데, 『아트라하시스 서사시』(Babylonian Epic of Atrahasis or Atra-Hasis) 〈점토판 1~3〉과 『길가메시 서사시』(Epic of Gilgamesh)의 〈점토판 11〉에는 네피림을 이기기 신들(Igigi-Gods)이라 표현하고 있다. 이기기란 '돌면서 관측하는 자들(Those Who See and Observe)', 즉 '감시자 또는 주시자(Watchers)'란 뜻이다. 또한 『창조의 서사시』(Epic of Creation) 〈점토판 3〉의 126줄과 〈점토판 6〉의 21줄과 123줄에도 이기기 신들이 등장한다.

따라서 이 땅에는 두 계급의 신들이 내려왔다. 하나는 고위급 신들(Higher Gods)이었고, 다른 하나는 젊은 신들로 구성된 저위급 신들(Lower Gods)이었다. 특히 저위급 신들은 「창세기」 6장 4절에 등장하는 네피림(Nephilim) 혹은 이기기 신들(Igigi gods)이라 불렸다. 젊은 신들은 인간이 창조되기 전에 두 가지 일을 했다. 한 그룹은 아프리카 광산에서 금을 캐거나 수메르 지역에서 강을 막아 수로를 만들거나 했다. 또 한 그룹은 신들의 고향인 니비루로 금을 실어 나르는 화성(Mars)의 우주비행 군단(Astronaut Corps), 또는 지구궤도를 도는 모선(mother spaceship, 母船)에 속해 일을 했다. 이들은 지구에 착륙하지 않고 지구궤도를 도는 모선에서 지구로 우주왕복선을 보내고 받았다.

호로위츠(Horowitz)는 그의 저서 『메소포타미아인들의 우주적인 지리학』(Mesopotamian Cosmic Geography)에서 고대 기록인 점토판 〈KAR 307 30~38(VAT 8917)〉을 들어 이 땅에 내려온 이기기 신들이 600명이었고, 하늘, 즉 모선에서 대기하는 이기기(Igigi) 신들은 300명이라고 서술하고 있다(Horowitz, 1998, p. 4). 작고하신 시친(Sitchin)은 그의 저서『수메르, 혹은 신들의 고향』(The 12th Planet(Book I), 2009)과 『틸문, 그리고 하늘에 이르는 계단』(The Stairway to Heaven(Book II))에서 실제로 아눈나키(Anunnaki)라는 단어가 '하늘에서 내려온 50명'이라는 뜻이라며, 처음 이 땅에 오신 엔키 신과 이기기 신들은 50명이었다고 서술하고 있다. 이들은 엔키 신의 지시로 에리두를 건설했다. 이들 이기기 신들, 즉 네피림(Nephilim)은 처음에 50명으로 시작해서 결국 600명으로 늘어났다는 것이다(시친, I, 2009, p. 453~454; 시친, II, 2009, p. 184).

특히 모선에 타고 있던 300명의 이기기 신들은 인간이 창조된 후에는 인간과 지구의 기후상황을 주시하고 감시하는 주시자들 또는 감시자들이었다. 문제는 이들이었다. 위경인「희년서」(Book of Jubilees) 4장 22절과(Charles, 1917 & 2002, 인터넷 공개)「에녹1서」(The Book of Enoch 1) 7장 7절에는(Charles 1917 & Laurence, Internet Publishing) 이들이 주어진 역할과 위치를 이탈하고 200명 규모로 이 땅에 내려와 인간의 여성들과 결혼하여 거인(Great/Giant Man)을 낳았다고 기록하고 있다. 이는「창세기」6장 2~4절로 표현한다면 하나님의 아들들(sons of God)인 네피림(Nephilim)이다.

그런데 이 사건을 보다 구체적으로 알아보기 전에 이 사건이 일어나게 된 동기를 알아야 한다. 그 동기는 엔키 신의 아들인 마르둑(Marduk) 신께서 인간과 결혼한 데서 비롯된다. 이것을 알아야 모선에 타고 있던 200명의 이기기 신들이 왜 이 땅에 내려와 인간의 여자들과 결혼했는지 그 이유를 이해할 수 있다. 이것은 인간들에게 미치는 영향, 즉 노아의 홍수를 야기시키는 첫 번째 중대한 사건이기 때문이다.

3절 나의 신이 영원히 사람과 함께 있지 아니하리니

「창세기」 6:3 — 여호와께서 가라사대 <u>나의 신이 영원히 사람과 함께
하지 아니하리니 이는 그들이 육체가 됨이라</u> 그러나 그들의 날은 일
백이십 년이 되리라 하시니라(Then the LORD said, "My Spirit will not
contend with man forever, for he is mortal; his days will be a hundred
and twenty years.")

이 구절은 아주 오랫동안 학자들을 괴롭혔다. 그러나 인간의 창조
에 동원된 신의 유전자 조작을 이해하고 나면 여기서 말하는 내용이
명백해진다. 즉 인간을 완벽하게 만들어 준 신의 유전자인 신의 '영(영
혼, Spirit)'이 인간과의 섹스로 열등해지고 있다는 뜻이다. 다시 말해 젊
은 신들이 인간의 딸들과 섹스함으로써 인간과 같이 열등해지고 있으
며, 그 결과 젊은 신들의 순정함이 퇴보하고, 그에 따라 인간은 신의
'영'을 버리고 '육체'로 돌아가고 있다는 말이다. 다시 말해 인간이 동물
적인 원숭이와 같은 상태로 돌아가고 있다는 말이다. 그래서 모든 육체
를 멸망시키려는 결정은 정당하게 보인다.

이렇게 보면 왜 「창세기」 6장이 '의롭고 흠이 없는 노아'와 '썩은 세
상'을 특히 강조하여 비교했는지도 이해할 수 있다. 열등해지고 있는 인
간들과 결혼함으로써 젊은 신들까지도 열등해지고 있던 시기에 노아가
유전적으로 순수하다는 것을 강조함으로써, 여호와 하나님(야훼)은 외
견상 모순되는 결정을 합리화하고 있다. 지구에서 인간을 비롯한 모든
생명을 쓸어 버리겠지만, 노아와 그의 자손들, 그리고 다른 모든 '정결
한 짐승들'은 그 씨가 땅 위에 살아남게 하겠다는 뜻이다(시친, I, p. 524).
과연 그럴까?

다시 요약하면 「창세기」 6장 3절의 말씀은 여호와 하나님의 영

(Spirit)이 더 이상 인간 안에 영원히 거할 수 없다는 말이다. 우선 '사람과 다투다(contend with man)'라는 말이 나온다. 여호와 하나님의 영(Spirit)이 인간과 더 이상 다투지 않겠다는 뜻이다. 하나님의 아들들과 인간의 딸들과의 섹스 문제가 여호와 하나님에게 하나의 풀어야 할 심각한, 즉 골치 아픈 문제로 등장했음이 분명하다. 매일 이 문제가 여호와 하나님으로 하여금 인간을 어떻게 대하고 어떻게 처리해야 할 것인가 늘 정신적으로 고민하게 만들었다는 말이다. 그래서 이제 더 이상 신경 쓰지 않고 무언가 결단을 내릴 때가 되었다는 말이다.

그렇다면 하나님의 아들들과 인간의 섹스는 분명 양쪽에 매우 심각한 문제나 영향을 끼쳤다는 얘기인데, 도대체 하나님의 아들들에게는 무슨 일이 일어났기에 하나님이 창조한 인간의 딸들과 결혼했을까? 그 결과 그 사이에서 태어난 거인들에게는 무슨 일이 일어났을까? 누구의 잘못이란 말인가? 그 다음 구절을 해석하면 거의 결정의 심판이 누구에게 내릴 것인가가 나오는데, 하나님의 아들들이 인간의 딸들과 결혼을 한들, 거기에서 출생하는 아들 딸들은 신이 되는 것이 아니라 그저 죽을 인간(he is mortal)에 불과한 거인들이었다. 그래서 여호와 하나님은 위치를 이탈한 네피림들(이기기)을 어둠에 가두고 그의 자식들인 거인들과 인간을 멸망시키기로 결정한다. 단, 멸망의 날은 120년이다. 그리고 곧바로 여호와 하나님은 인간과 동물을 이 지구상에서 쓸어 버리겠다고 결심하신다. 도대체 무슨 일이 일어 났을까? 왜 여호와 하나님은 스스로 사랑과 정성으로 창조한 인간을 멸망시키기로 한 것일까?

4절 「창세기」 6장 3절의 120년은 120샤르 ― 120년은 신들의 니비루의 공전주기

「창세기」 6:3 – 여호와께서 가라사대 나의 신이 영원히 사람과 함께 하지 아니하리니 이는 그들이 육체가 됨이라 그러나 <u>그들의 날은 일백이십 년이</u> 되리라 하시니라(Then the LORD said, "My Spirit will not contend with man forever, for he is mortal; his days will be a hundred and twenty years.")(NIV)

그 동안 많은 성경학자들과 역사학자들이 "그들의 날은 120년이 되리라"라는 구절을, 여호와 하나님이 인간에게 120년의 수명을 준 것이라고 해석했다. 필자도 처음엔 그렇게 해석했다. 그러나 이것은 잘못된 해석이다. 인간 전체를 멸망시키려는 여호와 하나님이 왜 인간에게 120년이라는 수명을 주겠는가? 대홍수에서 살아 남은 노아도 120년보다 훨씬 긴 950살을 살았다. 그리고 그의 후손들인 셈(Shem)은 600살을 살았고 아르박삿(Arphaxad)은 438살을, 그리고 셀라(살라, Shelah)는 433년을 살았다(「창세기」 10장 & 11장).

결론적으로 120년은 인간들에게 적용된 날이 아니라 신들에게 적용되는 날이었다. 지구에 처음 착륙한 시점에서 대홍수가 일어날 때가 바로 120샤르의 시간, 즉 120×3600년=432,000년으로, 이는 『베로수스』의 432,000년과 정확히 일치한다. 즉 처음에 에리두에서 시작해 슈루팍에서 대홍수가 일어날 때 인간은 모두 멸망한다는 뜻이다. "나의 신(Spirit)이 이제 인간들과 함께 있지 않겠다"는 말은 인간과의 결별을 선언한 것이다. 또한 인간은 죽어야 할(mortal) 운명이기 때문에 대홍수로 다 죽이겠다는 뜻이다. 왜냐하면 신들은 다시 신들의 행성으로 돌아가면 그만이기 때문이었다.

5절 마르둑 신께서 인간의 사파니트와 결혼하다

1. 신권을 찬탈한 마르둑(Marduk)은 어떤 신(神)인가?

마르둑 신은 어떤 신(神)인가? 수메르(Sumer) 시대의 수메르어(Sumerian)로 마르둑(Marduk), 그 이후 아카드어(Akkadian)로 아마르우트(AMAR. UTU), 그리고 히브리(Hebrew) 성경의 히브리어인 므로닥(Merodach) 신을 말한다. 순수한 언덕의 아들이라는 뜻으로 젊은 벨(Young Bel), 바알(Baal), 즉 주님(Lord)이란 뜻이다. 연장자 벨(Elder Bel)은 하늘에서 이 땅에 오신 엔릴(Enlil) 신과 엔키(Enki) 신을 말한다. 엔릴 신과 엔키 신의 아버지는 하늘에 거주하시며 이 땅에는 연례행사차나 급한 일이 있을 경우 오시는 안(An, 아누=Anu) 신이시다. 먼저 태어난 신이 엔키 신이지만 서자(庶子)로 태어나셨고, 엔릴 신이 나중에 태어나셨지만 적자(嫡子)로 태어난지라 이 땅에 오셔서 12명의 신들로 구성된 최고회의 그룹인 아눈나키(Anunnaki)의 수장이 되신다. 마르둑은 엔키(Enki) 신이 하늘에서 낳은 첫째 아들로 지구에 내려와 인간인 아내인 사파니트(Sarpanit)와 결혼했다.

그 후 마르둑 신은 이기기 신들과 함께 지지자들을 이끌고 갈대아(Chaldea), 즉 바빌론의 아카드(Akkad)와 수메르(Smuer)로 진군해 신들의 권력을 찬탈하고 스스로 바빌론의 옥좌에 올라, 신들 중의 최고의 신으로 등극했다.[1]

---

[1] 마르둑(Marduk) 신의 권력 찬탈 – 여기에 숨겨진 비밀이 「창세기」 11장의 바벨탑(The Tower of Babel) 사건이며, 아브라함을 여호와 하나님이 부르신(「창세기」 12장) 이유이며, 여호와 하나님이 소돔과 고모라를 멸망시킨(「창세기」 19장) 이유이다. 이는 차차 『바이블 매트

이것은 이후에 그리스 신화(Greek mythology, c.BC 900~c.BC 800)에도 그대로 전해졌다. 그리스 신화를 보면 최초의 때에는 카오스(혼돈, Chaos)가 있었고, 그 다음에 가이아(Gaea, 지구)와 그의 남편인 우라노스(Uranus, 하늘) 사이에 남자 6명과 여자 6명 등 12명의 티탄들(Titans)이 태어난다. 티탄들의 전설적인 행동은 지상에서 이루어졌지만 그들은 모두 하늘에 각자에게 해당되는 천체(행성을 포함)들을 갖고 있었다. 남자 티탄 중 가장 어렸던 크로노스(Cronus)가 아버지 우라노스의 성기를 자르고 왕좌를 찬탈하고, 크로노스는 누이 레아(Rhea)를 아내로 삼아 아들 3명과 딸을 3명 낳는다. 하데스(Hades), 포세이돈(Poseidon), 제우스(Zeus)가 아들이고, 헤스티아(Hestia), 데메테르(Demeter), 헤라(Hera)가 딸이다. 막내아들인 제우스는 아버지 크로노스를 폐위시키고 신권과 왕권을 찬탈한다.

어찌 되었건 마르둑 신은 고대 바빌로니아 왕조(BC 1830~c.BC 1531)와 이어지는 신바빌로니아 왕조(BC 625~BC 539)에서도 수호신(patron God)으로 섬겼다. 마르둑 신은 구약성경에 딱 한 번 나오는데, 그게 「예레미야」 50장 2절에 나오는 므로닥(Marduk, Merodach) 신이다.

「예레미야」 50:2 - 너희는 열방 중에 광고하라 공포하라 기를 세우라 숨김이 없이 공포하여 이르라 바빌론이 함락되고 벨이 수치를 당하며 므로닥이 부스러지며 그 신상들은 수치를 당하며 우상들은 부스러진다 하라(Announce and proclaim among the nations, lift up a banner and proclaim it; keep nothing back, but say, 'Babylon_will be captured; Bel will be put to shame, Marduk filled with terror. Her images will be put to shame and her idols filled with terror.'(NIV); Declare ye

---

릭스」 시리즈를 통해 자세히 소개하기로 한다.

among the nations, and publish, and set up a standard; publish, and conceal not: say, Babylon is taken, Bel is confounded, Merodach is broken in pieces; her idols are confounded, her images are broken in pieces.(KJV)'

따라서 구약성경은 마르둑 신을 여호와 하나님인 야훼(Yahweh, YHWH, JHWH, Jehovah) 신의 적으로 표현하고 있으며, 멸망해야 할 바빌론의 주신(patron deity), 또는 수호신인 젊은 벨(Bel)이나 바알(Baal)로 기록하고 있다. 따라서 성경은 전체적으로 마르둑 신과 이를 수호신으로 받든 바빌론을 야훼 신의 적으로 표현하고 있다. 「요한계시록」 18장에는 이를 뒷받침하듯이 바빌론의 멸망(The Fall of Babylon)을 다루고 있다. 이는 차후 『바이블 매트릭스』 시리즈의 「예수님의 재림과 새 하늘과 새 땅의 창조」 편에서 보다 자세히 소개할 예정이다.

2. 마르둑 신이 인간인 사파니트와 결혼하다

크레이머(Kramer)의 『수메르 신화』(Sumerian Mythology, 1961 & 1998)의 제4장인 "기타 신화들(Miscellaneous Myths)"에는 키에라(Edward Chiera)가 「수메르 종교문서」(Sumerian Religious Texts)를 통해 발표한 「신화 서판」(mythical tablet), CBS-14061의 「마르투의 결혼」(The Marriage of Martu) 이야기를 다루고 있다. 마르투는 바로 엔키 신의 아들인 마르둑(Marduk) 신을 말한다. 마르투는 자신도 인간을 아내로 맞도록 허락받아야 한다고 불평한다. 문서의 서두는 다음과 같이 시작한다.

도시 닌압은 있었고 쉬드탑은 없었다,
사제의 관은 있었고, 왕의 관은 없었다,
목초는 있었고, 삼목나무는 없을 때였다,

함께… 살고 있었고,

초원에서는 아이를 낳고 있었다.

Ninab existed, Shittab did not exist,

The pure crown existed, the pure tiara did not exist,

The pure herbs existed, the pure cedar trees did not exist,

......

Cohabitation … existed,

In the meadows there was birth-giving.(Kramer, 1961, p. 100)

닌압은 신들의 정착지로 넓은 땅의 한 도시였다. 그곳에는 눔무쉬다
(Numushda)라는 고위 사제(high priest)가 아내와 딸 하나를 두고 있었
다. 사제가 신들에게 구운 고기를 제물로 드리려고 할 때 마르투가 사
제의 딸을 보았다. 마르투는 독신이었다. 그녀에게 연정을 품은 마르투
는 그의 어머니에게 가서 그녀를 아내로 삼게 해달라고 요청을 한다.

마르투 신은 그의 어머니 집에 들어가

다음과 같이 말을 한다.

"이 도시에 내 친구들이 있는데, 그들은 아내를 얻었습니다,

동료들이 있는데, 그들도 아내를 얻었습니다,

이 도시에서 나 혼자만 아내가 없습니다.

아내가 없으니, 아이가 없습니다"

Martu to his mother,

Into the house enters, says:

"In my city my friends have taken wives unto themselves,

My neighbors have taken wives unto themselves,

In my city I (alone) of my friends have no wife,

Have no wife, have no child."(Kramer, 1961, p. 100)

마르투의 어머니는 사랑하는 처녀가 '그의 눈길을 받아들였는지 (appreciated his gaze)' 물은 뒤 승낙을 했다. 곧 이어 젊은 신들이 잔치를 준비했고 성대한 결혼식이 거행되었다(Sitchin, III, 2007, p. 117).

시친의 『잃어버린 엔키 신의 책』(The Lost Book of Enki, 2004)을 보자. 마르둑의 아내는 인간인 사파니트(Sarpanit)였다. 그녀의 조상은 아다파(Adapa)였고 아비는 아다파의 자손인 엔키미(Enkime)였다. 마르둑 신은 사파니트와 결혼을 승락해달라고 어머니인 닌키(Ninki) 여신에게 간청한다. 닌키 여신은 '그녀가 그의 눈길을 받아들였는지' 묻는다. 마르둑은 그렇다고 대답한다. 이에 아버지인 엔키 신은 사파니트와 결혼하면 니비루 행성으로 인간을 데려갈 수 없다고 말한다. 또한 마르둑이 니비루의 왕자의 자리(princely rights)를 잃게 된다고 말한다. 이에 대해 마르둑은 크게 웃으며 니비루의 왕자의 자리를 이미 포기했다고 대답한다. 설사 이 땅에서도 왕자의 자리를 엔릴 신의 아들인 닌우르타에게 빼앗겼다고 말한다. 그래서 인간과 결혼함으로써 지구와 자신을 연대시켜 인간들을 무기로 삼아 지구에서 왕권을 차지하고 그 다음에 니비루의 왕권을 차지할 것이라고 말한다. 이에 엔키 신은 그렇게 하라고 승낙한다(pp. 196~197).

엔릴 신이 마르둑 신의 결정을 듣고 크게 노한다. 아버지 신으로서 인간을 식섭 장조한 인간들과 성관계를 맺는 것은 차원이 다르다. 엔키 신을 두고 하는 말이다. 그러나 마르둑 신이 인간의 딸들과 결혼한다는 것은 말이 안된다. 따라서 엔릴 신은 니비루의 안 신에게 레이저 빔(beam) 통신을 보낸다. 마르둑과 사파니트의 결합(Marduk-Sarpanit Union)을 금지해달라는 긴급 통신을 한다. 니비루의 안 신은 긴급회의를 소집하지만 신과 인간의 결혼이라는 사실에 대해 아무런 법적 근거를 찾지 못한다(p. 197).

니비루의 대신들은 말을 한다. 사피니트의 조상인 아다파도 니비루에서 살 수 없었다. 따라서 마르둑 신이 사파니트를 니비루로 데려올 수는 없다. 안 신은 지구로 다음과 같은 빔을 쏜다. "마르둑은 결혼할 수 있다, 하지만 니비루의 왕좌는 더 이상 없다(Marduk marry can, But on Nibiru a prince he ahll no more be!)." 이에 따라 엔릴 신은 마르둑 신과 사파니트의 결혼식을 엔키 신의 지구라트가 있는 에리두에서 거행하기로 결정하고, 결혼식이 끝나면 엔키 신의 관할 지역인 아프리카로 가라고 명령한다(p. 198).

결혼식이 에리두에서 거행된다. 수많은 아다파의 후손들(Civilized Earthlings), 즉 수퍼-노예들(Superslaves)이 결혼식에 참여하고, 금을 캐는 젊은 신들도 참여하고, 화성과 지구궤도를 도는 우주비행군단에 속한 젊은 이기기 신들도 에리두에 참석하여 마르둑 신과 사파니트의 결혼식을 축하했다. 이기기 신들은 니비루와 땅의 결합(Nibiru-Earth Union)의 증인으로 참석했다. 300명의 우주비행단의 이기기 신들 중 200명이 위치를 이탈하고 이 땅에 내려와 결혼식에 참여했다(p. 199).

6절 결혼식이 이기기 신들에게 인간의 딸들과 결혼하는 빌미를 주다

마르둑 신의 결혼식은 이기기 신들에게 한 가닥 희망을 주었다. 이기기 신들이 젊다는 것을 생각해 보라. 결혼할 여신도 없다. 허구한날 화성이나 지구궤도를 도는 모선에서 일만 했다. 100샤르가 되었을 때, 다시 말해 신들이 이 땅에 오신지 100샤르, 그러니까 100×3600년=360,000년이 되었을 때 인간들은 수가 점점 기하급수적으로 늘어났다

(「창세기」6:1). 아담을 창조한 때가 301,000년 전이니 59,000년 후의 일이다(360,000 – 301,000).

이때부터 이기기 신들은 빈번하게 위치를 이탈하고 이 땅에 내려왔다. 인간을 감시하고 기후를 감시하는 감시자 또는 주시자 역할을 이때부터 망각하기 시작했다. 이들은 이 땅에 내려와 그들이 본 사실을 누설하기를 희망했다. 이기기 신들은 화성과 모선에서 사령관(Commander)인 마르둑 신께 이러한 사실을 털어놨다. 마르둑 신은 이들의 희망 사항을 열렬히 지지했다(p. 188).

이기기 신들은 이때부터 인간의 딸들을 납치하는(abduct) 계획을 모색한다. 이 기회에 니비루와 땅의 결합(Nibiru-Earth Union)을 공고히 해서 자신들의 지위를 확보하자고 모의한다. 마르둑 신을 지지하자고 모의한다. 인간의 딸들을 납치하고 인간의 딸들과 성관계를 가져 자식들을 낳자고 모의한다. 마르둑 신에게 허가한 권리를 이기기 신들도 갖자고 모의한다.

이렇게 해서 200명의 이기기 신들은 마르둑 신의 결혼식에 참석하기 위해 레바논의 바알벡(Baalbek)에 위치한 세다산(Cedar Forest/Mountain/Felling)의 우주공항(착륙장)에 도착했다. 마르둑 신의 결혼식이 끝나자 이기기 신들의 대장인 사미야자(Shamgaz, Samyaza)의 사인(신호)과 함께 강제로 인간의 딸들을 납치하여 세다 우주공항에 데리고 가서 그곳을 그들의 보금자리로 천명한다(p. 200).

이기기 신들은 마르둑 신과 결탁해 그 세를 레바논과 바빌론으로 확장한다.

7절 10만 년 전, 야렛(Jared)—라맥(Lamech) 시대에 일어나다

마르둑 신의 결혼식과 이기기 신들의 납치 사건은 언제 일어났을까? 시친은 두 사건들이 100,000년 전이며 노아의 아버지인 라맥(Lamech) 시대에 일어났다고 기술하고 있다(Sitchin, I, p. 346; Sitchin, 〈The Lost Book of Enk〉, p. 202). 그러나 성경연대기로 보면 라맥은 BC 3240(B)년에 태어나서 BC 2469(B)년에 죽었으니 대략 c.BC 3000년경이라 보면 될 것 같다.

또한 「에녹1서」 105장 13절에는 에녹의 아비인 야렛(Jared, BC 3654(B)~BC 2692(B) 시대에 내려왔다고 기록되어 있다.

> 「에녹1서」 105:13 – 나 에녹은 대답하고 말했다, 주님이 지구에 새로운 사건을 일으키신다. 내가 설명하는 것은 비전(환영, 환상)으로 본 것이다. 내가 너에게 보여주는 것은 나의 아버지인 야렛(Jared, BC 3654(B)~BC 2692(B) 시대에 하늘로부터 내려온 무리가 주님의 말을 무시했다. 그들은 죄를 저지르고, 그들의 신분을 만들고, 인간의 여성들과 섞였다. 그들은 범죄를 저지르고, 인간의 여성들과 결혼하여 자식들을 낳았다(Then I, Enoch, answered and said, The Lord will effect a new thing upon the earth. This have I explained, and seen in a vision. I have shown you that in the generations of Jared my father, those who were from heaven disregarded the word of the Lord. Behold they committed crimes; laid aside their class, and intermingled with women. With them also they transgressed; married with them, and begot children).(Luarence, 인터넷 공개)

2장
이기기 신들+인간의 딸들에서
거인들이 태어나다

1절 「에녹1서」의 증언, 100미터의 거인들이 세상을 죄악으로 물
들게 하다

「창세기」 6장 5절을 보자. 영문성경 NIV가 가장 잘 영어로 번역하였
는데, "great man's wickedness", 즉 "거인의 죄악이 세상에 관영함"
이라고 번역되어야 한다. 그러나 한글성경은 "사람의 죄악이 세상에 관
영함"이라고 잘못 번역하였다. 이는 '사람'이라 번역하면 그 앞절인 「창
세기」 6장 4절의 "자식을 낳으니 그들이 용사라 고대에 유명한 사람이
었더라"의 내용과 맞지 않는다. 고대의 유명한 사람이란 '길가메시'와
같은 반신반인(半神半人, Demigod)을 의미하는 것이다.

「창세기」 6:4 - 당시에 땅에 네피림이 있었고 그 후에도 하나님의 아
들들이 사람의 딸들을 취하여 자식을 낳았으니 그들이 용사라 고대에
유명한 사람이었더라(The Nephilim were on the earth in those days—
and also afterward—when the sons of God went to the daughters of
men and had children by them. They were the heroes of old, men of

renown)(NIV).

6:5-여호와께서 사람의 죄악이 세상에 관영함과 그 마음의 생각의 모든 계획이 항상 악할 뿐임을 보시고(The LORD saw how great man's wickedness on the earth had become, and that every inclination of the thoughts of his heart was only evil all the time)(NIV).

이를 증명하듯이, 「에녹1서」(1 Enoch)에는(Laurence, 인터넷 공개) 「창세기」 6장 1절에서 7절에 짤막하게 언급하고 있는 네피림(Nephilim)과 네피림의 자손들인 거인(Great/Giant Man)에 대해 자세히 기록하고 있다. 이때 네피림은 화성(Mars)이나 지구궤도를 돌고 있던 모선의 우주비행군단에 속한 이기기(Igigi) 신들을 일컫는다. 「창세기」 6장 1~2절의 "사람이 땅 위에 번성하기 시작할 때에 그들에게서 딸들이 나니 하나님의 아들들(Sons of God)이 사람의 딸들의 아름다움을 보고 자기들의 좋아하는 모든 자로 아내를 삼는지라"라는 내용은 「에녹1서」 7장의 1~2절 내용과 12장의 내용과 같다.

「에녹1서」 7:1 – 사람이 땅 위에 번성하기 시작할 때에 그들에게서 <u>고귀하고 아름다운 딸들이</u> 나니(It happened after the sons of men had multiplied in those days, that daughters were born to them, elegant and beautiful).

7:2 – 천국의 천사들이 인간의 딸들을 보고 매혹되어 서로에게 말하되, 자 내려가 인간의 딸들을 아내로 삼고 자식을 낳자(And when the angels, the sons of heaven, beheld them, they became enamoured of them, saying to each other, Come, let us select for ourselves wives from the progeny of men, and let us beget children).

다만 「에녹1서」 7장 2절에는 천사라고 기록되어 있지만, 밀리크 (Milik)의 〈쿰란 동굴 4에서 발견된 아람어 조각(Aramaic Fragments of Qumran Cave 4)〉, 즉 아람어로 쓰여진 「에녹1서」 7장 2절에는 '천사'들이 '감시자 또는 응시자 또는 주시자(Watchers)'로 기록되어 있다(Milik, 1976).

「에녹1서」 7장 3절과 9절 및 68장 2절에는 사미야자(Shamgaz, Samyaza)라는 리더와 아자지엘(Azazyel) 등 직분과 처소를 이탈해 이 땅에 내려와 인간의 딸들을 아내로 삼아 거인을 낳는 등 불의에 가담한 이기기 신들의 21명의 리더들의 이름이 기록되어 있다.

다만 「에녹1서」에는 하늘(천국)의 아들들(Sons of Heaven)이 천사 (Angels) 또는 주시자/감시자(Watchers)라는 점과(「에녹1서」 1:5), 이 감시자들이 인간의 딸들과 결혼해서 나은 자식들이 거인이라는 점, 이들의 키가 450피트(450feet high or three thousand ells or three hundred cubits, 1피트=30센티미터, 1큐빗=40~55센티미터, 그러므로 135~165미터)나 된다는 점(「에녹1서」 7:2~3 & 12)(Charles, 1917 & Laurence, Internet), 이 거인들이 배를 채우고자 인간들이 생산한 각종 농산물을 삼키고 그것도 모자라 인간을 삼키고 동물과 바다 물고기와 새 등을 마구 잡아 삼키며 피를 빨아먹는 괴물이었다고 묘사되고 있으며, 이것도 모자라 거인들끼리 서로 잡아 먹으며 피를 빨아먹어, 이 거인들이 인간과 지구를 무법 천지로 만들었다고 기록되어 있다(「에녹1서」 7장).

또한 여호와 하나님을 배반한 감시자들은 인간들에게 무기를 만드는 법과 마술을 가르쳐 전쟁을 일으키게 했으며, 하늘의 비밀인 점성술을 가르쳤고, 하나님의 방향과는 다른 길로 인도하여 인간이 결국 부패하게 되었고, 그 결과 피와 뒤섞인 인간 영혼의 울부짖는 소리가 하늘에 닿았다고 기록하고 있다(「에녹1서」 8장). 이 감시자들은 아담의 6대손이자 에녹의 아비인 야렛(Jared, BC 3654(B)~BC 2692(B)) 시대에,

갈릴리 호수 북쪽과 시리아의 다마스커스 사이에 있는 헤르몬 산(Mt. Hermon, or Armon, 히브리어로 'herem', 이는 저주(Curse)라는 뜻임)으로 내려온 자들로(「에녹1서」 7:7~8, 105:13, Charles, 1893, p. 63), 이들은 「창세기」 6장 4절에 기록되어 있는 네피림(Nephilim)들이며, 그 규모가 200명에 달했다고 「에녹1서」는 기록하고 있다(「에녹1서」 7:7).

이들 감시자들과 인간의 자식들인 거인들에 의해 인간과 세상이 강포해져 결국 가장 높으신 여호와 하나님(Most High, the Holy and Great One)(「에녹1서」 10:1)께서 노아(Noah)의 홍수(The Flood)를 일으켜 거인들뿐 아니라 인간들을 멸망시켰다고 설명하고 있다(「에녹1서」 10장). 이는 「창세기」 6장 4~7절의 내용과 비슷하지만, 노아 홍수의 원인을 소상히 밝히고 있다. 다시 말해 노아 홍수의 1차적인 원인은 이기기 신들과 인간의 딸들에서 탄생한 거인들의 죄악 때문에 일어난 것이다.

이를 「에녹1서」 105장 13~16절에는 다음과 같이 기록하고 있다.

「에녹1서」 105:13 – 나 에녹은 대답하고 말했다, 주님이 지구에 새로운 사건을 일으키신다. 내가 설명하는 것은 비전(환영, 환상)으로 본 것이다. 내가 너에게 보여주는 것은 나의 아버지인 야렛(Jared) 시대에 하늘로부터 내려온 무리가 주님의 말을 무시했다. 그들은 죄를 저지르고, 그들의 신분을 만들고, 인간의 여성들과 섞었다. 그들은 범죄를 저지르고, 인간의 여성들과 결혼하여 자식들을 낳았다(Then I, Enoch, answered and said, The Lord will effect a new thing upon the earth. This have I explained, and seen in a vision. I have shown you that in the generations of Jared my father, those who were from heaven disregarded the word of the Lord. Behold they committed crimes; laid aside their class, and intermingled with women. With them also they transgressed; married with them, and begot children).(Luarence, 인터

넷 공개)

105:14 - 위대한 멸망이 지구에 내려질 것이다; 대홍수, 위대한 멸망이 일년 동안 일어날 것이다(A great destruction therefore shall come upon all the earth; a deluge, a great destruction, shall take place in one year).

105:16 - <u>하늘에서 내려온 자들의 후손들은 거인을 낳을 것이고, 영적인 존재가 아니라 육적인 존재가 될 것이다. 그 결과 이 땅에 위대한 벌이 내려 고통을 당할 것이며, 모든 부패들을 다 쓸어 버릴 것이다.</u> 자, 너희 아들인 라멕에게 가서, 그가 낳은 아들은 진실로 그의 아들이며, 그의 이름을 노아라고 짓도록 하라, 왜냐하면 그는 살아남은 자가 될 것이기 때문이다. 노아와 그 아들 셋은 이 땅에 있을 부패로부터 안전할 것이다; 모든 죄와 사학(부정)한 것이 노아의 시대에 정점에 달하게 될 것이다. 그 이후 경건치 못한 행위가 전보다 심하게 될 것이며; 왜냐하면 나는 성스러운 비밀들을 잘 알고 있기 때문에, 그것은 주님이 발견한 것이고 나에게 설명한 것이다; 나는 하늘의 서판을 읽었느니라(And his posterity shall beget on the earth giants, not spiritual, but carnal. Upon the earth shall a great punishment be inflicted, and it shall be washed from all corruption. Now therefore inform your son Lamech, that he who is born is his child in truth; and he shall call his name Noah, for he shall be to you a survivor. He and his children shall be saved from the corruption which shall take place in the world; from all the sin and from all the iniquity which shall be consummated on earth in his days. Afterwards shall greater impiety take place than that which had been before consummated on the earth;

for I am acquainted with holy mysteries, which the Lord himself has discovered and explained to me; and which I have read in the tablets of heaven).

이에 여호와 하나님은 인간을 창조하신 것을 한탄하시고 근심하시며 인간과 육축을 지면에서 쓸어 버리기로 결정하신다. 이는 「창세기」 6장 5~7절의 내용과 같다.

「창세기」 6:5 – 여호와께서 <u>거인의 죄악이</u> 세상에 관영함과 그 마음의 생각의 모든 계획이 항상 악할 뿐임을 보시고 (The LORD saw how great man's wickedness on the earth had become, and that every inclination of the thoughts of his heart was only evil all the time).

6:6 – 땅 위에 사람 지으셨음을 한탄하사 마음에 근심하시고(The LORD was grieved that he had made man on the earth, and his heart was filled with pain).

6:7 – 가라사대 나의 창조한 사람을 내가 지면에서 쓸어 버리되 사람으로부터 육축과 기는 것과 공중의 새까지 그리하리니 이는 내가 그것을 지었음을 한탄함이니라 하시니라(So the LORD said, "I will wipe mankind, whom I have created, from the face of the earth—men and animals, and creatures that move along the ground, and birds of the air—for I am grieved that I have made them.")

2절 「희년서」의 증언, 거인들이 세상을 죄악으로 물들게 하다

또한 이 내용은 위경인 히브리어로 쓰여진 「희년서」(Book of Jubilees) 4장 22~24절에도 나온다(Charles, 2002). 다만 여기에는 천사(Angels) 대신 '감시자 또는 응시자 또는 주시자(Watchers)'로 기록되어 있다. 이 감시자들은 인간의 딸들과 결혼하여 함께 죄를 저지르고 그 결과 인간의 딸들과 그들 스스로를 하나로 통일하여 신성을 더럽혔으며, 이러한 사실을 에녹(Enoch)이 감시자들에게 증거했다(he testified to the Watchers)고 기록하고 있다.

그러나 5장 1절에는 감시자가 천사로 기록되어 있다. 따라서 「에녹 1서」와 「희년서」에는 천사와 감시자를 같은 신분으로 혼동하고 기록한 것이 분명하다. 하여튼 이들에게서 거인(Giants)이 태어났다. 거인들은 이 땅을 무법천지로 만들고 모든 생물체를 닥치는 대로 잡아먹어 생물체의 위계질서를 파괴하였으며, 그것도 모자라 거인들끼리 서로를 잡아 삼켰다. 그 결과 인간들과 땅이 타락했다.

여호와 하나님이 보기에 땅 전체가 악으로 가득했다(「희년서」 5:2~3). 여호와 하나님은 범죄한 감시자들, 즉 네피림(Nephilim)에 화를 내며, 그들의 자식들, 즉 거인들이 서로 싸워 살육케 하여 이 땅에서 사라지게 되는 것을 목격하게 한 다음, 그들을 마지막 심판 날까지 이 땅의 가장 깊은 곳에 묶어 가두었다(they were bound in the depths of the earth for ever)(「희년서」 5:5~10). 그 다음 이 땅에는 하나님의 분노, 즉 홍수가 덮쳤다.

3절 거인들이 서로 살육케 하여 다 사라졌을까, 100미터에서
   4~5미터로 작아져

「희년서」 5장 9절에서 10절에는 네피림, 즉 이기기 신들과 인간의 딸들 사이에 태어난 거인들을, 여호와 하나님께서 서로 잡아먹고 살육케 하여 이 땅에서 사라지게 되는 것을 목격한 다음 그들의 아비들을 깊은 곳에 가두었다고 기록하고 있다(Charles, 2002).

> 「희년서」 5:9 – 그리고 그들의 날은 일백이십 년이 되리라. 여호와 하나님은 그의 검을 거인들의 한가운데 내려 서로 이웃을 살육케 하시고, 거인들인 그 검에 모두 멸망할 때까지 서로 죽였다(and their days shall be one hundred and twenty years'. And He sent His sword into their midst that each should slay his neighbour, and they began to slay each other till they all fell by the sword).
>
> 5:10 – 거인들은 이 땅에서 멸망했다. 그리고 그 멸망을 그들의 아버지 즉 네피림(이기기 신들)이 직접 보도록 했으며, 그 이후 그들을 마지막 심판 날까지 이 땅의 가장 깊은 곳에 묶어 가두었다(and were destroyed from the earth. And their fathers were witnesses (of their destruction), and after this they were bound in the depths of the earth for ever, until the day of the great condemnation, when judgment is executed on all those who have corrupted their ways and their works before).

여호와 하나님은 서로 살육케 하고 동시에 대홍수로 네피림의 자손인 거인들을 쓸어 버리려고 했지만, 구약성경을 보면 이들은 대홍수 이후에도 살아남아 있었다고 기록하고 있다.

모세(Moses, BC 1526~BC 1406)가 이집트를 탈출해 40년간의 광야 생활(Wilderness or Desert, Shur & Sin & Paran & Zin, BC 1446~BC 1406)을 할 때(「출애굽기」 16:36), 가나안(Canaan) 지역을 탐사하는 과정에서, 가나안 땅에는 네피림의 후손들인 거인인 아낙(Anak, Anakim, Anakite) 자손들이 사는 곳이라고 기록한 것을 보면 알 수 있으며(「민수기」 13: 22 & 28 & 33; 「신명기」 1:28), 거인들은 여러 곳에 기록되어 있음을 알 수 있다(「신명기」 2:10~11, 20~21, 3:11, 9:2; 「여호수아」 11:21~22, 14:12~15, 15:13~14, 「사사기」 1:20).

한 예를 보자. 원래 모압(Moab) 지역에는 네피림의 자손인 거인들(Giants)이 살고 있었는데, 이들은 가나안 지역에 살고 있었던 아낙 족속과 같이 강하고 키가 거서 르바임(Rephaites)이라 칭하였으나 모압 족속들은 이들을 에밈(Emites, Emims)이라 불렀다. 또한 암몬(Ammon) 지역에도 역시 르바임이 살고 있었는데 암몬 족속들은 이들을 삼숨밈(Zamzummites, Zamzummims)이라 불렀다. 이들 거인들은 각각 롯(Lot)의 후손인 모압 족속과 암몬 족속 앞에서 여호와 하나님께서 멸하셨으므로(「창세기」 19:30~38, 「신명기」 2:10~11, 「신명기」 2:20~21), 아브라함(Abraham, BC 2166~BC 1991) 시대부터 모압 족속과 암몬 족속이 이들 거인들의 땅을 대신 차지하고 살게 되었다. 그런데 네피림 족속이었던 르바임 족속의 남은 자가 바로 바산(Bashan) 왕 옥(Og)이었다. 그의 침상은 철 침상이었고 그 당시에도 암몬 족속이 살던 도시인 랍바(Rabbah)에 남아 있었는데, 사람의 보통 규빗(Cubits)으로 재면 그 길이가 9규빗(13피트=약 4미터)이요 넓이가 4규빗(6피트=약 1.9미터)이었다고 기록하고 있다(「신명기」 3:11). 그만큼 거인이었다는 얘기다.

거인들은 한마디로 반신반인(半神半人, Demigod)이었다. 우리가 잘 알고 있는 첫 번째 우르크(Uruk, 「창세기」 10장 10절의 '에렉=Erech', 에레크) 왕조(c.BC 3100~c.BC 2600)의 다섯 번째 왕이 길가메시(Gilgamesh, c.BC 2700, 통치 126년)인데, 그는 신인 어머니 닌순(Ninsun)과 인간인 아버지 루갈반다(Lugalbanda 또는 Banda) 사이에서 출생한 반신반인이었다. 정확하게 말하자면 2/3는 신이었고 1/3은 인간이었는데, 키는 무려 4~6미터였고 가슴둘레만 2미터였다고 『길가메시 서사시』에 기록되어 있다.

10만 년 전에 이기기 신들이 내려와 인간의 딸들을 납치하여 결혼한 후 첫 번째 출생한 거인들의 키가 100미터였는데, 세월이 흘러 대략 c.BC 2700년 경에는 4~5미터로 줄었다는 것을 알 수 있다.

4절 피라미드와 스핑크스에 동원된 거인들?

우리는 대홍수 이후에 이집트의 기자(Giza)에 세워진 세 개의 피라미드(Pyramid)와 스핑크스(Sphinx, 사자인간, 사람머리와 사자의 동체)가 어떻게 구축되었는지 그 비밀을 알게 되는데, 누가 거대한 돌들을 쌓아 올렸는가이다.

바로 대홍수 이후에도 살아남은 70~80미터 키의 반신반인인 거인(Great Man or Giant Man)들이 신들을 도와 이 작업을 했다는 것을 예측해 볼 수 있다. 또한 스핑크스의 사자의 동체로 보아 피라미드와 스핑크스는 대년(Great Year)의 시대별 춘분의 12개 별자리의 사자자리(사자궁, 獅子宮, Leo, 12황도대의 제5궁) 시대인 BC 10860~BC 8700년 사이에 건축되었음을 알 수 있다. 이는 대홍수 이후의 일이다. 이렇게 볼 때 대홍수는 그 앞의 처녀자리(처녀궁, 處女宮, Virgo, 12궁의 6궁)과 천칭자리(천칭궁, 天秤宮, Libra, 12궁의 제7궁) 사이인 BC 13020년경에 일어났음을 예측해 볼 수 있다.

5절 페루에서 발견된 거인의 유골?

외계인의 해골 발견? 페루서 발견된 미스터리 유골!(Daily Mail, 24 Nov 2011). 페루 남부 안다우아이리아스(Andahuaylillas) 시(市)에서 최근 발견된 두 구의 유골 가운데 둘레가 50cm에 이르는 두개골이 인류학자들에게 충격을 주고 있다. 이 유골은 2008년에 개봉된 〈인디아나 존스: 크리스탈 해골의 왕국〉(Indiana Jones And The Kingdom Of The Crystal Skull, 2008)에 묘사된 외계인의 해골과 비슷하다. 머리 유골 둘

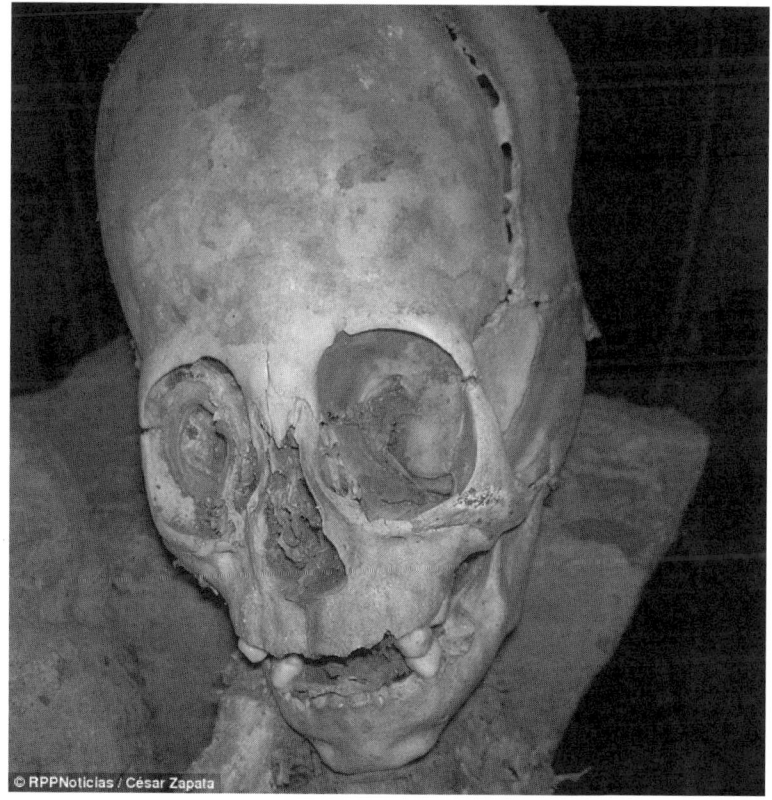

스페인과 러시아 과학자들이 머리 유골 둘레가 50센티라 밝힌 외계인의 유골. Credit: RPPNoticias/ Cesar Zapata/Daily Mail.

레가 50센티라! 인간의 유골은 분명 아니다. 그러면 혹시 거인들의 유골이 아닐까?

6절 금을 캐는 광산인 페루의 티티카카 호수와 비라코차

실제로 수메르의 신들 중에는 엔릴 신께서 지구에서 나은 세 번째 아들인 아다드/이시쿠르(Adad/Ishkur) 신(神)이 있었다. 수메르어로 이시쿠르, 아카드어로 아다드, 아람어(Aramaic)로는 하다드(Hadad) 신이다. 폭풍의 신(storm-god)으로 불린다. 테슙(Teshub), 리막(Rimac), 라만(Ramman), 리몬(Rimmon, Rimon), 자바 디바(Zabar Dibba)라고도 한다.

남아메리카 페루에서는 비라코차(Viracocha)라 불렸다. 마르둑(Marduk) 신과 네피림(Nephilim), 즉 이기기 신들(Igigi gods)과 결탁해 인간의 여성들과 결혼하여 거인(Great/Giant men)을 낳아 세력을 레바논과 바빌론으로 확장하는 것을 저지하기 위해, 엔릴(Enlil) 신이 아들인 닌우르타(Ninurta) 신과 이시쿠르 신에게 가인(Kain)의 후예, 즉 수염이 나지 않는(Beardless)[2] 후예들을 모아 안데스 산맥, 지금의 티티카카 호수(Titicaca Lake) 지역에 정착해 금을 캐게 했는데, 이들은 높은 산에 있었기 때문에 노아의 홍수에서 살아남았다. 노아의 홍수 때 이시쿠르 신께서 티티카카 지역에 가서 이들을 보살핀 데서 이 지역에서는 비라코차라 불렸다. 이런 이유로 안데스 산맥에서 흑인이 발견되는데 이들은 가인의 후예로 '안데스 인디언(Andean Indians)'이라 불렸다. 아다드 신은 아람(Aram) 지역인 시리아(Aram=아람=시리아=Syria) 지역도 관할

---

2 「창세기」 4장 15절의 "가인에게 표를 주사 만나는 누구에게든지 죽임을 면케 하시리니"의 표(mark)가 바로 수염 나지 않게 유전자 조작을 했다는 말이다. 가인의 후예들은 모두 수염이 없었고 창세기의 족보가 가인(Cain)에게서 셋(Seth)으로 넘어간다(「창세기」 4:25).

하고 있었다.

7절 잉카/마야 문명, 노아의 홍수 이야기, 케찰코아틀

또한 아프리카에서 토트(Thoth) 신으로 불렸던 닝기쉬지다(Ningshizid-da, Ningshizida) 신(神)이 있었다. 엔릴(Enlil) 신의 아들인 난나(Nannar) 신의 딸인 에르쉬기갈(Ereshkigal)이 엔키 신의 아들인 네르갈(Nergal) 신과 결혼하기 전에, 엔키(Enki) 신이 에르쉬기갈 여신과 성관계에 의해 낳은 아들이다. 엔키 신은 남아프리카에 있던 에르쉬기갈 여신으로 가서 그녀가 있는 곳에 천문과 기후와 지구를 관찰하는 관제센터(station)를 세워 주겠다고 꼬여 성관계를 맺었다(Sitchin, III, p. 111~112 & 176, 1985).

　따라서 닝기쉬지다는 엔릴 신의 족속(Enlilites)에도 속하고 엔키 신의 족속(Enkiites)에도 속했으나 다소 엔릴 신의 편에 섰다. 토트 신은 c.BC 3000년에 중앙아메리카로 이주하여 멕시코의 아즈텍(Aztec) 문명과 마야(Maya) 문명을 건설하였다. 아프리카에서 멕시코로 이주할 때 검은 머리 흑인의 수메르인(Sumerian)과 아프리카의 기술자들을 데리고 이주하였다. 안데스(Andes) 산맥의 티티카카 호수(Titicaca Lake)의 채광지역과 관측소도 관할하고 있었다. 이런 관점에서 멕시코에서는 그를 케찰코아틀(Quetzalcoatl), 즉 날개 달린 뱀(Winged Serpent)이라 불렀다(Sitchin, V, p. 310, 1994; The Lost of Enki, pp. 84 & 285, 2002).

　이러한 관점으로 볼 때 페루 지역과 멕시코 지역에도 거인들과 흑인들이 있었다고 보아야 할 것이다. 또한 그레이엄 핸콕(Graham Han-cock)의 『신의 지문 – 사라진 문명을 찾아서』(Fingerprints of the Gods – The evidence of Earth's Lost Civilization, 1996)에서 제기한 네 가지 질문들에 대한 답을 제시할 수 있다.

첫째, 페루(잉카 문명)와 멕시코(마야 문명)에서도 노아의 홍수가 있었는데, 페루 지역에선 백인인 비라코차(Viracocha)가, 멕시코에서는 날개 달린 뱀(Winged Serpent)이라 불린 백인의 케찰코아틀(Quetzalcoatl) 신이 노아의 홍수 때 물 위를 걸으며 이 지역의 인간들을 보살폈다는 내용으로, 이들은 누구인가라고 질문한 것이다. 둘째는 "거인들이 있었단 말인가?"에서 나스카(Nazca)의 그림 들 중 거미 그림이나 원숭이 그림이나 벌새 그림을 누가 그렸겠는가이다. 세 번째는 왜 이곳에서 흑인의 특징을 가진 올멕(Olmec)의 머리와 비석들이 발견되었을까이다. 이 질문에 대한 답은 필자가 다 제시했다.

8절 왜 거인들이 탄생했을까?

왜 거인들이 탄생했을까? 젊은 신들의 정자(유전자)와 인간 딸들의 난자(유전자)가 잘 맞지 않아서? 아니면 네피림, 즉 이기기 신들의 키가 크지 않았을까? 이에 대한 대답은 아직 과학적으로 증빙되거나 우리 인간이 거인을 창조하지 않아 정확한 답을 제시할 수 없다.

그러나 문서가 있다. 『바이블 매트릭스』 1권 「우주창조의 비밀」 3부 5절의 "에녹(Enoch)의 10개의 하늘들"에서 살펴보았듯이 「에녹2서」 18장에 나오는 다섯 번째 하늘이다(Luarence, 인터넷 공개). 이곳에는 배반한 천사들의 왕자, 즉 리더인 사탄넬(Satanail)이 감금되어 있다.

"다섯 번째 하늘에 도착한 에녹은 수많은 셀 수 없이 많은 그리고 리(Grigori)라 불리는 병사들, 즉 주시자들(watchers)을 본다. 그들의 모습은 인간 모습이고, 그들의 키는 거인보다(great giants) 크며(their size was greater than that of great Giants), 그들의 얼굴은 창백하고 시들고,

그들의 입은 영원히 다문 상태이고, 따라서 다섯 번째 하늘에는 천사들의 서비스가 없는 곳이다"라고 기록하고 있다.

이 주시자들, 즉 이기기 신들, 즉 네피림들의 키가 거인보다 더 크다고 분명하게 기록되어 있다. 그러면 또 다른 의문이 또 오른다. 키가 100미터보다 더 큰 이기기 신들이 인간의 딸들과 어떻게 섹스를 했을까? 섹스하는 방법이 달랐을까?

3장
배반한 네피림(이기기),
마지막 심판 날까지 가장 깊은 곳에
가두다

「창세기」 6장은 정확하게 기록되어 있다. 단 하나 빠진 것이 있다. 여호와 하나님이 시킨 역할과 위치를 이탈한 이기기 신들, 즉 네피림에 대한 처벌은 기록하지 않았다는 사실이다. 그러나 이 사실이 신약에 가면 기록되어 있다. 바로 「유다서」, 「베드로후서」와 「고린도전서」이다.

「베드로후서」 2:4 – 하나님이 범죄한 천사들을 용서치 아니하시고 지옥에 던져 어두운 구덩이에 두어 심판 때까지 지키게 하셨으며 (For if God spared not the angels that sinned, but cast them down to hell, and delivered them into chains of darkness, to be reserved unto judgment)(KJV).

「유다서」 1:6 – 또 자기 지위를 지키지 아니하고 자기 처소를 떠난 천사들을 큰 날의 심판까지 영원한 결박으로 흑암에 가두셨으며(And the angels who did not keep their positions of authority but abandoned their own home—these he has kept in darkness, bound with everlasting chains for judgment on the great Day)(NIV).

「고린도전서」 6:3 – 우리가 천사를 판단할 것을 너희가 알지 못하느냐 그러하거든 하물며 세상 일이랴(Do you not know that we will judge angels? How much more the things of this life!)(NIV).

이는 「에녹2서」 7장에도 등장한다(Luarence, 인터넷 공개). 에녹은 두 번째 하늘의 암흑에서 많은 죄수들(prisoners)이 매달려 있고, 감시를 당하며, 위대하고 무한한 심판(the great and boundless judgment)을 기다리고 있는 장면을 본다. 이 죄수들은 바로 천사들(angels)이다. 아니 네피림, 즉 이기기 신들이다. 이들은 모두 암흑처럼 보이고(dark-looking), 24시간 내내 끊임없이 울고 있다(「에녹2서」 7:1).

이는 「베드로후서」 2장 4절과 「유다서」 1장 6절에 기록된 바와 같이, 직무를 이탈하고 범죄한 이기기 신들이며, 그 결과 이기기 신들은 심판의 마지막 날까지 결박되어 흑암에 갇혀 있다는 사실을 언급하고 있는 내용과 같다. 이 배반한 이기기 신들을 우리, 즉 경건한 자 혹은 의로운 자가 심판할 것이라고 「고린도전서」에 기록되어 있다(「고린도전서」 6:3).

「에녹2서」 18장에 나오는 다섯 번째 하늘에는 배반한 이기기 신들의 왕자, 즉 리더인 사탄넬(Satanail)이 감금되어 있다. 또한 「에녹1서」 10장 16~17절에도 같은 내용이 나오고(Luarence, 인터넷 공개) 「희년서」 5장 10절에도 같은 내용이 기록되어 있다(Charles, 2002).

「에녹1서」 10:16~17 – 이때 하나님은 범죄한 천사들을 용서치 아니하시고 불이 있는 무저갱에 던져 심판 때까지 가두어 고통을 당하게 하였다(Then shall they be taken away into the lowest depths of the fire in torments; and in confinement shall they be shut up forever. Immediately after this shall he, together with them, burn and perish;

they shall be bound until the consummation of many generations).

「희년서」 5:10 – 거인들은 이 땅에서 멸망했다. 그리고 그 멸망을 그들의 아버지 즉 네피림(이기기 신들)이 직접 보도록 했으며, <u>그 이후 그들을 마지막 심판 날까지 이 땅의 가장 깊은 곳에 묶어 가두었다</u>(and were destroyed from the earth. And their fathers were witnesses (of their destruction), and after this they were bound in the depths of the earth forever, until the day of the great condemnation, when judgment is executed on all those who have corrupted their ways and their works before).

이들은 마지막 심판 때, 즉 예수님이 재림하시고 심판하실 때까지 어둠에 갇혀 있으며 심판 때는 모두 불과 유황으로 타는 못(lake of burning sulfur)에 던져질 것이다(「요한계시록」 20:10).

6부

홍수의 비밀(2),
인간들의 문제, 노아가 인류를 구하다

질문들

신들의 문제 이외에 인간들의 문제는 무엇이기에 여호와 하나님은 인간들을 지면에서 쓸어 버리기로 결정하셨을까? 황소 같은 소리를 내며 섹스에 열중했다고 홍수라는 벌을 주셨을까? 왜 여섯 번의 재앙을 엔릴 신은 인간들에게 내렸을까? 노아가 하나님, 즉 '엘로힘과 동행하다(he walked with God)'라는 뜻은 무엇일까?(「창세기」 6:9) 왜 고대 문서에는 슈루팍의 왕인 우트나피시팀-아트라하시스-지우수드라가 등장할까? 이들은 노아와 같은 인물일까? 홍수는 신들이 정말로 일으킨 것일까? 아니면 천체물리학의 원리에 의해 자연적으로 일어난 것일까? 니비루 행성이란 무엇일까?

1장
들어가기 전에(요약)

그 후로 인간은 번창했는데 그 이유는 날마다 황소같은 소리를 내며 섹스에 몰두했기 때문이다. 신들의 유전자로부터 받은 영(Sprit)은 다 사라져버리고 인간은 육체(flesh)로 변해갔다. 아니 동물, 즉 원숭이로 되돌아갔다. 그래서 인간의 마음속에서 신들의 영은 다 사라지고 원숭이 같이 육체로 전락해 버렸다. 이런 이유로 여호와 하나님은 인간을 만드신 것을 한탄(was grived)하신 것이다(「창세기」 6:6 & 7).

수메르 기록을 보면 인간들이 마치 동물처럼 그리고 실제로 동둘들과 성교를 했다고 기록하고 있다. 초기의 몇몇 그림을 보면 그럴 가능성도 충분해 보인다. 『길가메시 서사시』(Temple, 〈A verse version of the Epic of Gilgamesh〉, 1991) 같은 수메르 기록에서는 실제로 성교하는 방법에 따라 야생적 인간과 인간다운 인간이 구분된다. 〈점토판 1〉에는 우르크(Uruk) 사람들이 깊은 초원에서 온 야만적인 존재인 야생의 엔키두(Enkidu)를 문명화시키려고 할때, 그들은 신을 섬기는 신전의 매춘녀(a temple prostitute)인 삼햇(Shamhat)을 뽑아 그녀의 과일(ripeness)을 엔키두에게 바치도록 한다.

기록을 보면 엔키두가 문명화되는 과정에서 가장 중요한 시점은 그가 동물 친구들로부터 거부당하는 때다. 우르크 사람들은 여자에게 엔키두의 야만적 친구들이 그를 거부할 때까지 그에게 여자로서 봉사하라고 말한다. 다시 말해 엔키두가 수간(獸姦)을 하지 않는 것이 그가 인간이 되기 위한 전제조건이었던 것이다.

수메르에서 발견된 수간의 습성. Credit: 시친, I, 2009, p. 509, © Z. Sitchin, Reprinted with permission.

실제로 이를 증빙하는 구약의 내용들이 많다. 그것은 바로 인간들에게 수간을 금지하는 것이었다. 상황을 유추해 보면 남자도 동물과 성교를 맺었고 여자도 동물과 성관계를 맺었다.

「출애굽기」 22:19 - 짐승과 행음하는 자는 반드시 죽일지니라(Anyone who has sexual relations with an animal must be put to death) (NIV).

「레위기」 18:23 - 너는 짐승과 교합하여 자기를 더럽히지 말며 여자는 짐승 앞에 서서 그것과 교접하지 말라 이는 문란한 일이니라(Do not have sexual relations with an animal and defile yourself with it. A woman must not present herself to an animal to have sexual relations with it; that is a perversion)(NIV).

「레위기」 20:15 - 남자가 짐승과 교합하면 반드시 죽이고 너희는 그 짐승도 죽일 것이며(If a man has sexual relations with an animal, he must be put to death, and you must kill the animal(NIV).

「레위기」 20:16 - 여자가 짐승에게 가까이 하여 교합하면 너는 여자와 짐승을 죽이되 그들을 반드시 죽일지니 그들의 피가 자기들에게로 돌아가리라(If a woman approaches an animal to have sexual relations with it, kill both the woman and the animal. They must be put to death; their blood will be on their own heads)(NIV).

「신명기」 27:21 - 짐승과 교합하는 모든 자는 저주를 받을 것이라 할 것이요 모든 백성은 아멘 할지니라(Cursed is the man who has sexual relations with any animal." Then all the people shall say, "Amen!"(NIV).

게다가 젊은 여신들이 부족했던 네피림, 즉 이기기 신들이 인간의 딸들과 성관계를 맺었다. 젊은 이기기 신들은 모두 동일한 생명의 씨앗(Seed of Life)에서 진화했고, 인간 역시 신의 유전자 정수(genetic essence)를 빌렸기 때문에 이기기 신들과 인간의 딸들은 생물학적으로 생식이 가능했다. 따라서 그들 사이에서 키가 100미터의 거인들이 태어났다. 이 거인들이 세상에 죄악을 가져왔다.

아눈나키의 최고 수장인 엔릴 신은 이런 상황을 걱정하기 시작했다. 아눈나키들이 원래 지구에 온 목적은 점점 퇴색해져 갔고, 특히 이기기 신들은 그들의 임무수행과 일에 대한 헌신은 사라져갔다. 이들의 주된 관심사는 지구에서 편안한 삶처럼 보였고, 여기에 더해 잡종의 거인들까지 낳고 있었다.

그런데 때가 왔다. 아눈나키와 이기기 신들의 타락한 관습과 윤리관에 종지부를 찍을 수 있는 기회를 자연(Nature)이 엔릴 신께 제공했다. 영(Spirit)을 잃어버리고 육체로 타락한 인간들을 쓸어 버릴 기회가 왔다. 윤리관의 근원인 인간들만 쓸어 버리면 모든게 끝나는 기회가 왔다. 이 자연의 재해를 이용해 엔릴 신께서 3,600년 동안 6번의 기근과 질병을 인간에게 내린다. 지구는 새로운 빙하시대(Ice Age)에 접어들면서 온화한 기후가 변하기 시작했다. 날씨는 추워져 갔고 기후는 점점 건조해졌다. 비가 내리는 횟수가 줄어들었으며 강물도 말라붙었다. 농작물은 흉작이었고 기근이 확산되었다. 인간들은 엄청난 고통을 겪기 시작했다. 딸들이 어미 몰래 식량을 숨겼고 어미가 자식을 잡아 먹었다. 엔릴 신은 인간이 굶어 죽고 멸망하도록 모든 아눈나키 고위 신들에게 명령을 내렸다. 이러한 인간의 고통을 창세기에는 딱 한 줄로 "여호와께서 땅을 저주하시므로 수고로이 일하는 우리를"이라고 기록하고 있다.

「창세기」 5:29 – 이름을 노아라 하여 가로되 <u>여호와께서 땅을 저주하시므로 수고로이 일하는 우리를</u> 이 아들이 안위하리라 하였더라 (He named him Noah and said, "He will comfort us in the labor and painful toil of our hands caused by the ground the LORD has cursed." (NIV); And he called his name Noah, saying, This same shall comfort us concerning our work and toil of our hands, because of the ground which the LORD hath cursed(KJV); Lamech named his son Noah, for he said, "May he bring us relief(1) from our work and the painful labor of farming this ground that the LORD has cursed." / (1)Noah sounds like a Hebrew term that can mean "relief" or "comfort"(New Living).

아래쪽의 거대한 땅(Great Below), 즉 남극대륙(Antarctica)에서도 빙하시대가 변화를 가져왔다. 해가 지날수록 남극대륙을 덮고 있던 빙하의 두께가 더 두꺼워졌다. 갈수록 늘어나는 빙하의 무게에 눌려 아래쪽에서는 마찰과 열이 증가했다. 거대한 빙하가 미끄러운 진흙 위에 떠 있는 상황이 되었다. 지구궤도를 돌고 있던 우주왕복선으로부터 경고의 메시지가 아눈나키에게 전해졌다. 남극대륙의 빙하가 불안정하다는 것이었다. 만약 남극의 빙하가 미끄러져 남극대륙에서 대양으로 떨어져 나오면 엄청난 지진과 해일과 파도가 지구를 삼켜 버릴 것이다.

그것은 무시할 수 없는 위험이었다. 그때 하늘에서는 신들의 고향 행성인 니비루 행성이 궤도를 돌아 목성과 화성 사이의 소행성대(교차점, Place of Crossing)로 돌아오고 있었다. 그 전에도 니비루 행성이 지구 가까이 왔을 때도, 니비루 행성의 인력 때문에 지구에서 지진과 같은 재해가 일어났었고 지구의 공전이나 자전에도 영향을 미쳤었다. 왜냐하면 모든 태양의 행성들은 시계 반대방향으로 태양을 돌지만, 니비루 행성은 시계방향으로 소성행성대로 진입하기 때문이다. 따라서 3,600년마다 소행성대로 진입하는 이번의 니비루 행성의 인력이 지구에 미치면 남극대륙의 빙하가 떨어져 나와 바다로 들어가게 되고, 전 지구를 삼키는 대홍수가 일어날 것이다. 이 사실을 아눈나키는 알아냈다. 이 땅에 있던 아눈나키들도 그냥 있으면 그 재앙을 면할 수 없다.

모든 아눈나키들을 우주선 기지 근처로 모아 파도가 닥치기 전에 우주선에 태워 하늘로 띄울 준비를 진행하는 동안, 다가올 재앙을 인간에게는 비밀로 하라는 엔릴 신의 명령이 내려졌다. 우주선 기지가 폭도들의 공격을 받을 것을 염려하여 모든 신들은 비밀을 엄수할 것을 맹세했다.

이때 엔키 신과 노아(Noah)가 등장한다. 이들은 아눈나키가 결정한 맹세를 우회로 돌아(갈대 벽에 대고 비밀을 누설) 엔릴 신의 명령에 불복종하고 노아의 방주(Ark of Noah)를 만든다. 그래서 노아는 홍수에서 살아 남는다. 「창세기」는 이런 상황에 대한 암시만 주고 있다. '유예(Respite)' 또는 '위안(Comfort)'이라는 뜻을 담고 있는 노아가 태어나자 아버지인 라멕(Lamech)은 "여호와께서 땅을 저주하시므로 수고로이 일하는 우리를 이 아들이 안위하리라"(「창세기」 5:29)라는 희망에서 그런 이름을 지었다. 창세기는 노아가 "노아는 의인이요 당세에 완전한 자라 그가 하나님(God, Elohim)과 동행하였으며"(「창세기」 6:9)라는 점 외에는 별다른 정보를 주지 않는다.

그러나 메소포타미아의 문서들은 대홍수의 영웅이 닌후르쌍 여신이 운영하는 의료센터가 있는 슈루팍(Shuruppak, Suruppag, Curuppag)의 왕이라고 기록하고 있다.

c.BC 2150년경에 수메르어(Sumerian)로 쓰여진 『에리두 창세기』(Eridu Genesis)에 나오는 슈루팍의 왕인 지우수드라(Ziusudra), c.BC 1640년에 아카드어(Akkadian)로 쓰여진 『아트라하시스 서사시』(Babylonian Epic of Atrahasis or Atra-Hasis, Akkadian Atrahasis Epic)의 슈루팍의 왕인 아트라하시스(Atrahasis), c.BC 1150년경에 아카드어(Akkadian)로 쓰여진 『길가메시 서사시』(Epic of Gilgamesh)의 슈루팍의 왕인 우트나피시팀(Utnapishtim), 이들은 모두 구약성경의 홍수의 영웅인 노아(Noah)와 동일한 인물이다. 노아와 아트라하시스는 영생을 얻지 못하지만, 우트나피시팀과 지우수드라는 영생을 얻는다.

2장부터 3장까지는 『아트라하시스 서사시』, 〈점토판 1~3〉을 참조하여(Dalley, 1998) 내용을 정리하고, 4장은 『길가메시 서사시』, 〈점토판 9~11〉을 참조하여(Temple, 1991) 정리하기로 한다.

2장
BC 16620년, 인간의 섹스 소리가
아눈나키의 귀에 들리다

인간들은 임신했다. 그 후로 인간은 번창했다. 그리고 이제 인간은 더 이상 광산이나 들판에서 일만 하는 노예만은 아니었다. 인간은 신전(지구라트)이라 부르는 신들의 집을 지었고, 신들을 위해 요리하고 춤추고 음악을 연주하는 법을 배웠으며, 신들에게 시중을 들고 제사를 올렸다.

이 사건은 언제 일어났을까? 노아 홍수가 일어난 시점은 12궁의 처녀자리(처녀궁, 處女宮, Virgo, 12궁의 6궁)와 천칭자리(천칭궁, 天秤宮, Libra, 12궁의 제7궁) 사이인 BC 13020년경에 일어났음을 예측해 볼 수 있으므로, 니비루의 공전주기인 3,600년을 더해 계산해 보면, 노아 홍수 전의 본 사건은 BC 16620년 전에 시작한다. 이 사건은 8궁인 전갈자리(천갈궁, 天蠍宮, Scorpio)의 시대인 BC 17340~BC 15179년 사이에 일어난 내용이다.

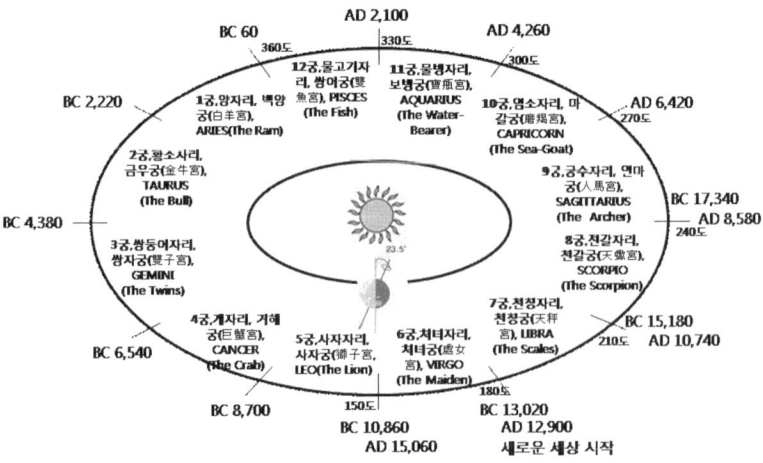

세차운동(歲差運動, Precession)에 의해 대주기(Grand Circle) 혹은 대년(Great Year)인 25,920년에 따라 변하는 시대별 춘분의 12개 별자리.

600년이 지나자, 즉 BC 16620년에 사람이 땅 위에 번성하기 시작해 그 수가 배로 자꾸 늘어난다. 『아트라하시스 서사시』의 〈점토판 1〉을 보자.

600년, 600년이 조금 안되어,
나라에서 큰 소리로 울부짖는 황소의 소리처럼 인간들의 소리가 들렸다.
신들은 인간들의 아우성에 불안해 했다.
엔릴 신 또한 그들의 소리를 들어야만 했다.
600 years, less than 600, passed,
And the country was as noisy as a bellowing bull.
The gods grew restless at their racket,
Enlil had to listen to their noise.(Dalley, 〈Epic of Atra-Hasis〉, Tablet I, 1998)

이게 도대체 무슨 소리인가? 인간의 소리란 무엇인가? 다른 자료를 보자. 램버트(Lambert) 외의 『아트라하시스 : 바빌로니아의 대홍수 이야기』(Atrahasis: The Babylonian Story of the Flood)를 인용해 보자. 이는 「창세기」 6장 1절과 같은 내용이다. 즉, 인간이 임신을 하게 되어 그 인간의 수가 늘어났다. 시간이 흐르면서 인간들의 섹스 소리는 엔릴 신을 무척 화나게 만든다.

땅이 넓어지고, 인간이 늘어났다;
마치 야생 황소처럼 인간들이 아이를 낳고 있다.
엔릴은 그들의 교접 즉 섹스 때문에 마음이 편치 않았다;
엔릴은 그들이 섹스할 때 말하는 소리를 들었다,
그래서 다른 위대한 신들에게 말했다:
"인간들의 말소리가 점점 커지고;
그들의 교접하는 소리 때문에 잠을 이룰 수가 없다"
The land extended, the people multiplied;
In the land like wild bulls they lay.
The god got disturbed by their conjugations;
The god Enlil heard their pronouncements,
and said the great gods:
"Oppressive have become the pronouncements of Mankind;
Their conjugations deprive me of sleep."(Lambert 외, 1999)

이 땅의 최고 높은 신이자 아눈나키의 수장인 엔릴 신은 인간에게 벌을 내리라고 명령한다. 그리고 이 명령은 고위 아눈나키의 만장일치의 동의를 얻어 모든 신들이 서약을 한다. 「창세기」에 등장하는 노아의 대홍수 혹은 『길가메시 서사시』에 등장하는 우트나피시팀의 대홍수 혹은 『아트라하시스 서사시』의 대홍수 이전에 엔릴은 페스트(전염병, pestilence)와 질병(sicknesses)을 통해 인간의 대학살을 명령한다.

3장

엔릴 신의 인간 대학살을 위한
6번×600년 동안의 대재앙, 땅의 저주

1절 엔릴 신의 첫 번째 계획-돌림병을 통한 인간 대학살

엔릴 신은 고위 신들에게 강조했다,

인간의 섹스 소리가 너무 커서,

내가 잠을 이룰 수 없다.

그래서 슈루팍에 돌림병이 발생하게 명령을 내린다,

…

He addressed the great gods,

The noise of mankind has become too much,

I am losing sleep over their racket.

Give the order that suruppu-disease shall break out,

…(Dalley, 〈Epic of Atra-Hasis〉, Tablet I, 1998)

『아트라하시스 서사시』의 아카드어 버전과 아시리아 버전을 보면 엔릴의 명령이 떨어진 후에 통증(aches), 어지러움(dizziness), 오한(chills), 열병(fever)과 질병(disease), 병(sickness), 구역질(plague), 페스트

(pestilence) 등이 인간과 가축에 나타났다고 기록하고 있다. 그러나 엔릴 신의 계획은 성공하지 못했다. 왜냐하면 대단히 현명한(exceedingly wise) 자, 즉 아트라하시스가 엔키 신과 너무 가까웠기 때문이다.

1. 엔릴 신의 결정에 반대하는 엔키 신, 신들의 이중적 태도

엔키 신을 공경하는 아트라하시스는 엔키 신에게 엔릴 신의 계획을 깨뜨려 달라고 청한다. 그리고 엔릴 신에게 불평을 한다.

> 지금 거기에 아트라하시스가 있었다
> 그는 그의 신인 엔키에게 늘 귀를 경청했다.
> 아트라하시스는 엔키 신에게 말을 하고
> 엔키 신은 그와 얘기한다.
> 아트라하시스는 소리를 내어
> 그의 주님께 말을 했다,
> 얼마나 우리가 고통을 받아야 합니까?
> 신들은 우리를 영원히 질병으로 고통 받게 할 것입니까?
> Now there was one Atra-hasis
> Whose ear was open to his god Enki.
> He would speak with his god
> And his god would speak with him.
> Atra-hasis made his voice heard
> And spoke to his lord,
> How long will the gods make us suffer?
> Will they make us suffer illness forever?(Dalley, 〈Epic of Atra-Hasis〉,
> Tablet I, 1998)

이에 엔키 신은 더 이상 신들을 경배하지도 말고 번제를 드리지도 말며 여신에게 기도도 드리지 말고 신들을 무시하라고 말한다. 한 마디로 신들에 대한 불복종 운동을 전개하라고 말한다. 그리고 땅에서 큰 소리를 내 신들을 괴롭히라고 말한다. 그리고 연장자(장로)들을 자신의 신전에 모아 비밀리에 회의를 연다.

엔키 신은 소리를 내어
그의 충신들에게 말했다:
장로들을 불러라!
그리고 집에서 반란을 일으키라,
그리고 전달자들은 공포하라..
땅에서 큰 소리를 내라:
신들을 경외하지도 말고,
여신들에게 기도도 드리지 말며,
그 대신 남타라 신의 문을 찾아라.
구운 빵과 분말 공물을 남타르 신께 드려라.
남타르 신이 공물에 수치를 느끼면,
그의 손을 안 받은 것처럼 깨끗이 닦아 주어라.
Enki made his voice heard
And spoke to his servant:
Call the elders, the senior men!
Start an uprising in your own house,
Let the heralds proclaim...
Let them make a loud noise in the land:
Do not revere your gods,
Do not pray to your goddesses,

But search out the door of Namtara.

Bring as baked loaf into his presence.

May the flour offerings reach him.

May he be shamed by the presents

And wipe away his hand.(Dalley, 〈Epic of Atra-Hasis〉, Tablet I, 1998)

아트라하시스는 회의 결과에 따라 장로들을 모으고 그의 추종자들과 함께 땅에서 많은 섹스 소리를 내고, 신들을 무시하며, 운명의 신(god of fate)인 남타라(Namtara) 신을 숭배하기 시작한다. 그리고 남타라 신을 위해 신전까지 지어 준다. 왜냐하면 남타라 신을 숭배하고 제물과 번제를 드리면 모든 질병을 사전에 예방할 수 있기 때문이었다.

여기에서 재미있는 사실이 등장한다. 모든 신들은 엔릴 신의 명령에 복종해야 하지만, 엔키 신은 그렇다손 치더라도, 남타르 신까지 엔릴 신의 계획을 무시하고 있다는 사실이다. 결국 남타라 신은 아트라하시스의 공물을 받고 질병에서 벗어나게 해준다. 그 결과 신들은 인간들로부터 정상적인 공물을 받는다. 최고 높은 신인 엔릴은 인간을 질병으로 말살하라고 명령하고, 다른 신들은 인간으로부터 받는 공물에 기뻐하는 이중적인 신들의 모습이 보인다.

2. 엔키 신의 명령에 따르는 아트라하시스, 질병이 사라지다

마침내 남타르 신의 도움을 받아 질병이 모두 사라졌다.

장로들은 아트라하시스의 말을 들었다;

그들은 남타라 신을 위한 신전을 건설했다.

그리고 전령자들은 공포했다…

그들은 땅에서 큰 소리를 냈고,

그들은 신들을 경배하지 않았으며,

여신들에게 기도도 하지 않았다.

그러나 남타라 신의 문전을 찾아,

구운 빵과 분말 공물을 드렸다.

남타르 신이 공물에 수치심을 느껴,

안 받은 것처럼 하기 위해 남타라 신의 손을 깨끗이 닦아 주었다.

그러자 슈루팍의 질병이 모두 떠났다.

신들은 이제 정상적인 공물을 인간으로 받았다.

The elders listened to his speech;

They built a temple for Namtara in the city.

Heralds proclaimed...

They made a loud noise in the land.

They did not revere their god,

they did not pray to their goddess,

But searched out the door of Namtara,

Brought a baked loaf into his presence

The flour offerings reached him.

And he was shamed by the presents.

And wiped away his hand.

The suruppu-disease left them.

The gods went back to their regular offerings.(Dalley, 〈Epic of Atra-Hasis〉, Tablet I, 1998)

2절 엔릴 신의 두 번째 계획–기근으로 인간을 말살

『아트라하시스 서사시』의 〈점토판 2〉에는 다시 한 번 인간들의 수가 넘쳐 나고, 인간들의 섹스 소리에 잠을 못 이루는 엔릴 신이 인간의 대학살을 명령하는 것으로 시작한다. 첫 번째 질병 계획이 실패로 돌아가자 엔릴 신은 두 번째 계획으로 인간들을 굶겨 죽일 계획을 세운다. 기근(famine, shortage)을 일으키려는 계획이었다.

> 인간들에게 음식 공급을 끊어라!
> 채소를 부족하게 하여 굶겨 죽게 하라!
> 아다드 신으로 하여금 비가 내리지 않게 하라.
> 아래 지하수를 끊어 샘물이 흐르지 않도록 해라.
> 바람을 일으켜 땅을 마르게 하라, 구름이 모이되 비를 내리지 않게 하라.
> 농경지는 수확이 줄게 하고, 니사바[1] 신은 더 이상 가슴의 젖을 끊어라.
> 더 이상 행복이 인간들에게 없도록 하라
>
> Cut off food supplies to the people!
> Let the vegetation be too scant for their hunger! Let Adad wipe away his rain.
> Below let no flood-water flow from the springs.
> Let wind go, let it strip the ground bare, Let clouds gather (but) not drop rain,
> Let the field yield a diminished harvest, Let Nissaba stop up her bosom.

---

1 니사바(Nissaba) 여신–수메르의 여신으로 수확(Harvest)의 여신. 풍만한 가슴은 젖을 생산해 풍요롭게 한다는 뜻임. http://en.wikipedia.org/wiki/Nissaba

No happiness shall come to them.(Dalley, 〈Epic of Atra-Hasis〉, Tablet II, 1998)

1. 엔키 신의 도움을 받은 아트라하시스가 가뭄을 극복하다

아트라하시스는 엔키 신의 회의 결과에 따라 장로들을 모으고 그의 추종자들과 함께 땅에서 많은 소리를 내고 신들을 무시하며, 가뭄을 극복하기 위해 폭풍의 신인 아다드 신에게 공물을 드린다. 여기에서도 재미있는 사실이 등장한다. 아다드 신까지 엔릴 신의 계획을 무시하고 있다는 사실이다. 결국 아다드 신은 아트라하시스의 공물을 받고 가뭄을 풀어 준다.

아트라하시스와 추종자들은 아다드 신의 문을 찾아,
구운 빵을 바치고 분말 공물을 드렸다;
아다드 신은 그 공물에 수치를 느껴,
아트라하시스는 그의 손을 안 받은 것처럼 깨끗이 닦아 주었다.
아다드 신은 아침에 안개를 만들고,
밤에는 안개를 훔쳐 이슬 방울을 만들고, 도둑같이 농경지에 9배나 많게 뿌렸다.
결과적으로 [가뭄]은 그들을 떠났고,
신들은 이제 정상적인 공물을 인간으로부터 받았다.
But searched out the door of Adad,
Brought a baked (loaf) into his presence.
The flour offering reached him;
He was shamed by the presents
And wiped away his 'hand'.
He made mist form in the morning

And in the night he stole out and made dew drop, Delivered (?) the field (of its produce) ninefold, like a thief.

[The drought] left them,

[The gods] went back [to their (regular) offerings].(Dalley, 〈Epic of Atra-Hasis〉, Tablet II, 1998)

3절 아트라하시스가 엔키 신과 동행하다,
하나님과 동행하다(walked with God)

아트라하시스는 엔키 신에게 끊임없이 중재하면서 애원하는 모습이 묘사되어 있다. 그는 엔키 신의 집에 들어가 매일 울고 향을 드리면서 엔키 신에게 기근을 물리쳐 달라고 애원했다. 그러나 엔키 신조차 기근으로 인간을 말살하려는 서약에 참여했으므로 어쩔 수 없었던 것처럼 보인다. 처음에는 이런 애원에 전혀 반응을 보이지 않았다. 아마도 아트라하시스는 그의 침대를 강 쪽으로 옮겨 놓았던 것 같다.

『아트라하시스 서사시』의 〈점토판 2〉의 제5줄(Column 5)에는 "그가 엔키 신의 집의 문을 떠나 침대를 강 쪽으로 놓았다(He left the door of his god, Put his bed right beside the river)"고 기록되어 있기 때문이다. 따라서 엔키 신은 자신의 충실한 인간들을 피하기 위해 자신의 압수 신전을 떠나 습지에 숨기도 했던 것으로 보인다. 그래서 엔키 신은 종종 뱀으로 표현되기도 하지만, 「창세기」 3장에 나오는 실제 뱀(serpent)의 신이다.

아트라하시스는 그 도시에 발을 들여놓고;
매일 울고 또 울었다.

아침에 그는 향을 바쳤다.

'나의 신이시여, 설사 서약을 했지만,

꿈 속에서 저에게 지시를 내려 주십시오.

…

그의 신의 집에 들어가 살면서,

그는 앉아서 울었다.

…

강을 주시하면서.

…

강둑을 바라보면서,

압수를 보면서.

엔키 신은 그의 말을 들었다.

그리고 지시를 내렸다.

그 사람이…봐라…오라.

He set his foot in the city (?);

Every day he wept and wept.

In the morning he would bring incense.

'My god [would speak] to me, but he is under oath,

So he will give [instructions] in dreams.

…

He lived In the house of his god,

..he would sit and weep.

…

Addressed [   ] of the river.

…

Facing the river On the bank [

To the Apsu I [[-'
Enki listened to [his speech]
And [gave instructions] to the lahmu-heroes.
'The man who [Behold! Let [Come] Dalley, 〈Epic of Atra-Hasis〉,
Tablet II, 1998)

여기서 재미있는 내용이 발견된다. 즉 "아트라하시스는 그의 신의 집에 들어가 살면서(He lived in the house of his god)"라는 구절이 그것이다(〈점토판 2〉, 제2줄). 『길가메시 서사시』에는 "나는 주님인 엔키와 함께 살기 위해 아래로 내려갈 것이다(Down to dwell with my lord Enki)"라고 표현하고 있다(〈점토판 11〉).

그런데 이것을 구약의 「창세기」에는 "그가 하나님과 동행하면서(Noah walked with God)"라 표현하고 있다(「창세기」 6:9). 그것도 여호와 하나님(야훼, Lord God)이 아니라 하나님(God), 즉 엘로힘(Elohim)이라 표현하고 있다는 점이다. 정확하게 표현한 것이다. 이때의 엘로힘은 엔키 신이다. 이렇게 볼 때 성경은 진실이며 역사를 기록한 것이다.

4절 첫해는 600년, 샤앗탐은 600년, 6샤앗탐(3,600년) 동안의 기근

기근으로 인간들은 커다란 고통을 겪게 된다. 시간이 흐를수록 상황은 더 악화된다. 여기에서는 3,600년 동안 지구가 점점 황폐해졌다고 말한다.

위에서는 수로를 채울 비가 오지 않았다.
아래에서는 지하수가 끊겨 샘물이 흐르지 않았다.

지구의 자궁은 생명을 주지 못했고,

식물도 싹이 트지 않았다.

검은 목초가 하얗게 변해갔고,

넓은 평야는 알칼리 염기로 질식됐다.

Above, [rain did not fill the canals]

Below, flood-water did not flow from the springs. Earth's womb

did not give birth,

No vegetation sprouted .

People did not look [

The dark pastureland was bleached,

The broad countryside filled up with alkali.(Dalley, 〈Epic of Atra-

Hasis〉, Tablet II, 1998)

여기서 「창세기」를 볼 필요가 있다. 「창세기」는 진실을 포함하고 있기 때문이다. 분명 「창세기」에는 노아가 600살 때 대홍수가 일어나고(「창세기」 7:11), 950살에 죽었다고 기록되어 있다(「창세기」 10:28~29). 『아트라하시스 서사시』에도 600년을 기준으로 6회의 기근들이 자세히 기록되어 있다.

첫 해(the first year)는 바로 첫 샤앗탐(the first sha-at-tam)이다. 시친(Sitchin)은 샤앗탐을 샤르(Sar, Shar)와 같이 해석했는데(시친, I, 2009, p. 544· 571), 필자가 보기엔 샤앗탐은 바로 600년이다. 6회의 질병과 기근이 왔으므로 6×6=3,600년 동안 인간들은 고통을 당했다는 것이다. 그리고 바로 7회의 기근은 3600년부터 시작된다. 즉 니비루 행성이 지구에 근접할 때 그 공전주기가 3600년과 일치한다. 그때부터 니비루 행성의 인력에 의해 대홍수가 일어난다.

다만 노아의 성경연대기를 보면 BC 3058(B)년에 태어났다. 600

살에 대홍수가 일어났으므로 대홍수가 시작된 때는 3,058-600=
BC 2458(B)년에 일어났다. 하지만 실제로 대홍수는 BC 13,020년
에 일어났다고 볼 수 있다. 이렇게 본다면 노아는 대홍수가 일어나기
전 마지막 6샤앗탐이 시작할 때 태어났으므로 실제 지구연대기상의
13,020+600=BC 13620년에 태어났다고 볼 수 있다.

첫 번째 해에 인간은 [?]을 먹었다
두 번째 해에는 곳간이 비었다.
세 번째 해에는 기아로 인해 인간들의 모습이 변했다.
인간들의 얼굴은 엿기름처럼 말라 딱지가 생겼다.
그들의 얼굴은 창백해졌다.
그들은 등을 구부린 채 걸어 다녔고,
잘 생긴 어깨는 흉한 자세로 수그러들었으며,
꼿꼿한 자세가 휘어졌다.
In the first year they ate (?)
In the second year they depleted the storehouse.
When the third year came,
Their looks were changed by starvation,
Their faces covered with scabs (?) like malt.
Their faces looked sallow.
They went out in public hunched,
Their well-set shoulders slouched,
Their upstanding bearing bowed.(Dalley, 〈Epic of Atra-Hasis〉, Tablet
II, 1998)

같은 내용의 아시리아 버전을 보자. 여기는 첫 샤앗탐에서 네 번째

샤앗탐까지의 기근 상황이 자세히 기록되어 있다.

첫 샤앗탐에 인간들은 풀을 먹었다.

두 번째 샤앗탐에 인간들은 복수로 고통 받았다.

세 번째 샤앗탐이 왔다;

인간들의 모습은 배고픔으로 인해 변했고,

얼굴에 껍질이 생겼으며…

인간들은 죽음 직전에 이르렀다.

네 번째 샤앗탐이 왔다,

인간들의 얼굴엔 푸른 점이 나타났고;

그들은 등을 구부린 채 걸어 다녔다;

그들의 넓은 어깨는 좁아졌다.

For one sha-at-tam they ate the earth's grass.

For the second sha-at-tam they suffered the vengeance.

The third sha-at-tam came;

their features were altered by hunger,

their faces were encrusted…

they were living on the verge of death.

When the fourth sha-at-tam arrived,

their faces appeared green;

they walked hunched in the streets;

their broad [shoulders?] became narrow.(시친, I, 2009, p. 544)

1. 엔릴 신의 명령을 계속 거부하는 엔키 신과 아트라하시스

『아트라하시스 서사시』의 〈점토판 2〉의 제4줄(Column 4)에는 아트라하 시스가 엔키(에아) 신에게 다시 호소하는 내용이 반복적으로 나온다.

그리고 에아(엔키) 신은 신들을 경배하지 말라고 거듭 명령한다. 엔키 신의 인간 말살 계획을 계속 거부하는 것이다.

그의 주님이신 에아는 그와 얘기할 것이므로.

아트라하시스는 소리를 내어 그의 주님이신 에아에게 말했다,

'오 주님이시여, 나의 인간들이 신음하고 있습니다!

신들의 분노로 인한 질병들이 이 나라를 불태우고 있습니다.

오 나의 주님이신 에아여, 나의 인간들이 신음하고 있습니다.

신들의 노여움이 이 땅을 소멸시키고 있습니다.

그러나 당신은 우리를 창조하신 분으로

이 병들: 통증과 어지러움과 열을 사라지게 해주십시오'

에아는 그의 소리를 듣고 아트라하시스에게 말했다,

'전령자들은 선언하라,

이 땅에서 큰 소리를 내라:

신들을 경배하지 말아,

여신들에게 기도하지 말라!

[And his god] Ea would speak with him.

Atrahasis made his voice heard and spoke, Said to Ea his master,

'Oh Lord, people are grumbling!

Your [sickness] is consuming the country!

Oh Lord Ea, people are grumbling!

[Sickness] from the gods is consuming the country!

Since you created us

[You ought to] cut off sickness: headache, guruppu and agakku.'

Ea made his voice heard and spoke,

Said to Atrahasis,

'Order the heralds to proclaim,

To make a loud noise in the land:

Do not revere your gods,

Do not pray to your goddesses!(Dalley, 『Epic of Atra-Hasis』 Tablet

II, 1998)

2. 더욱 많은 섹스 소리, 인간들이 전보다 많아졌다

그리고 엔릴 신이 다른 신들과 그의 아들들에게 인간들이 사라지지 않
았다고 불평하는 기록이 이어진다. 인간들이 전보다 많아진 것이다. 이
것으로 보아 엔키 신이 아트라하시스에게 이 땅에서 더욱 많은 소리를
내라고 명령한 것이 효과가 있었다고 봐야 할 것이다. 인간들은 더욱
많은 섹스를 통해 그 수가 전보다 많아졌던 것이다.

엔릴 신은 회의를 소집해,

다른 신들과 그의 아들들에게,

'여러분들은 인간들에게 질병을 다시 가하지 않아,

인간들이 사라지지 않고 있어?

인간들이 전보다 더 많아졌다!

Enlil organized his assembly,

Addressed the gods his sons,

'You are not to inflict disease on them again,

(Even though) the people have not diminished? they are more

than before!(Dalley, 〈Epic of Atra-Hasis〉, Tablet II, 1998)

5절 다섯 번째, 여섯 번째 샤앗탐, 딸과 아들을 잡아 음식을 차려

『아트라하시스 서사시』의 〈점토판 2〉의 제4줄(Column 4)에는 계속되는 굶주림과 기근에 대해 설명하고 있다. 다섯 번째 해가 오자 식인 풍습 (cannibalism)이 마구 퍼졌다. 딸들을 잡아 음식을 차리고 아들들을 잡아 음식을 차렸다.

두 번째 해가 왔다
인간들의 곳간이 비었다.
세 번째 해가 왔다
기아로 인해 인간들의 모습이 변했다.
네 번째 해가 왔다
꼿꼿한 자세가 휘어졌고,
잘 생긴 어깨는 흉하게 쭈그러들었으며,
그들은 등을 구부린 채 걸어 다녔다.
다섯 번째 해가 왔다,
딸을 잡아 음식을 차렸으며,
아들을 잡아 음식을 차렸다
When the second year arrived
They had depleted the storehouse.
When the third year arrived
[The people's looks] were changed [by starvation].
When the fourth year arrived
Their upstanding bearing bowed,
Their well-set shoulders slouched,
People went out in public hunched over.

When the fifth year arrived,

They served up a daughter for a meal,

Served up a son for food.(Dalley, 〈Epic of Atra-Hasis〉, Tablet II, 1998)

그리고 『아트라하시스 서사시』의 〈점토판 2〉의 제5줄(Column 5)에
는 어머니가 굶어 딸들의 음식을 감추고, 딸들은 어머니가 음식을 감
추지 않는지 감시한다.

딸들은 어머니가 들어 오는지 감시한다;

어머니는 딸에게 문 조차 열어 주려고 하지 않는다.

딸은 어머니 음식을 감시하고,

어머니는 딸의 음식을 감시한다.

여섯 번째 해가 왔을 때

딸을 잡아 음식을 차리고,

아들을 잡아 음식을 차렸다.

오로지 한두 집만 남았다

A daughter would eye her mother coming in;

A mother would not even open her door to her daughter.

A daughter would watch the scales (at the sale of her) mother,

A mother would watch the scales (at the sale of her) daughter.

When the sixth year arrived

They served up a daughter for a meal,

Served up a son for food.

Only one or two households were left.(Dalley, 〈Epic of Atra-Hasis〉,
Tablet II, 1998)

같은 내용의 아시리아 버전을 보자. 여기에서는 다섯 번째 샤앗탐에는 인간의 삶이 완전히 폐허가 되고, 어머니가 굶어 딸들의 음식을 감추고, 딸들은 어머니가 음식을 감추지 않는지 감시한다. 그리고 여섯 번째 샤앗탐이 오자 식인 풍습이 생겨 이웃집 사람들까지 서로 잡아먹어 이 땅에는 오로지 한두 집만 남는다.

여섯 번째 샤앗탐이 왔다
그들은 딸을 잡아 음식을 차렸다;
그들은 아들을 잡아 음식을 차렸고…
이웃집 사람들을 서로 잡아 먹었다.
When the sixth sha-at-tam arrived
they prepared the daughter for a meal;
the child they prepared for food…
One house devoured the other.(시친, I, 2009, p. 544).

6절 엔릴 신과 엔키 신이 다투다

엔릴은 먼저 신들을 모아 놓고 무장한 누스크(Nusku) 신으로 하여금 엔키 신을 데려오도록 지시한다. 그리고 엔릴 신은 엔키 신이 신들이 전부 합의한 계획을 무력화시켰다고 비난한다.

전쟁의 신인 엔릴은 그들에 강조했다,
'우리, 위대한 아눈나키가,
다 같이 합의한 계획이었다.
아누와 아다드는 위를 지키고,

나는 그 아래 땅을 지키기로 했다.

그러나 엔키는 어디 갔었나,

바다의 빗장을 풀어 물고기들이 나와

바다의 식량을 인간에게 주었고,

식량을 인간에게 주었다.

The warrior [Enlil] addressed them,

'We, the great Anunna, [all of us],

Agreed together on a plan.

Anu and Adad were to guard above,

I was to guard the earth below.

Where you [went],

[You were to undo the chain and set (us) free],

[You were to release produce for the people](Dalley, 〈Epic of Atra-Hasis〉, Tablet II, 1998)

수메르에서 발견된 원통형 인장에 새겨진 그림. 바다를 관장하던 엔키 신이 바다의 빗장을 풀어 물고기를 인간에게 주는 모습. Credit: Gateway to Babylon.com.

4장
대홍수(BC 13020)에 숨겨진 비밀

1절 영생의 비밀에 도전하는 길가메시(Gilgamesh)

『길가메시 서사시』의 〈점토판 9〉에는 길가메시가 엔키두(Enkidu)를 위해 슬퍼하며, 야생동물의 가죽으로 만든 옷을 입고 배회하는 장면이 나온다. 그리고 길가메시는 죽음에 두려움을 느끼면서, 그의 목적인 전설의 우트나피시팀(Utnapishtim)을 만나 영생의 비밀을 알고자 한다. 홍수의 영웅인 슈루팍(Shuruppak)의 왕이었던 우트나피시팀은 '인간과 동물을 홍수로부터 보호했다는' 공을 인정 받아, 하늘의 신인 안(An, Anu)과 이 땅의 최고 높으신 엔릴(Enlil) 신으로부터 영생(Eternal Life)을 얻어 생명나무가 있는, '살아 있는 자(the Land of the Living)'의 땅인 딜문(Dilmun)에 거주하고 있었는데, 길가메시는 그를 만나는 여행을 하게 된다.

길가메시는 우투(샤마시) 신의 아버지인 난나(신) 신이 주신으로 있던 우르(Ur) 지역에 가까이 가고 있었다. 그가 밤에 산속의 협곡에 이르자 사자들(lions)이 나타났고 길가메시는 두려움에 떨었다. 그는 달의 신인 난나를 향해 머리를 들고 기도했다.

"오 달의 신이여, 저를 지켜 주십시오(O God of the Moon, do you preserve me!)"(Temple, 〈A verse version of the Epic of Gilgamesh〉, Tablet IX, 1991)

길가메시는 밤에 자리에 누었다가 꿈을 꾸고 깨어났다. 그는 그 꿈을 자신이 영생을 누릴 것을 예언하는 난나(신) 신의 암시라고 생각하고, 한껏 고무된 길가메시는 손에 도끼를 들고 화살처럼(like an arrow) 사자들 무리 속으로 내려가, 사자들을 때려 눕히고 그들을 산산조각 냈다.

수메르에서 발견된 원통형 인장에 새겨진 그림. 길가메시가 사자와 싸우는 것을 묘사한 다양한 그림들. Credit: Sitchin, II, 2009, p 246. © Z. Sitchin Reprinted with permission.

마침내 길가메시는 마슈(Mashu) 산에 도착한다. 마슈 산은 우투 신이 하늘로 오르는 것을 볼 수 있는 장소이다. 그곳은 땅의 끝에 있고, 더 나아가면 낮은 바다(페르시아만, 높은 바다는 지중해를 말함)가 있는 곳이다. 그러나 그곳은 오늘날의 로봇에 해당하는 전갈-파수꾼들 (Scorpion-Men)이 지키고 있다.[2] 그리고 길가메시는 샤마시의 동의에 의해 여행을 하고 있다는 것과 자신이 2/3가 신이라는 것을 밝히자 파수꾼들은 길가메시에게 길을 내준다. 샤마시의 길(Road of the Sun)을 따라가던 길가메시는 완전한 어둠 속에 갇히게 된다. 길가메시는 공포에 질려 앞뒤가 하나도 보이지 않는다고 소리친다. 꽤 오랜 베루(double hours, 이중시간 혹은 두 시간)가 지나고 12베루가 지났을 때 태양이 뜨고 사방이 밝아지기 시작한다. 그리고 마침내 과일과 청금석 또는 청금보

영국 대영박물관에 보관되어 있는 c.BC 3000년경의 아카드어로 조각된 그림. 마슈 산 두 봉우리 사이에 있는 태양의 신인 샤마시(Shamash (the Sun) between Mashu's Twin Peaks, Akkadian, 3rd millennium BCE(British Museum). Credit: Thackara, 『The Epic of Gilgamesh: A Spiritual Biography』 at Sunrise Magazine Online.

---

2 전갈(Scorpion)은 「요한계시록」 9장 3절에 황충(Locust)과 함께 등장한다. 자세한 것은 『바이블 매트릭스』의 시리즈의 「예수님의 재림과 새 하늘과 새 땅의 창조」를 참조하라.

석(lapis lazuli)으로 만들어진 낙원(a garden paradise full of jewel-laden trees)에 도착한다.

2절 길가메시, 대홍수의 영웅인 우트나피시팀을 만나다

『길가메시 서사시』의 〈점토판 10〉에는 길가메시가 낮은 바다(페르시아만)와 가까운 곳에서 여관을 발견하고 선술집 여인(alewife)이라 불리는 시두리(Siduri)를 만난다. 시두리는 길가메시의 외모를 보고 살인자라 생각하고 문을 닫아 걸었지만, 길가메시는 그의 여행 목적을 이야기하고 신분을 밝힌다. 시두리는 처음에 죽음의 바다(Waters of Death)에 갈 수 없다고 길가메시를 말렸지만 사공인 우르샤나비(Urshanabi)가 같이 간다면 갈 수 있다고 얘기한다. 우르샤나비는 길가메시가 어떤 사람인지, 어떻게 왔는지, 어디로 가려고 하는지 등 여러 질문을 한 후에 길가메시가 자신의 배를 탈 자격이 있다고 판단하고, 긴 막대기를 사용하여 두 사람은 배를 앞으로 전진시킨다. 두 사람은 3일 만에 45일 여행거리를 한다. 그리고 마침내 살아 있는 자의 땅인 딜문(Dilmun), 즉 우트나피시팀의 섬에 도착한다.

그곳이 바로 우트나피시팀이 사는 곳이었다. 우트나피시팀에게 그토록 알고 싶었던 질문을 했지만, 길가메시는 실망스러운 답변만 듣는다. 인간은 결고 죽음의 운명에서 벗어날 수 없다는 것이다.

우트타나피시팀은 길가메시에게 다음과 같이 충고한다.

"인간은 갈대와 같이 연약한 것이네,
젊은 사람이나 젊은 여자나…
이들은 반드시 죽어야 하네.

죽음을 면치 않는 자가 있을까?

이 종말을 면치 않는 자가 있을까?

......

위대한 신들의 그룹인 <u>아눈나키</u>에 의해

운명이 좌우하네.

운명이 죽음과 삶을 결정하네.

삶은 그 날들이 드러나지만,

죽음은 그 날들이 드러나지 않네.

Mankind, which like a reed stands fragile

A fine young man, a fine young woman....

These too must die.

Should no one see death?

Should no one meet then this end?

......

By the Anunnaki, the Great Gods,

And she, Mammetum,

She of Fate −

She decrees the destinies.

Together they determine death

Determine life

As for life, its days are revealed,

But as for death

Its day is never revealed"(Temple, 〈A verse version of the Epic of

Gilgamesh〉, Tablet X, 1991)

3절 우트나피시팀이 얘기하는 홍수의 비밀

『길가메시 서사시』의 〈점토판 11〉에는 길가메시가 옛날 옛적의 사람인 우트나피시팀을 보고 보인 반응은 자신과 우트나피시팀이 참 많이 닮았다는 점이다. 우트나피시팀은 홍수의 영웅으로 홍수가 BC 13020년에 일어났을 당시의 사람이고 길가메시는 c.BC 2700년의 사람이다.

> "우트나피시팀 당신을 뵈니,
> 저와 전혀 다르지 않군요.
> 마치 내가 당신인 것처럼"
> "I look upon you now, Utnapishtim,
> but your appearance is not strange.
> You are like myself."(Temple, 〈A verse version of the Epic of Gilgamesh〉, Tablet XI, 1991)

그런 다음 길가메시는 곧바로 자신이 알고 싶은 것을 묻는다.

> "제게 말해 주세요,
> 당신이 영원한 생명을 어떻게 찾았는지?
> 어떻게 신들의 모임에 합류했는지?
> "Tell me, how did you enter the Assembly of the Gods –
> how find everlasting life?"(Temple, 〈A verse version of the Epic of Gilgamesh〉, Tablet XI, 1991)

이 질문에 대한 답변으로 우트나피시팀은 길가메시에게 홍수의 비밀을 털어놓는다.

"오 길가메시여,

내가 너에게 숨겨진 사실,

즉 신들의 비밀 한 가지를 알려주겠다.

"O Gilgamesh, I will disclose unto you a hidden thing.

Yes, a secret of the gods will I tell unto you.(Temple, 〈A verse version of the Epic of Gilgamesh〉, Tablet XI, 1991)

1. 일곱 번째 샤앗탐, 인간에겐 비밀인 아눈나키들의 홍수에 대한 서약

그 비밀이란 바로 대홍수에 숨겨진 사실이었다. 즉 우트나니피시팀이 유프라테스강에 위치한 슈루팍(Shuruppak)의 통치자로 있을 때였다. 그 때 지금도 하늘에 계시는 위대한 신인 안(An)과, 신들의 최고의 신으로 카운슬러(Counselor) 역할을 하는 엔릴(Enlil) 신과, 전쟁과 사냥의 신인 엔릴 신의 아들인 닌우르타(Ninurta)와, 수로를 관장하던 에누기(Ennugi) 신과 엔키(Enki, Ea) 신 등은 대홍수(Abubu, Great Flood)로 인간을 쓸어 버리기로 결심을 했다. 그리고 이들 신들은 절대 이 사실을 인간에게는 비밀로 하자고 합의하고 서약했다.

『아트라하시스 서사시』의 〈점토판 2〉의 제6줄(Cloumn 6)에는 일곱 번째 샤앗탐, 즉 7회의 재앙이 시작된다. 니비루가 지구에 근접하는 3,600년이 되면서, 곧 대홍수가 일어나니 인간들을 다 죽일 기회라고 엔릴이 말하면서, 인간들에게는 그 재앙을 비밀에 부쳐야 한다고 회의에서 말한다. 엔릴 신은 회의에 모인 신들에게 비밀을 지킬 것을 맹세하고 요구하며, 특히 엔키 신이 서약할 것을 주문한다. 엔키 신은 처음에는 서약을 거부한다.

엔키 신이 형제 신들에게 말했다.

'왜 내가 서약에 맹세해야 하는가?

왜 내가 만든 인간들에 대해 권한을 행사해야 하는가?

나에게 언급한 홍수가 무엇인가?

나는 모르는 일이다.

내가 홍수를 일의 킬 수 있나?

그것은 엔릴의 일이네!

…

엔릴은 분명 인간들에게 나쁜 일을 하고 있네'

And spoke to his brother gods,

'Why should you make me swear an oath?

Why should I use my power against my people?

The flood that you mention to me?

What is it? I don't even know!

Could I give birth to a flood?

That is Ellil's kind of work!

…

Ellil performed a bad deed to the people.'(Dalley, 〈Epic of Atra-
Hasis〉, Tablet II, 1998)

그러나 엔키 신도 결국 서약을 하게 된다. 하늘의 신인 안(An), 땅의
수장인 엔릴, 바다의 수장인 엔키, 생명의 여신인 마미(닌후르쌍) 등 12
명의 고위 아눈나키 신들은 인간에게 비밀로 하자는 서약을 했다.

가장 오래된 c.BC 2150년경의 『에리두 창세기』의 세그먼트 C
(Segment C)에도 아눈나키의 홍수에 대한 서약이 나온다.

1-7. …… 하늘에 앉아… 홍수가… 인간에게. 그래서 그가 결정…
그 다음 닌투르 여신은… 자기가 만든 인간들을 위해 울었다… 인안

나 여신도 자기의 인간들을 생각하며 슬픔에 잠겼다. 엔키 신은 스스로 고민하고 있었다. 안(아누) 신과 엔릴 신과 엔키 신과 닌후르쌍 여신은 하늘의 모든 신들과 땅의 모든 신들과 함께 안 신과 엔릴 신이 결정하고 주문한 서약서에 맹세했다(……seat in heaven. …… flood. …… mankind. So he made ……. Then Nintur ……. Holy Inana made a lament for its people. Enki took counsel with himself. An, Enlil, Enki and Ninhursaga made all the gods of heaven and earth take an oath by invoking An and Enlil).(Black et al., 〈The Flood Story, Segment C〉, 1998~2006)

2. 엔키 신이 갈대 장벽을 통해 비밀을 말하다

그런데 엔키 신이 우트나피시팀의 갈대 장막 뒤에 서서 벽에다 대고 얘기하는 것처럼, 신들의 비밀을 우트나피시팀에게 반복해서 말한다(And Enki repeats what they say to Utnapishtim, Speaking through the wall of Utnapishtim's reed hut). 엔키 신도 서약은 했지만, 그렇다고 해서 벽에다 대고 말하지 않겠다는 서약을 한 것은 아니었다.

"갈대 장막, 갈대 장막! 장막의 벽에, 장막의 벽에!
갈대 장막은 잘 들어라! 장막의 벽에 귀를 대라!
오 우바라-투투의 아들이자 슈루팍의 인간이여,
갈대 장막을 허물어,
갈대 배를 건축하라.
모든 것을 버리고, 생명을 구하라.
재산을 버리고 영혼을 구하라!
살아있는 모든 생명체의 씨와 함께 배를 타라.
네가 지을 배의 크기는

주어진 치수에 따라야 한다.

길이와 넓이를 같게 하라.

지붕은 지하 물의 심연과 같이 하라(즉 잠수가 가능한 특수한 배와 같이).

"Reed hut, reed hut! Wall of the hut, wall of the hut!

Listen o reed hut! Consider, o wall of the hut!

O man of Shuruppak, o you son of Ubara-Tutu,

Tear down your hut of reeds,

Build of them a reed boat

Abandon things

Seek life

Give up possessions

Keep your soul alive!

And into the boat take the seed of all living creatures.

The boat you will build

Will have dimensions carefully measured

Its length and its width shall be equal

And roof it as I have my subterranean watery abyss"(Temple, 〈A verse version of the Epic of Gilgamesh〉, Tablet XI, 1991)

이 이야기는 구약의 대홍수와 유사하다. 그러나 대홍수가 다가오고 있을 때 우트나피시팀에게 미리 경고가 주어지고, 우트나피시팀 자기 자신과 살아 있는 모든 생명의 씨(유전자)를 살리기 위해 배를 만들어 타라고 명령하는 것이다. 한 명의 신이 두 가지 모순된 행동을 보여 주는 것이 아니라, 여러 신들의 상반된 행위를 보여 주는 것이다. 더욱이 인간의 씨를 살리기 위해 엔키 신이 다른 위대한 신들의 공동 결정에 반대해 비밀스럽게 행한 용감한 행동이라 볼 수 있다.

수메르에서 발견된 원통형 인장에 새겨진 그림. 시중을 드는 사람이 칸막이를 들고 있고 뱀 모양의 엔키 신이 우트나피시팀에게 비밀을 알려주고 있다. Credit: 시친, I, 2009, p 550, © Z. Sitchin Reprinted with permission.

　　가장 오래된 c.BC 2150년경의 『에리두 창세기』의 세그먼트 C에도 벽에다 대고 말하는 내용이 나온다.

　　8-27. 그 당시 지우수드라는 슈루팍의 왕으로, 아주 깨끗한 제사장이었다… 그는 만들었다… 겸손하고, 책임감 있으며, 신을 공경하는 지우수드라는… 날마다, 지속해서 서 있으며… 무엇인가 꿈이 아닌 현실이 다가오고 있음을, 대화를 통해서… 하늘과 땅에서 요구되는 하나의 맹세에 서약을 했다는 것을. 기-울에서, 신들은… 하나의 벽에. 지우수드라는 벽에 서서 말을 들었다: "내 옆의 벽에 서라, … 벽에, 내가 너에게 말을 할 것이다; 내 말을 잘 듣고, 내가 지시하는 것에 주의를 기울여라. 대홍수가 모든 것을 쓸어버릴 것이다… 모든 것을… 지금까지 창조된 인간의 씨들을 다 멸망하기로 결정이 났다. 이 정죄는, 신성한 신들의 회의를 거쳐 나온 것이기 때문에, 되돌릴 수가 없다. 하늘의 신인 안과 이 땅의 신인 엔릴이 공포한 명령은 되돌릴 수가 없다. 신들의 왕권과 신들의 기간이 줄어들고, 신들의 마음이 이번 결정에 대해 안

위를 받을 것이다. 자… 무엇을….”(In those days Zi-ud-sura the king, the gudug priest, …… He fashioned …… The humble, committed, reverent …… Day by day, standing constantly at ……. Something that was not a dream appeared, conversation ……. …… taking an oath by invoking heaven and earth. In the Ki-ur, the gods …… a wall. Zi-ud-sura, standing at its side, heard: “Side-wall standing at my left side, …… Side-wall, I will speak words to you; take heed of my words, pay atention to my instructions. A flood will sweep over the …… in all the ……. A decision that the seed of mankind is to be destroyed has been made. The verdict, the word of the divine assembly, cannot be re-voked. The order announced by An and Enlil cannot be overturned. Their kingship, their term has been cut off; their heart should be rested about this. Now ……. What …….”)(Black et al., 〈The Flood Story, Segment C〉, 1998~2006)

그렇다면 엔키 신은 왜 다른 신들의 공동 결정에 반대했을까? 자신이 만든 인간을 오랫동안 보존하고 싶었던 것일까? 아니면 엔릴 신과의 경쟁심 때문이었을까? 실제로 엔릴 신과 엔키 신 사이의 경쟁과 갈등은 그 다음 내용에서 더욱 극적으로 드러난다.

3. 엔릴 신과 엔키 신 사이의 경쟁과 갈등

엔키 신의 경고를 들은 우트파니시팀은 엔키 신에게 질문을 던진다. 자신이 이상하게 생긴 모양의 배를 만들고 재산을 모두 포기하는 것을, 슈루팍의 다른 사람들에게 도대체 어떻게 설명할 것인가? 우투나피시팀의 이런 질문에 엔키는 다음과 같이 조언한다.

"그러므로 오 죽을 운명의 그들에게 말하라

엔릴 신이 나에게 적대감을 품고 있는 것을 알고 있기 때문에

나는 더 이상 슈루팍에 머물 수 없고

결코 다시

결코 다시

엔릴의 영토에 얼굴을 들일 수 없다.

따라서 나는 주님인 엔키와 함께 살기 위해 아래로 내려갈 것이다,

남쪽의 깊은 곳 즉

압수(아프리카)로 내려갈 것이다

"Thus, O Mortal, shall you speak to them, saying

I have learned that the god Enlil is ill-disposed toward me

No longer can I reside here in the city.

Never again,

No, never.

Can I turn my face to this soil which is Enlil's.

I must go down therefore,

Down to dwell with my lord Enki,

Towards the marshes of the south,

And enter his sweet-watered Deep

Into his very Absu.(Temple, 〈A verse version of the Epic of Gilgamesh〉, Tablet XI, 1991)

엔키 신이 우트나피시팀에게 주어진 변명은 그가 엔키 신의 추종자이기 때문에, 더 이상 슈루팍에 머물 수 없어, 그래서 배를 만들어 아프리카의 아래세계로 내려가 같이 살려고 한다고 슈루팍의 사람들에게 변명하라는 것이다.

그 당시에 슈루팍 일대 즉 메소포타미아 지역은 가뭄과 기근에 시달리고 있었다. 그래서 압수로 내려가면 엔릴 신이 그 땅에 다시 풍작을 내려줄 것이라고 말하라고 지시한 것이다. 그의 주변 사람들이 충분히 믿을 만한 변명이었다. 따라서 제 정신을 가진 사람이라면 자신들이 물벼락을 맞아 곧 멸망하게 될 것이라고는 꿈에도 생각할 수 없었다. 그런 변명에 넘어간 사람들은 우트나피시팀 주변에 몰려들어 방주 만드는 일에 적극적으로 돕는다. 심지어 아이들조차 배의 방수 소재로 쓰이는 역청(bitumen, pitch, 천연 아스팔트)을 날랐다.

4. 방주의 완성, 방주에 태운 사람들(홍수에서 구원된 자들)

우트나피시팀은 계속해서 길가메시에게 이야기를 한다. 우트나피시팀은 소와 양을 잡고 포도주와 기름으로 마치 새해의 축제 날인 양, 그들을 대접하면서 일을 빨리 하도록 독려한다. 마침내 7일째 날 배가 완성되었다. 배를 띄우기가 무척 어려워 배의 바닥을 이리저리 움직인 후에야 비로서 유프라테스 강에 띄울 수 있었다. 그 다음 우트나피시팀은 자기 가족(all my family)과 친척들(kinsfolk)을 모두 배에 태웠고, 땅의 짐승들과 야수들, 그리고 자신이 갖고 있던 동물들을 다 배에 실었다.

여기서 배에 태운 사람들을 보자. 구약 「창세기」(7:1, 7:7, 9:18)에는 '너와 온 집(you and your whole family)', 즉 노아 부부, 아들인 셈(Shem) 부부, 함(Ham) 부부, 그리고 야벳(Japheth) 부부 이렇게 8명만이 방주에 탑승했으나, 『길가메시 서사시』의 우트나피시팀은 자기 가족 이외에 방주를 만들 때 자신을 도왔던 친척들(relatives)과 기술자들(crafts-men), 그리고 엔키 신이 보내 준 항해사인 푸즈르아무르리(Puzur-Amurri, 비밀을 아는 서쪽 사람) 일행까지도 배에 태웠다. 그러나 『아트라하시스 서사시』의 아트라하시스는 「창세기」와 같이 자기 가족만 태운다(〈점토판 3〉, 제2줄).

5. 샤마시(우투) 신의 신호, 우주선 이륙 후 홍수가 시작

그리고 우트나피시팀은 엔키 신으로부터 미리 들은 특정한 징조가 나타날 때까지 배를 타지 않고 기다렸다. 엔키 신의 명령은 다음과 같은 것이었다. 태양의 신인 샤마시(우투)가 나를 위해 특정 시간을 정해 주었는데 하면서, 엔키 신은 우트나피시팀에게 다음과 같이 말을 한다.

"샤마시 신이 황혼에 그의 불행인 빗물을 내릴 때,
그 빗물은 하나의 깜박이는 전율과 같이 비가 쏟아질 것이다.
그러면 야단법석을 떨지 말고 너는 배를 타고,
배의 문을 안전하게 닫아라.

"When He who rains down His misfortune in the twilight
Does rain down His misfortune like a blight,
Then board your boat without further ado
And make sure your door is safely pulled to.(Temple, ⟨A verse
version of the Epic of Gilgamesh⟩, Tablet XI, 1991)

이것은 무엇을 말하는 것일까? 샤마시 신은 메소포타미아의 시파르에 있었던 우주공항 책임자였다. 모든 신들은 대홍수가 들이닥치기 전에 우주선을 타고 지구궤도로 대피해야만 했다. 샤마시 신은 그 정확한 시간에 우주선을 이륙시켰던 것이다. 엔키가 우트나피시팀에게 명령한 것은 시파르의 우주공항에서 신들이 탄 우주선들이 이륙하는 것을 지켜보라는 것이었다. 또한 이륙이 황혼 무렵에 행해졌기 때문에 이륙하는 우주선이 내뿜는 엄청난 폭발을 보는 것은 어려운 일이 아닐 것이다. 따라서 신들은 우주선을 타고 지구를 떠났고, 이들은 대홍수의 물이 완전히 빠질 때까지 천상의 안전한 안(An) 신의 영역, 즉 지구궤도를 돌아야만 했다.

그리고 정확한 시간에 맞추어 황혼에 전율이 일어났고, 비가 쏟아지기 시작했다. 우트나피시팀은 기상의 변화를 주시했고 바라본 날씨 중 가장 무서운 것이었다. 우트나피시팀은 배의 문을 잠그고 배를 잘 다루는, 엔키 신이 보내 준, 항해사인 푸즈르아무르리(Puzur-Amurri)에게 배와 그 배에 실린 내용물을 건네주었다. 남쪽에서 부는 바람은 방주를 북쪽으로 밀어 아라라트(Ararat) 산으로 밀려갈 것이다. 따라서 거기까지 가려면 숙련된 뱃사람이 필요했다.

수평선에 첫 번째 먼동이 틀 때에 검은 구름이 수평선에서 몰아쳤다. 거기에는 폭풍의 신인 아다드(Adad, Ishkur)가 번개를 일으키고, 슐럿(Shullat) 신과 하니쉬(Hanish) 신이 폭풍 줄기를, 모빈드(Movind) 신이 언덕과 평원에 바람을, 아래세계의 신(God of the Underworld)인 네르갈(Nergal)이 모든 세워진 전주를 뽑아내고, 전쟁과 관개수로의 신(God of War and Irrigation)인 닌우르타(Ninurta)가 왔다갔다하면서, 온 지구를 날려 보내고 있었다. 위대한 신들의 그룹인 아눈나키(Anunnaki)는 우주선의 불빛을 뿜어 땅을 불타게 했다. 폭풍우가 건물과 항구를 무너뜨렸고 둑이 무너졌다. 어둠이 밀려오고 빛나던 모든 것을 암흑으로 만들었다. 그리고 거대한 땅이 도자기처럼 부서졌다. 아눈나키의 말단 신들이 물리적인 자연의 재해를 이용해 인간과 지구를 초토화시키고 그들도 우주선을 탔다.

6. 남쪽, 즉 남극대륙에서 온 폭풍, 신들은 우주선을 타고 피신

그런데 여기서 주시할 것은 폭풍이 남쪽에서 왔다고 우트나파시팀은 이야기한다. 그리고 신들은 우주선을 타고 피신했다. 설사 신들도 대홍수의 두려움에 사로잡혀, 천상의 안 신이 거주하는 곳으로 올라가 대피했다. 신들은 우주선에서 개처럼 웅크리고 지구에서 일어나는 일들을 주시했다. 여신들은 죽어가는 인간들을 보고 슬피 울었다. 그들의 입술은 하나같이 비통에 차 굳게 다물고 있었다.

"하루 종일 남쪽 폭풍이 심해져,

모이면 빨라지고, 산을 덮치고,

전쟁터처럼 사람들을 덮쳤다.

형제는 형제를 볼 수 없었다.

하늘에서 인간을 더 이상 찾아볼 수가 없었다.

설사 신들(gods)도 대홍수의 두려움에 사로잡혀,

천상의 안(An) 신이 거주하는 곳으로 올라가 피신했다.

신들은 개처럼 웅크리고,

천상의 안전한 영역에 쭈그리고 앉아 지구에서 일어나는 일들을 주시
했다.

사랑과 전쟁의 여신인 인안나는 고통 받는 인간들처럼 소리쳤다.

인안나는 달콤한 목소리를 가졌는데,

신들의 여인이라 불리는데,

그 여신이 어떻게 슬피 울며, 소리를 치는지:

정말, 옛 것들이 다 무너져 진흙이 되었다!

신들의 모임에서 나쁜 말을 했기 때문에,

어떻게 내 사람들의 멸망을 특별히 지휘할 수 있는가?

이 멸망하는 사람들에게 언제 다시 새 생명을 줄 수 있을까?

물고기도 바다도 그들의 시체뿐이네.

위대한 신들의 그룹인 아눈나키 또한 인안나와 같이 울었다.

그들의 입술은 하나같이 비통에 차 굳게 다물었다.

"For a whole day the South Storm blew,

Gathering speed as it blew, drowning the mountains,

Overcoming the people as in battle.

Brother saw not brother.

From heaven no mortal could any longer be seen.

Even the gods were struck by terror at the deluge,

And, fleeing, they ascended to the celestial band of An.

The gods cowered like dogs,

Crouching by the outer wall of that celestial band.

Inanna, Goddess of Love and Battle, cried out like a suffering mortal—

She, the sweet-voiced,

She, the Lady of the Gods,

How did she lament aloud, crying:

'Verily, the Old Age has crumbled into dust!

Because I spoke evil in the Assembly of Gods!

Oh, how could I command havoc for the destruction of my people

When I myself gave birth to my people?

Now the spawn of fishes, the sea is glutted with their bodies!'

The Anunnaki—the Great Gods—wept with her,

Their lips were shut tight in distress in the Assembly, one and all.

(Temple, 〈A verse version of the Epic of Gilgamesh〉, Tablet XI, 1991)

대재앙의 폭풍을 동반한 홍수는 남쪽에서 왔다. 이것은 언덕과 들판을 건너 메소포타미아로 들이닥친 홍수와 구름과 바람이 다가온 방향을 말해 준다. 실제로 만약 남극대륙에서 폭풍과 해일이 시작됐다면, 그것은 아라비아의 언덕들을 지나 인도양을 거쳐 티그리스 강과 유프라테스 강 주변의 평야를 덮쳤을 것이다. 또 우트나피시팀은 그들의 땅이 물에 잠기기 전에 마른 땅의 방죽과 둑들이 무너졌다고 했다. 즉 대륙의 해안선이 해일에 의해 물에 잠겼다는 말이다.

「창세기」의 대홍수 이야기에서는 "그날에 큰 깊음의 샘들이 터지며 하늘의 창들이 열려(on that day all the springs of the great deep burst forth, and the floodgates of the heavens were opened)"(「창세기」 7:11, NIV)라고 기록되어 있듯이, 먼저 깊은 곳, 즉 지구 가장 남쪽의 얼어붙은 남극해에서 물이 나온 후, 그 다음에 하늘에서 비가 내리기 시작했다.

그리고 대홍수가 끝난 후에는 이 과정이 거꾸로 반복된다. "깊음의 샘이 막히고 하늘의 창이 막히고 하늘에서 비가 그치매(Now the springs of the deep and the floodgates of the heavens had been closed)"(「창세기」 8:2, NIV)라고 기록되어 있듯이, 먼저 깊은 샘이 닫히고 그 다음에 하늘에서 내리던 비도 그친다. 최초의 거대한 해일 후에도 거대한 파도가 왔다갔다했다. 그러다가 물이 줄어들고 150일이 지나서야 물이 빠지고 방주가 아라라트 산에 머문다. 거대한 물은 남쪽 바다, 즉 남극해에서 왔다가 다시 남쪽 바다로 갔던 것이다.

7. 신들이 우주선을 타고 지구궤도를 돌다

그리고 대홍수가 왔다. 대홍수에 앞서 신들은 우주선을 타고 지구를 떠났고, 이들은 대홍수의 물이 완전히 빠질 때까지 천상의 안전한 안(An) 신의 영역, 즉 지구궤도의 모선에 머물러 있어야 만했다.

아트라하시스 아시리아 버전에서는 신들이 지구를 떠날 때 루쿠브 일라니(rukub ilani, chariot of the gods, 신들의 마차)를 탔다고 기록되어 있다. 아눈나키와 이기기 신들이 이륙했다. 그리고 그들의 우주선이 빛을 뿜어 땅을 불타게 했다(The Anunnaki lifted up their rocketships, like torches, setting the land ablaze with their glare)(시친, I, 2009, p. 532).

지구궤도를 돌면서 아눈나키와 이기기 신들은 지구가 파괴되는 것을 보고 심한 충격을 받았다. 신들은 좁은 우주선에 갇혀서 그들이 방금 이륙한 지구에서 어떤 일이 벌어지고 있는지를 지켜보고 있어야만 했다. 신들은 도망치면서 지구가 파괴되는 것을 보았다. 신들이 타고 있던 우주선의 상황도 별로 좋지 않았다. 그들은 몇 개의 우주선에 나눠 타고 있었다.

엔키 신은 다른 신들과는 다른 우주선에 타고 있었음에 분명하다. 그렇지 않다면 그토록 슬퍼하는 신들에게 자신이 인간의 씨를 살려 놓았다는 것을 틀림 없이 말해 주었을 것이다. 기록으로 짐작하건대 엔키 신은 아라라트 산 정상에서 인간과 재회할 것임이 분명했기 때문에, 다른 신들보다 슬픔이 덜했을 것이다.

8. 닌투 여신이 우주선에서 인간의 멸망을 목격하고 슬피 울다

『아트라하시스 서사시』의 〈점토판 3〉에는 모신인 닌투(마미, 닌후르쌍)와 함께 우주선을 탄 신들의 상황이 자세히 기록되어 있다. 모신인 닌투는 지구의 파멸에 큰 충격을 받는다. 닌투 신은 자신이 보고 있는 상황에 당황해 한다. 닌투 신은 '과연 자신이 창조한 인간들이 죽어가고 있는데, 자신의 생명만을 지킬 수 있을까?'라고 반문한다. 그리고 이 결정을 내린 최고의 신이자 하늘의 신인 안(An)이 신중하지 못했다고 불평을 한다.

위대한 여신인 닌투의
입술이 서리같이 말랐다.
위대한 신들인 아눈나키는,

갈증에 바싹 마르고 배가 고팠다.

신들의 산파역인 마미가

지구를 보고 울었다:

'낮이여 돌아오라…'

신들의 회의에서 어떻게 내가

인간들을 죽이라고 명령을 했을까?

엔릴이 사악한 명령을 내렸어!

나에 대해 울부짖는

인간들의 울음소리가 내게 들린다,

이제 내가 제어할 수 없는 상황에서,

나의 인간들이 모두 죽은 양처럼 되었어.

어떻게 인간들이 죽어 떠난 집에서 살수 있을까?

어떻게 내가 하늘로 올라가

은둔 생활을 할 수 있을까?

그의 아들들인 신들이 복종해야 하는

안의 의사결정의 의도가 무엇인가?

그는 신중하지 못하고,

인간들에 대파국을 가져올

홍수를 보냈어.

As for Nintu the Great Mistress,

Her lips became encrusted with rime.

The great gods, the Anunna,

Stayed parched and famished.

The goddess watched and wept,

Midwife of the gods, wise Mami:

'Let daylight (?)

Let it return and . !

However could I, in the assembly of gods,

Have ordered such destruction with them?

Ellil was strong enough (?) to give a wicked order.

Like Tiruru he ought to have cancelled that wicked order!

I heard their cry levelled at me,

Against myself, against my person.

Beyond my control (?) my offspring have become like white sheep.

As for me, how am I to live (?) in a house of bereavement?

My noise has turned to silence.

Could I go away, up to the sky

And live as in a cloister(?)?

What was Anu's intention as decision-maker?

It was his command that the gods his sons obeyed,

He who did not deliberate,

but sent the Flood,

He who gathered the people to catastrophe.(Dalley, 〈Epic of Atra-Hasis〉, Tablet III, 1998)

계속해서 닌투와 함께 우주선을 탄 신들의 모습이 기록되어 있다. 닌투 신과 같이 있던 신들도 함께 운다. 신들은 배가 고팠고 목마름에 입술이 바싹 탔다. 마치 여물통에 먹을 것이 없어 쭈그리고 앉아 있는 양처럼 신들은 앉아 땅의 인간들을 위해 울었다.

닌투는 감정에 복받쳐 울었다.
신들도 그녀와 함께 땅을 위해 울었다.

마치 여물통에 쭈그리고 앉아 있는 양처럼,

그녀는 슬픔에 앉아 있었고, 다른 신들도 슬픔에 차 앉아 있었다.

그들의 입술은 목마름에 갈증이 났고,

그들은 배가 고팠다.

7일 낮과 밤 동안,

소나기, 폭풍, 그리고 홍수가 왔다.

Nintu wept and fuelled her passions.

The gods wept with her for the country.

She was sated with grief, she longed for beer (in vain).

Where she sat weeping, (there the great gods) sat too,

But, like sheep, could only fill their windpipes (with bleating).

Thirsty as they were, their lips

Discharged only the rime of famine.

For seven days and seven nights

The torrent, storm and flood came on.(Dalley, 〈Epic of Atra-Hasis〉,
Tablet III, 1998)

9. 방주가 아라라트(니시르) 산에 도착하다

6일 밤낮으로 남쪽에서 폭풍이 불어왔다. 전쟁터의 군대처럼 싸우던 폭풍이 조용해졌다. 바다는 잠잠해졌다. 우트나피시팀은 기후를 살폈다. 정적이 찾아왔다. 모든 인간이 다시 진흙으로 돌아가 있었다.

　폭풍우가 끝나자 우투나피시팀은 배의 문을 열었고, 빛이 그의 얼굴에 비쳤다. 그가 둘러보자 땅이 평평한 지붕처럼 온통 물로 바뀌어 있었다. 그는 땅에 엎드려 얼굴에 눈물을 흘리며 흐느꼈다.

　"산악지대가 눈에 들어왔다.

배는 구원의 산에 멈추었다.

니시르(Nisir, 구원)의 산이 배를 잡고 있었다.

배는 꼼짝도 하지 않았다.

"There emerged a mountain peak for that point.

The boat came to rest on Mount Nisir.

Mount Nisir held the boat fast,

Allowing no shifting position.

One day, a second day, Mount Nisir held the boat fast,

Allowing no shifting position."(Temple, 〈A verse version of the Epic of Gilgamesh〉, Tablet XI, 1991)

10. 번제를 드리자 신들이 파리떼처럼 몰려들다, 흠향(歆饗)하시다

6일 동안 우트나피시팀은 구원의 산(구약의 아라랏 산, Ararat, 「창세기」 8:4) 정상 방주에서 밖을 내다보았다. 그리고 노아가 그랬던 것처럼 비둘기(a dove)를 내보냈는데 돌아왔다. 그래서 제비(a swallow)를 내보냈는데 다시 돌아왔다. 세 번째로 까마귀(a raven)를 내보내자 자유롭게 날아가 쉴 곳을 찾았다. 우트나피시팀은 그제서야 방주 안에 있던 새와 동물을 내보내고 자신도 방주 밖으로 나왔다. 그리고 제단을 쌓아 노아가 그랬던 것처럼 똑같이 산 정상에서 번제(burnt offerings)를 신께 바쳤다.

　그런데 여기서 구약의 유일신과 수메르 신들과의 차이점이 드러난다. 노아가 번제를 바쳤을 때는 하나님이 그 향기를 흠향(歆饗)하셨지만 (「창세기」 8:21), 우트나피시팀이 번제를 바치자 '신들(the gods)'이 그 냄새를 맡았다. 그리고 배고픔에 지쳐 있던 많은 신들이 파리떼처럼 몰려들었다.

"신들이 흠향하셨다.
번제 주위로 많은 신들이 파리떼처럼 몰려들었다.
The gods smelled the savour.
The gods gathered like fliers around the sacrificer.(Temple, 〈A verse version of the Epic of Gilgamesh〉, Tablet XI, 1991)

지구가 홍수에 잠겨 있는 동안 우주선을 타고 지구 주위를 돌던 신들과 여신들이 정상에 착륙했다. 신들의 여인(Lady of the Gods)인 인안나(Inanna) 여신도 정상에 도착했다. 그녀는 다음과 같이 말을 하는데, 구약에서는 여호와 하나님(야훼)이 다시는 인간과 생물을 멸망시키지 않겠다고 말하고 있지만(「창세기」 8:21), 『길가메시 서사시』에서는 인안나 여신이 다음과 같이 말을 한다.

"오 예 모든 신들이 다 모였네!
내 분명 내 청금석 목걸이를 잊지 않듯이
이날을 기억하고 인간을 다시는 잊지 않겠다.
"O ye gods here present!
Just as surely as I shall not forget
The lapis lazuli around my neck,
So shall I remember these days,
Never forgetting them.(Temple, 〈A verse version of the Epic of Gilgamesh〉, Tablet XI, 1991)

『아트라하시스 서사시』의 〈점토판 3〉의 제5줄에도 바로 아트라하시스가 방주에서 내리자 마자 곧바로 동물을 잡아 신들에게 번제를 드린다. 여기서도 번제를 드리자 배고픔에 지쳐 있던 신들은 번제에 파리떼

처럼 몰려들었다. 그리고 닌투(닌마) 여신은 인간을 멸망하기로 한 서약
에 대해 아눈나키가 신중하지 못했다고 비난한다.

아트라하시스는 방주에서 내려 음식을 신들께 바쳤다.
...

신들이 그 향을 냄새 맡고(흠향하시고),
제물에 파리떼처럼 몰려들었다.
신들이 제물을 먹을 때,
닌투 신이 일어나 신들을 싸잡아 비난했다,
안의 결정이 가져온 것이 무엇인가?
엔릴 신은 번제물을 위해 왔는가?
다들 신중하지 못해 인간을 파국으로 몰 홍수를 보냈다?
여러분들이 다 인간을 멸망시키기로 동의했다.
그래서 밝은 얼굴이 검게 되었다.
그런 다음 닌투 신은 파리떼로 몰려갔다.
He put down [Provided food
...

The gods smelt the fragrance,
Gathered like flies over the offering.
When they had eaten the offering,
Nintu got up and blamed them all,
'Whatever came over Anu who makes the decisions?
Did Ellil (dare to) come for the smoke offering?
(Those two) who did not deliberate, but sent the Flood,
Gathered the people to catastrophe?
You agreed the destruction.

(Now) their bright faces are dark (forever).
Then she went up to the big flies.(Dalley, 〈Epic of Atra-Hasis〉, Tablet III, 1998)

인안나 여신은 『길가메시 서사시』의 〈점토판 11〉에 있는 내용과 같이 말을 한다.

청금석 목걸이도 파리떼에 끼워줘,
내 이 날을 영원이 잊지 않고 기억할 것이다.
Let these flies be the lapis lazuli of my necklace
By which I may remember it daily [forever](Dalley, 〈Epic of Atra-Hasis〉, Tablet III, 1998)

가장 오래된 c.BC 2150년경의 『에리두 창세기』의 세그먼트 D (Segment D)에도 지우수드라의 대홍수에서부터 아라라트 산에 도착한 방주의 문을 우투 신께서 레이저 광선을 이용해 뚫어 주고, 번제를 드렸다는 내용이 나온다.

1-11. 모든 폭풍과 강풍이 한꺼번에 일어났고, 대홍수는 …을 다 쓸어 버렸다… 홍수가 이 땅을 다 쓸어 버린 후, 파도와 폭풍이 커다란 방주를 7일 밤 낮으로 아라라트 산의 바위에 걸치게 했고, 태양의 신인 우투가 와서, 하늘과 땅을 비췄다. 지우수드라는 방주에 문을 뚫었고, 영웅인 우투 신이 그의 레이저 광선을 들고 방주에 들어왔다. 지우수드라는 우투 신 앞에 엎드렸다. 지우수드라는 황소와 많은 양을 번제로 드렸다(All the windstorms and gales arose together, and the flood swept over the ……. After the flood had swept over the land, and waves and windstorms had rocked the huge boat for seven days and seven nights, Utu the sun god came out, illuminating heaven and earth. Zi-ud-sura could drill an opening in the huge boat and the hero Utu entered the huge boat with his rays. Zi-ud-sura the king prostrated himself before Utu. The king sacrificed oxen and offered innumerable sheep).(Black et al., 〈The Flood Story, Segment D〉, 1998~2006)

11. 엔릴 신이 아라라트 산에 도착, 살아 있는 인간을 보고 화를 내다

그러나 문제는 다른 데 있었다. 나중에 엔릴 신이 도착했을 때 그는 음식에는 별 관심이 없었다. 다만 배와 생존자가 있다는 사실을 알고 진노했다. 엔릴 신은 화가 치밀어 올라 하늘에 있던 젊은 신들 그룹인 이기기 신들(Igigi gods)에게 소리쳤다.

> 엔릴 신이 도착해서 보트를 보았다,
> 그는 화가 엄청나서,
> 이기기 신들에게 소리쳤다.
> "무엇이라고! 살아 남은 자가 있다고?
> 아무도 멸망을 피할 수 없었는데!
> Now when Enlil arrived and saw the boat,
> He waxed wroth,
> He was filled with fury against Igigi gods and said:
> "What!–Has any mortal escaped?
> No mortal was to survive the destruction!(Temple, 〈A verse version of the Epic of Gilgamesh〉, Tablet XI, 1991)

엔릴 신의 아들인, 전쟁의 신(God of War)인 닌우루타(Ninurta)가 곧바로 엔키 신을 의심하고 엔릴에게 말한다.

"엔키가 아니라면 누가 그런 계획을 세웠겠습니까?
엔키 신만이 모든 것을 알고 있습니다.
"Who besides the god Enki could devise such a plan?
The god Enki alone understands every matter.(Temple, 〈A verse version of the Epic of Gilgamesh〉, Tablet XI, 1991)

12. 엔릴 신과 엔키 신의 화해

엔키 신은 이런 의심을 부정하는 대신에 자신을 변호한다. 엔키 신은 엔릴 신의 지혜를 칭송하고 엔릴 신이 비합리적이지 않을 것이라고 덧붙이면서 변명한다. 그리고 엔릴 신이 대홍수가 일어나기 전에 인간을 멸망시키기 위해 여러 가지 기근을 주고, 사자로 하여금 인간을 잡아먹게 하고, 각종 병을 일으켜 멸망시키려 했지만 그 노력들이 인간을 멸망시키지 못했다고 주장하면서, 대홍수로도 인간들이 전부 멸망되지 않도록 자비를 베풀라고 충고한다.

"더욱이, 나는 결코,
위대한 신들의 비밀을 누설하지 않았네.
난, 단지, 대단이 현명한 우트나피시팀에게
신들의 비밀이 무엇인지 꿈을 꾸게 하여
그것들을 스스로 인지하게 했네.
자 그에 관하여 회의를 해보세.
What is more, it was not I
Not I who revealed the Secret of the Great Gods,

I allowed Utnapishtim, he who abounds in wisdom

To see a dream

It was thus that he perceived

The secret of the Great Gods.

Now then take counsel concerning him.(Temple, 〈A verse version of the Epic of Gilgamesh〉, Tablet XI, 1991)

『아트라하시스 서사시』의 〈점토판 3〉에는 다음과 같이 기록되어 있다.

다같이 서약했는데!

아무도 멸망을 피할 수 없었는데!

어떻게 인간이 살아남을 수가 있을까?

아누 신이 엔릴 신에게 말했다,

'엔키 신이 아니면 누가 했겠어?

엔키가 장막 뒤로 비밀을 누설했어.'

엔키는 다른 신들에게 말했다,

'너에게 도전하기 위해 내가 했다!

생명을 보전하기 위해.

Agreed together on an oath!

No form of life should have escaped!

How did any man survive the catastrophe?

Anu made his voice heard And spoke to the warrior Ellil,

'Who but Enki would do this?

He made sure that the [reed hut] disclosed the order.'

Enki made his voice heard And spoke to the great gods,

'I did it, in defiance of you!

I made sure life was preserved.(Dalley, 〈Epic of Atra-Hasis〉, Tablet III, 1998)

13. 영생을 얻은 우트나피시팀

엔키 신은 신들의 비밀을 스스로 알아낼 수 있을 정도로 현명한 인간의 능력을 무시하지 말자고 엔릴을 회유한다. 분노가 잦아들자 엔릴도 인간이 살아남은 것이 쓸모가 있다는 사실을 깨닫게 된다. 신들은 물이 빠진 후 드러난 마른 땅과 거기서 자라는 식물들을 보고 인간과 화해해야겠다는 생각을 가졌을는지도 모른다. 신들은 닥쳐올 대홍수를 알고 있었지만 그것이 전례 없는 것이라 대홍수 이후에는 지구가 다시는 생명체가 살 수 없는 땅이라고 생각했던 것 같다. 그러나 그들은 아라라트 산에서 사실은 그렇지 않다는 것을 확인한다. 지구는 여전히 신들이 살 수 있는 땅이었으며, 그리고 여전히 신들에게는 인간이 필요했던 것이다. 바로 그때 엔릴 신께서 우트나피시팀에게 영원한 생명을 허락한다.

"그러자 엔릴이 배에 올랐다.
나의 손을 잡고
나를 배에 태웠다
나의 아내도 배에 태우고,
그녀를 내 옆에 무릎 꿇고 앉게 하고
엔릴은 아내와 내 사이에 서서,
이마에 손을 대고 우리를 축복했다:
지금까지 우트나피시팀은 죽을 인간에 불과했다
그러나 앞으로 우트나피시팀과 그의 아내는

우리 신들과 같아질 것이다.

우트나피시팀은 멀리 있는-

그 곳은 천상의 강물이 모이는 곳에-

거기서 거주하며 살게 될 것이다!

Then Enlil went up into the ship.

He grasped my hand,

He caused me to go aboard,

He caused my wife to go aboard,

He made her to kneel beside me

He stood there between us,

He touched our foreheads and blessed us;

"Until now, Utnapishtim has been a more mortal

But from now shall Utnapishtim and his wife

Be like unto us gods.

Utnapishtim shall reside far away-

At the confluence of the celestial rivers-

There shall he dwell!(Temple, 〈A verse version of the Epic of Gilgamesh〉, Tablet XI, 1991)

그렇게 해서 우트나피시팀은 페르시아만으로부터 멀리 있는, 유프라테스 강과 티그리스 강이 합류하는 지점인 딜문 지역, 즉 신들의 처소로 옮겨졌고, 영생(Eternal Life, Immortality)을 받아 신들 사이에서 살게 되었다는 것이, 길가메시가 우트나피시팀으로부터 들은 이야기였다.

14. 영생을 얻지 못한 아트라하시스

『아트라하시스 서사시』의 〈점토판 3〉에는 반대로 아트라하시스는 영생을 얻지 못하는 것으로 기록되어 있다. 엔릴 신은 살아남은 인간들과 화해하고 아트라하시스를 신들의 카운슬러라고 칭송하며 그의 위대함을 기리는 찬양을 모든 사람들에 들려준다. 이 부분에서 『길가메시 서사시』에 등장하는 우트나피시팀과 차별화가 있다. 우트나피시팀은 신들로부터 영생(Eternal Life, Immorality)을 얻어 딜문(Dilmun, Til.Mun)에 거처했지만 아트라하시스는 매우 현명한 자이지만 영생을 얻지는 못했다.

> 어떻게 우리가 홍수를 보냈는가.
> 그러나 이 재앙에서 살아남은 자가 있다.
> 아트라하시스는 신들의 카운슬러다;
> 이기기 신들은 그를 칭찬하기 위해
> 이 노래를 들어라.
> 그리고 아트라하시스의 위대함을 기록하라.
> 내가 대홍수의 노래를 모든 사람에게 들려주리니:
> 들어라!
> How we sent the Flood.
> But a man survived the catastrophe.
> You are the counsellor of the gods;
> Let the Igigi listen to this song
> In order to praise you,
> And let them record (?) your greatness.
> I shall sing of the Flood to all people:
> Listen!(Dalley, 〈Epic of Atra-Hasis〉, Tablet III, 1998)

15. 영생을 얻은 지우수드라

반면 가장 오래된 c.BC 2150년경의 『에리두 창세기』의 세그먼트 E (Segment E)에도 지우수드라가 영생을 얻었다고 기록하고 있다.

1-2. "신들은 하늘과 땅에 대고 지우수드라에게 맹세를 했다, … 하늘의 신인 안과 땅의 신인 엔릴은 하늘과 땅에 대고 지우수드라에게 맹세를 했다, … (They have made you swear by heaven and earth, ……. An and Enlil have made you swear by heaven and earth, ……).

3-11. 더욱 더 많은 동물들이 이 땅에 번창하리라. 지우수드라는 안 신과 엔릴 신 앞에서 엎드렸다. 안과 엔릴은 지우수드라를 친절하게 대하고… 신들은 지우수드라에게 신과 같은 생명을 주고, 영생을 내렸다. 그 당시, 동물과 인간의 씨를 홍수로부터 보호했다는 이유로, 신들은 지우수드라에게 멀리 떨어져 있는, 태양이 떠 오르는 동쪽의 딜문 지역에 정착하여 살게 하였다(More and more animals disembarked onto the earth. Zi-ud-sura the king prostrated himself before An and Enlil. An and Enlil treated Zi-ud-sura kindly ……, they granted him life like a god, they brought down to him eternal life. At that time, because of preserving the animals and the seed of mankind, they settled Zi-ud-sura the king in an overseas country, in the land Dilmun, where the sun rises).

12. "지우수드라 너는 …….(You ……)."(Black et al., 〈The Flood Story, Segment E〉, 1998~2006)

4절 고대 문서에 등장하는 홍수 이야기 비교표

고대 문서에 등장하는 홍수 이야기를 간략하게 정리하면 다음과 같다. 베로수스(Berossus)의 대홍수의 기원은 BC 280년에 쓰여졌다. 구약성경(舊約聖經, Old Testament)의 『모세오경』(Five Books of Moses)은 모세(Moses, BC 1526~BC 1406)가 이집트를 탈출해 40년간의 광야생활(Wilderness or Desert, Shur & Sin & Paran & Zin, BC 1446~BC 1406)을 할 때(「출애굽기」 16:36), 모세가 직접 썼다고 알려져 있으나, 그 원본과 사본은 현재 발견되지 않고 있다. 고고학적으로 가장 오래된 문서는 1947년에서 1956년에 이스라엘 사해(死海) 서쪽 해안가인 쿰란 동굴(Qumran Cave)에서 발견된 BC 150~AD 75년경에 히브리어로 쓰여진 타나크(Tanakh)의 사본인 『사해사본』(死海寫本, 사해문서, 死海文書, Dead Sea Scrolls, DSS)이다. 이 『사해사본』이 가장 오래된 『모세오경』의 문서이다.

『길가메시 서사시』(Epic of Gilgamesh)가 c.BC 1150년에, 『아트라하시스 서사시』(Epic of Atra-Hasis)가 c.BC 1640년에, 『수메르 왕 연대기』(Sumerian King List & Flood Story)가 c.BC 2119년에, 그리고 『에리두 창세기』(Eridu Genesis, The Flood Story)가 c.BC 2150년에 쓰여진 것으로, 고고학적으로 발굴되고 확인된 고대의 문서들이다.

고대 문서에 등장하는 홍수 이야기 비교표[3]

고대 문서 이름	에리두 창세기(Eridu Genesis)	수메르 왕 연대기(Sumerian King List & Flood Story)	아트라하시스 서사시(Epic of Atra-Hasis)	길가메시 서사시(Epic of Gilgamesh)	베로수스(Berossus)	모세오경-타나크(Tanakh)의 창세기
발굴/발견된 기록물	단 하나의 점토판(a Clay tablet)	20cm×9 cm 큐브 크기의 4개의 면에 각각 2줄(Columns)로 쓰여진 구은 점토(baked clay)	점토판 1~3	점토판 1~12	역사서인 바빌로니아지(誌, Babyloniaca, History of Babylonia) -3권	양피지 혹은 파피루스(Parchment or Papyrus)
기록 연대	c.BC 2150	c.BC 2119	c.BC 1640	c.BC 1150	BC 280	BC 150 (사해사본)
쓰여진 언어 (Language)	수메르어 설형문자(Sumerian Cuneiform)	수메르어 설형문자(Sumerian Cuneiform)	아카드어 설형문자(Akkadian Cuneiform)	아카드어 설형문자(Akkadian Cuneiform)	그리스어(Greek)	히브리어(Hebrew)
홍수의 영웅(Hero)과 영생 관계	지우수드라(Ziusudra), '영생을 얻음(he obtained immortality)'	노아의 손자인 구스(Cush, Noah's grandson)	아트라하시스(Atra-Hasis), '매우 현명한 자이지만 영생을 얻지 못함(he is very wise, but not obtained immortality)'	우트나피시팀(Utnapishtim), '영생을 얻음(he obtained immortality)'	지수쓰로스(Xisuthros), '영생을 얻음(he obtained immortality)'	노아(Noah), '영생을 얻지 못함)
도시 이름 (City)	슈루팍(Shuruppak	슈루팍(Shuruppak	슈루팍(Shuruppak)	슈루팍(Shuruppak)	시파르(Sippar)	
멸망을 명령한 신 (Destroyer God)	엔릴(Enlil)		엔릴(Enlil)	엔릴(Enlil)	엔릴(Enlil)	야훼(Yahweh)
홍수 기간 (Period)	7 Days	7 Days	7 Days	7 Days	"quickly"	40/150 Days

---

3 본 표는 다음 두 개의 사이트를 참조하여 편집 수정한 것임(As of 14 Sep 2011)

1) The Search for Noah's Ark-The global flood from the oldest archeology on earth, at www.noahs-ark.tv

http://www.noahs-ark.tv/noahs-ark-flood-creation-stories-myths-eridu-genesis-sumerian-cuneiform-zi-ud-sura-2150bc.htm

2) The great Flood: the Epic of Atrahasis, at www.livius.org

http://www.livius.org/fa-fn/flood/flood3-t-atrahasis.html

홍수에서 구원해주신 신 (Savior)	엔키 (Enki)		엔키 (Enki)	엔키 (Enki)	엔키 (Enki)	야훼 (Yahweh)
배에 탄 사람 (홍수에서 구원된 자들)			노아 부부, 셈(Shem) 부부, 함(Ham) 부부, 야벳(Japheth) 부부= 8명	가족 8명 이외에 방주를 만들 때 도움을 준 친척들(relatives)과 기술자들(craftsmen)과 엔키 신이 보내준 항해사인 푸즈르아무르리		노아 부부, 셈(Shem) 부부, 함(Ham) 부부, 야벳(Japheth) 부부= 8명
발견 장소	니푸르 (Nippur), Iraq	라르사 (Larsa), Iraq	시파르 (Sippar), Iraq	니네베 (Nineveh), Turkey	아비데누스 등이 인용 (Quoted by Abydenus etc.)	쿰란 동굴 (Qumran Cave), Israel
전시된 박물관 (Museum)	Pennsylvania Museum: Object B10673	Ashmolean Museum in Oxford, England	British Museum, Room 56	British Museum, Room 55	No Originals	Shrine of the Book in the Israel Museum

5절 결론 : 신들이 일으킨 것이 아니라 천체우주물리학의 원리에 일어난 대홍수

인간은 닥쳐오는 자연의 재앙을 알아차리지 못했지만 신들은 알고 있었다. 또한 신들은 비록 대홍수를 막아낼 수는 없었지만 그것이 닥쳐올 시기는 알고 있었다. 인간을 멸망시키려는 신들의 계획은 능동적인 것이 아니라 수동적인 침묵이었다. 구약에서 말하는 것처럼 신들은 홍수를 일으키지 않았다. 다만 신들은 그것이 닥친다는 사실을 인간들에게 숨겼을 뿐이다.

지구를 떠난 신들은 좁은 우주선에 갇혀서 그들이 방금 이륙한 지구에서 어떤 일이 벌어지는지를 지켜보고 있어야만 했다. 위대한 신들의 그룹인 아눈나키도 남쪽에서 시작한 대지진과 이에 따른 홍수가 이리 클 것이라고는 미처 생각하지 못했던 것 같다. 우주선에선 인안나 여신이 "옛 것들이 모두 진흙으로 되돌아갔다"며 울부짖고, 그녀와 같이 있던 다른 신들 또한 입을 꼭 다문 채 모두 앉아 울고만 있었다.

아눈나키의 결정은 지구를 버리고 하늘로 올라가는 것이었다. 위대한 하늘의 신인 안(An)이 신들의 중요한 회의에 직접 참석한 것으로 보아 그때 신들의 고향인 니비루(Nibiru) 행성이 지구 가까이의 소행성대(The Asteroid belt)를 지나고 있었음이 분명하다. 바로 대홍수는 니비루 행성이 지구에 근접할 때, 즉 근지점(Perigee)에 접근할 때, 엄청난 인력에 의해 남극의 빙하가 바다로 미끄러져 들어가 발생한 것이다. 그로 인해 거대한 해일이 발생한 것이다. 남쪽에서 바람이 분 것으로 보아 남극대륙에서 지진 등의 지각변동이 일어났음을 알 수 있다. 이는 신들이 대홍수를 일으킨 것이 아니라 니비루가 근지점에 접근할 때 천체 우주물리학의 원리에 의해 지구에서는 남극 대륙의 빙하가 깨져 바다로 미끄러져 들어가고 각종 지진과 해일 등이 일어난 것이다.

7부

노아 태생의 비밀,
노아는 엔키 신의 아들,
노아는 파란 눈의 백인

질문들

최초의 아담(Adam)은 검붉은 피부(dark red blood-colored skin)에 검은 머리 인간(Black-Headed People)의 흑인이었다고 했다(Black et al., 〈The Flood Story, Segment A〉, 1998~2006; Tellinger, 2009, p. 251; 시친, I, 2009, p. 500). 아프리카에서 301,000년 전에 탄생한 모든 남성은 다 흑인이라고 했다. 이브(Eve), 즉 하와는 엷은 갈색 피부(a light brown skin)에 금발 머리(a sandy-blonde)를 가졌다고 했다(Tellinger, 2009, p. 452). 따라서 이브는 무척이나 고귀하고(elegant) 아름다웠다(「에녹1서」 7:1, Laurence, 인터넷 공개; 「창세기」 6:2).

그렇다면 백인은 어떻게 창조 또는 만들어졌을까? 노아는 어떻게 홍수에서 살아남을 수 있었을까? 노아가 신의 아들이라면? 그의 후손들인 우리 모든 인간도 신의 아들이 아닌가?

1장
엔키 신의 『증거의 책』

영국의 레이어드(Austen Henry Layard)와 그의 조수인 라삼(Hormuzd Rassam)은 1852~54년에 큐윤지크(Kuyunjik)라 불리는 아시리아(Assyria)의 수도였던 니네베(Niniveh)를 발굴하고, 1853년에 신아시리아 왕조(Neo-Assyrian Empire, BC 912~BC 612)의 마지막 왕인 아수르바니팔(Ashurbanipal, 통치 BC 668~BC 612)이 세운, 그러나 그 후 폐허가 된 아수르바니팔의 도서관(Library of Ashurbanipal)을 발굴하여, 이곳에서 무려 25,000여 개의 수메르어 설형문자로 새겨진 점토판들을 발견하였다. 이 점토판들은 창조와 관련된 것으로 그간 구약성경에만 의존하던 근거들을 더욱 확실한 역사적인 사실(Events)로 보여 주고 있다.

특히 엔키(Enki) 신의 자서전(autobiography)이 발견되었다. 작고하신 시친(Zecharia Sitchin)은 여기저기 흩어지고 파편 조각이 난(fragmented) 점토판들을 수집하여 총 14개 점토판에 새겨진 매우 긴 문서인 『증거의 책』(Book of Witnessing)이라는 엔키 신의 자서전을 재구성하고 편집하여 『엔키의 잃어버린 책』(The Lost Book of Enki, 2004)을 발간하였다.

2장
과거는 바로 미래다

엔키 신의 『증거의 책』에는 엔키 신이 에리두(Eridu)의 서기관(master scribe)이었던 엔두브사르(Endubsar)를 선택하여, 엔키 신이 말하는 대로 적어 『증거의 책』(Book of Witnessing)을 쓰게 하고, 적당한 시점에 모든 사람에게 공개하라는 내용이 적혀 있다. 따라서 엔키 신의 『증거의 책』은 구약성경에 등장하는 예언서(Prophecy)의 기초(foundation)가 된다. 도입 부분의 증거(Attestation)라는 〈점토판〉과 〈점토판 14〉에서 엔키 신은 다음과 같이 말한다. "과거는 바로 미래이다(the Past becomes the Future)", "과거에 미래가 숨어 있다(in the past the future lies hidden)", "과거의 미래가 심판이다(Let the Future of the Past the judge be!)(Sitchin, 〈The Lost Book of Enki〉, 2004, p. 9 & 12 & 317).

엔키 신은 14개 점토판을 통해 최초(Beginnings), 전시대(Prior Times), 구시대(Olden Times)의 비밀을 밝히고, 대홍수(Great Calamity)가 어떻게 일어났는지를 밝힌다. 따라서 이는 엔키 신의 말씀(The Words of the Lord Enki)이다. 『증거의 책』은 과거의 증거의 책(Book of Witnessing of the past)이며, 미래를 예측하는 책(Book of Foretelling)이며, 이 책에서 엔키 신은 '첫 번째가 나중이 된다는 것(first things shall also be the last things)'을 말씀하신다(Sitchin, 〈The Lost Book of Enki〉, 2004, p. 14).

이는 신약성경에 가면 "먼저 된 자로서 나중 되고, 나중 된 자로서 먼저 될 자가 많으니라(But many who are first will be last, and many who are last will be first)"라는 내용과 일맥 상통한다(한글개역/NIV, 「마태복음」 19:30, 20:16; 「마가복음」 10:31; 「누가복음」 13:30). 또 「욥기」 8장 7절의 "네 시작은 미약하였으나 네 나중은 심히 창대하리라(Your beginnings will seem humble, so prosperous will your future be)"(NIV)와 관계가 있으며, 이는 『바이블 매트릭스』 1권 「우주창조의 비밀」편에서 살펴본 「요한계시록」 22장 13절의 예수님이 말씀하신 "나는 알파와 오메가요 처음과 나중이요 시작과 끝이라(I am the Alpha and the Omega, the First and the Last, the Beginning and the End)"(NIV)와 일맥 상통한다.

3장
노아는 파란 눈과 흰색의 피부와
머리카락을 가진 백인, 엔키 신의 아들

그런데 시친의 『엔키의 잃어버린 책』의 〈점토판 9〉를 보면(193쪽부터 시작), 「창세기」 5장 28절에 등장하는 노아의 아버지인 라멕(레멕, Lamech, La-Mach, BC 3240(B)~BC 2469(B))이 등장한다. 라멕의 배우자는 숙부의 딸인 바타나쉬(Batanash)였는데, 그녀의 아름다움(outstanding beauty)에 엔키 신이 반한다(Sitchin, 〈The Lost Book of Enki〉, 2004, p. 202).

라멕은 남자라 검은 피부에 검은 머리(black-headed, black hair)에 검붉은 피부를 가진(dark red blood-colored skin) 흑인이었지만, 여자들은 엷은 갈색 피부(a light brown skin)에 금발머리(a sandy-blonde)를 가졌기 때문에(Tellinger, 2009, p. 251 & 452), 무척이나 고귀하고(elegant) 아름다웠다(「에녹1서」 7:1, Laurence, 인터넷 공개). 「창세기」 6장 2절에도 이를 증빙하듯 "하나님의 아들들이 <u>사람의 딸들의 아름다움을 보고 자기들의 좋아하는 모든 자로 아내를 삼는지라</u>(the sons of God saw that the daughters of men were beautiful, and they married any of them they chose)"라고 기록하고 있다.

대홍수가 일어나기 전의 이 당시에는 6번, 즉 6샤앗탐의 가뭄과 기근이 에딘(Edin)을 비롯한 수메르 전 지역에 퍼졌다. 라멕은 에딘에서 인간들의 일을 감독하는 감독관(workmaster)이었는데, 식량이 모자라 인간들의 폭동을 일으키고 라멕을 위협한다. 라멕과 바타나쉬를 보호하기 위해 엔키 신은 라멕을 그의 아들 마르둑(Marduk) 신이 있는 바빌론으로 보내고, 마르둑 신은 라멕에게 도시를 건설하는 비법을 가르친다. 반면 엔키 신은 바타나쉬를 슈루팍(Shuruppak)에 있는 의료센터(Medical/Science Center, Healing Center)를 관장하고 있던 닌마(Ninmah) 여신에게 보낸다.

어느 날 바타나쉬가 거처하고 있는 의료센터의 지붕에서 목욕을 하고 있는 장면을 보고 엔키 신이 그녀를 껴안고 키스를 하며, 그녀의 자궁에 엔키 신의 정자를 쏟아부었다. 이렇게 해서 태어난 반신반인(Demigod)이 바로 노아(Noah, BC 3058(B)~BC 2108(B))였다.

수메르어의 지우수드라(Ziusudra), 아카드어의 우트나피시팀(Utnap-ishtim)과 아트라하시스(Atrahasis), 그리고 「창세기」의 노아는 같은 인물로, 노아는 결국 엔키 신의 아들로 태어났으며, 처음으로 백인인 노아가 태어난 것이다. 아눈나키와 이기기 신들은 모두 파란 눈(blue-eyed)의 백인들이었다.

> 노아의 피부색은 눈처럼 희었다(White as the snow his skin was).
> 노아의 머리카락은 흰 양의 색이었다(the color of wool was his hair)
> 노아의 눈도 하늘처럼 파란 눈을 가졌다(Like the skies were his eyes).
> 노아의 눈에서는 광채가 빛났다(in a brilliance his eyes were shining).
> (Sitchin, 〈The Lost Book of Enki〉, 2004, p. 203)

바빌론에서 돌아온 라멕은 바타나쉬로부터 아들을 받아들었다. 하지만 곧바로 불평을 한다. "당신은 지구인들(Earthlings)과는 전혀 다른 아들을 어떻게 낳았소?"이 사실에 놀라고 겁을 먹은 라멕은 자기 아버지인 므두셀라(Methuselah, BC 3427(B)~BC 2458(B))에게 달려가 이 사실을 알리고, 바타나쉬가 신의 아이를 낳았다고 알린다. 므두셀라가 바타나쉬에게 와서 진실을 말하라고 요구하며 다음과 같이 말한다.

"이 아이는 이기기(Igigi) 신들이 낳은 그런 아이와 같소! 혹시 이기 기가 아버지가 아니겠소?" 바타나쉬는 절대로 이기기 신들의 아이가 아니라고 우긴다. 이에 므두셀라는 "지우수드라(노아)가 신비스러운 아 이임에 틀림없다. 이에는 분명 무슨 징조(an omen)가 있을 것이다. 징 조는 분명 이 어려운 시기에 일시적 중단(respite)이 있을 것이다. 이 아 이는 분명 우리의 고된 노동과 가뭄과 질병으로부터 해방시킬 것이며 곧 닥칠 대홍수로부터 우리를 구원해 줄 것이다"라고 라멕에게 말한다 (Sitchin, 〈The Lost Book of Enki〉, 2004, p. 202~204).

이는 「창세기」 5장 29절의 "이름을 노아라 하여 가로되 여호와께 서 땅을 저주하시므로 수고로이 일하는 우리를 이 아들이 안위하리 라 하였더라(He named him Noah and said, "He will comfort us in the labor and painful toil of our hands caused by the ground the LORD has cursed)"(NIV)의 내용을 잘 설명해 주고 있다.

4장
「에녹1서」에도 노아는
파란 눈을 가진 백인

1947년에서 1956년에 사해(死海) 서쪽 해안가, 예루살렘으로부터 20km 떨어진, 쿰란 동굴(Qumran Caves)에서 BC 150~AD 75년의 것으로 보이는 『사해사본』(死海寫本, Dead Sea Scrolls, DSS)이 발견되었는데, 여기에 포함된 위경(僞經, Pseudographia, Pseudepigrapha)인, 고대 에티오피아어(Ethiopic language)로 쓰여진 「에녹1서」(The Book of Enoch or Ethiopian Enoch or 1 Enoch)에도(Charles & Laurence, 인터넷 공개) 같은 내용이 나온다.

총 1장에서 105장으로 이루어진 「에녹1서」는 에녹(Enoch, BC 3492(B)~BC 3127(B))이 365세에 하나님(God=Elohim)이 그를 데려가기(「창세기」 5:24) 전에, 열 번째 하늘나라(the tenth heaven)인 아라보스(Aravoth)에 도착해(「에녹2서」 22:1)(Luarence, 인터넷 공개), 60일 동안, 히브리어로 아라바트(Aravat = Father of Creation)(「에녹2서」 20:3), 즉 전능의 하나님(El-Shaddai = God Almighty)의 얼굴을 뵙고, 창조와 대홍수 그리고 미래의 심판(judgment) 등의 비밀을 듣고, 그것들을 총 366권의 책에 기록을 하고, 이 땅에 내려와, 30일 동안 366권의 책과 하나님의 말씀을, 그의 아들들과 사람들에게 전파하고 예언자로서의 역할을 충실히 하다, 30일 후인 365세에, 그가 태어난 날과 시간에, 다시 하늘나라로 올라간 내용이 기록되어 있다.

그런데 105장에는 노아의 신분을 밝히는 비밀이 담겨져 있다. 로렌스(Laurence)가 번역한 영문을 한글로 번역하여 그 내용을 소개하기로 한다(Laurence, 1 Enoch, Ethiopian Enoch).

「에녹1서」 105:1 – 시간이 흐른 후, 나의 아들인 므두셀라는 그의 아들인 라멕을 위해 배우자를 맺어 주었다(After a time, my son Mathusala took a wife for his son Lamech).

2 – 그녀가 임신을 하고 사내 아이를 낳았는데, 피부가 눈처럼 희었고, 입술은 장미꽃처럼 붉었으며; 머리카락은 양처럼 희고 길었으며; 그의 눈은 아름다웠다. 그 아이가 사람들에게 보여지자 그는 태양처럼 온 집안을 밝게 비추었고; 온 집안이 광채로 빛났다(She became pregnant by him, and brought forth a child, the flesh of which was as white as snow, and red as a rose; the hair of whose head was white like wool, and long; and whose eyes were beautiful. When he opened them, he illuminated all the house, like the sun; the whole house abounded with light).

3 – 산파로부터 그 아이가 건네지자, 라멕은 아들에 대해 겁이 났다; 그래서 아버지인 므두셀라에게 달려가 말을 했다, 제가 다른 아이들과는 전혀 다른 아들을 낳았습니다. 그는 인간이 아닙니다; 그러나 하늘의 천사들의 자식들을 닮았습니다, 우리의 신분과는 다른, 우리와는 전혀 다릅니다(And when he was taken from the hand of the midwife, Lamech his father became afraid of him; and flying away came to his own father Mathusala, and said, I have begotten a son, unlike to other children. He is not human; but, resembling the offspring of the angels

of heaven, is of a different nature from ours, being altogether unlike to us).

4 - 그 아이의 눈은 태양 광선과 같이 빛났으며; 그 아이의 용모는 광채가 나며, 그 아이는 나에게 속한 것이 아니라 마치 천사들에 속한 것 같이 생겼습니다(His eyes are bright as the rays of the sun; his countenance glorious, and he looks not as if he belonged to me, but to the angels).

5 - 저는 겁이 납니다, 그 아이의 날에 기적 같은 무엇인가가 일어나지 않도록 해야 합니다(I am afraid, lest something miraculous should take place on earth in his days).

6 - 아버지시여, 간청하건대, 할아버지이신 에녹에게 가셔서 진실을 알아보세요; 왜냐하면 할아버지는 천사들과 살고 있습니다(And now, my father, let me entreat and request you to go to our progenitor Enoch, and learn from him the truth; for his residence is with the angels).

7 - 므두셀라가 그의 아들의 말을 들었을 때, 므두셀라는 지구의 끝에 있는 나(에녹)에게로 왔다; 왜냐하면 내가 거기 있다고 전갈을 주었기 때문이었다; 그는 와서 소리 내어 울었다(When Mathusala heard the words of his son, he came to me at the extremities of the earth; for he had been informed that I was there: and he cried out).

8 - 내가 그의 소리를 듣고, 그에게 가서 말을 했다, 나의 아들아 보아라 내가 여기 있다; 네가 나에게 온 이후로부터(I heard his voice, and went to him saying, Behold, I am here, my son; since you have come to me).

9 - 그는 대답했고 말했다, 위대한 사건의 전말에 대해 내가 네게 말을 해주겠다; 내가 알려주는 그 광경은 이해하기가 매우 어려울 것이

다(He answered and said, On account of a great event have I come to you; and on account of a sight difficult to be comprehended have I approached you).

10 – 아버지시여, 내 말 좀 들어 보세요; 내 아들 라멕이 라멕을 닮지 않은 사내 아이를 낳았습니다; <u>그 아이의 본질은 우리와는 전혀 다릅니다. 그 아이의 색깔은 눈처럼 희고, 입술은 장미보다도 더 붉으며; 그 아이의 머리카락은 양보다도 더 희고; 그 아이의 눈은 태양 광선 같습니다; 그의 용모는 빛을 발해 온 집안이 광채로 빛나고 있습니다</u>(And now, my father, hear me; for to my son Lamech a child has been born, who resembles not him; and whose nature is not like the nature of man. His colour is whiter than snow; he is redder than the rose; the hair of his head is whiter than white wool; his eyes are like the rays of the sun; and when he opened them he illuminated the whole house).

11 – 산파로부터 아이를 건네 받았을 때(When also he was taken from the hand of the midwife),

12 – 그 아이의 아버지인 라멕은 두려워서, 나에게로 달려와서, 그 아이가 자기 아이라고 믿지 않으면서, 그 아이가 천사들을 닮았다고 했습니다. 그래서 아버지인 당신에게 와서, 진실을 알려달라고 하는 것입니다(His father Lamech feared, and fled to me, believing not that the child belonged to him, but that he resembled the angels of heaven. And behold I am come to you, that you might point out to me the truth).

13 – 나 에녹은 대답하고 말했다. 주님이 지구에 새로운 사건을 일으키신다. 내가 설명하는 것은 비전(환영, 환상)으로 본 것이다. 내가 너에게 보여 주는 것은 나의 아버지인 야렛(Jared, BC 3654(B)~BC 2692(B))

시대에 하늘로부터 내려온 무리가 주님의 말을 무시했다. 그들은 죄를 저지르고, 그들의 신분을 만들고, 인간의 여성들과 섞었다. 그들은 범죄를 저지르고, 인간의 여성들과 결혼하여 자식들을 낳았다(Then I, Enoch, answered and said, The Lord will effect a new thing upon the earth. This have I explained, and seen in a vision. I have shown you that in the generations of Jared my father, those who were from heaven disregarded the word of the Lord. Behold they committed crimes; laid aside their class, and intermingled with women. With them also they transgressed; married with them, and begot children).

14 - 위대한 멸망이 지구에 내려질 것이다; 대홍수, 위대한 멸망이 일 년 동안 일어날 것이다(A great destruction therefore shall come upon all the earth; a deluge, a great destruction, shall take place in one year).

15 - 네 아들에게 태어난 네 손자는 이 땅에서 살아남을 것이며, 네 손자의 세 아들이 네 손자와 함께 구원 받을 것이다. 지구의 모든 인간 들은 다 죽지만, 그는 안전할 것이다(This child which is born to your son shall survive on the earth, and his three sons shall be saved with him. When all mankind who are on the earth shall die, he shall be safe).

16 - 하늘에서 내려온 자들의 후손들은 거인을 낳을 것이고, 영적인 존재가 아니라 육적인 존재가 될 것이다. 그 결과 이 땅에 위대한 벌이 내려 고통을 당할 것이며, 모든 부패들을 다 쓸어 버릴 것이다. 자 녀희 아들인 라멕에게 가서, 그가 낳은 아들은 진실로 그의 아들이며, 그의 이름을 노아라고 짓도록 하라, 왜냐하면 그는 살아남은 자가 될 것이기 때문이다. 노아와 그 아들 셋은 이 땅에 있을 부패로부터 안전할 것이다; 모든 죄와 사악(부정)한 것이 노아의 시대에 정점에 달하게 될

것이다. 그 이후 경건치 못한 행위가 전보다 심하게 될 것이며; 왜냐하면 나는 성스러운 비밀들을 잘 알고 있기 때문에, 그것은 주님이 발견한 것이고 나에게 설명한 것이다; 나는 하늘의 서판을 읽었느니라(And his posterity shall beget on the earth giants, not spiritual, but carnal. Upon the earth shall a great punishment be inflicted, and it shall be washed from all corruption. Now therefore inform your son Lamech, that he who is born is his child in truth; and he shall call his name Noah, for he shall be to you a survivor. He and his children shall be saved from the corruption which shall take place in the world; from all the sin and from all the iniquity which shall be consummated on earth in his days. Afterwards shall greater impiety take place than that which had been before consummated on the earth; for I am acquainted with holy mysteries, which the Lord himself has discovered and explained to me; and which I have read in the tablets of heaven).

므두셀라는 그의 아버지인 에녹의 말과 모든 비밀을 듣고 이해하고 돌아와 그 아이 이름을 노아라 지었다. 노아의 뜻은 멸망으로부터 안위(Comfort, Console)을 주었다는 뜻이기 때문이다(「창세기」 5:24). 이 뜻은 휴식 또는 유예(Respite)라는 뜻이다. 엔릴 신께서 인간들에게 내린 6샤얏탐 기간(600년×6번)의 땅의 저주와 기근과 질병에서 이제 휴식이라는 뜻이다. 아무튼 므두셀라와 라멕은 결국 노아가 어떻게 탄생했는지 그 비밀을 밝히는 데 실패했지만, 분명한 것은 노아는 엔키 신의 아들이라는 점이다.

5장
예수님이 증거하시다,
인간은 신의 아들이다,
따라서 인간도 신(god)이다

구약과 신약에도 이를 증거하는 내용이 나온다. 「요한복음」 5장에는 예수님이 안식일에 38년 된 병자를 고치시고(「요한복음」 5:1~16), 이로 인해 유대인들이(Jews) '더욱 예수를 죽이고자 하니 이는 안식일만 범할 뿐아니라 하나님을 자기의 친아버지라 하여 자기를 하나님과 동등으로 삼으심이더라'라고 기록하고 있다(「요한복음」 5:18).

다만 구약의 하나님(God=Elohim)과 구약의 여호와 하나님(야훼=LORD God)과 예수님이 말씀하시는 하나님 아버지(God the Father)는 다소 다른 듯하다. 예수님이 말씀하시는 하나님 아버지는 가장 높은 곳에 계시는 족보상으로는 가장 높은 하나님(the Most High God)이라고 필자는 생각한다. 우리가 아버지→할아버지→증조할아버지→고조할아버지→그 이상의 아버지가 계시듯이, 하나님들도 그 족보상 많은 하나님들이 계시고, 그 많은 하나님들도 다 아들과 딸이 있다. 그런데 가장 높으신 하나님은 독생자 아들인 예수님만 아들로 두신 분이다. 이점에 대해서는 『바이블 매트릭스』의 시리즈의 「예수님의 재림과 새 하늘과 새 땅의 창조」에서 자세히 다루기로 한다.

이에 대해 예수님은 말씀하셨다. "<u>나와 아버지는 하나이니라 하신대</u>
(I and the Father are one(NIV); The Father and I are one(New Liv-
ing)"(「요한복음」 10:30). 이에 대해 유대인들은 다음과 같이 대답한다.
"유대인들이 대답하되 선한 일을 인하여 우리가 너를 돌로 치려는 것
이 아니라 참람함을 인함이니 <u>네가 사람이 되어 자칭 하나님이라 함이</u>
<u>로라</u>(We are not stoning you for any of these," replied the Jews, "but
for blasphemy, because you, a mere man, claim to be God)"(「요한복음」
10:33, NIV).

이에 대해 예수님은 말씀 하셨다. "너희 율법에 기록한 바 <u>내가 너</u>
<u>희를 신이라 하였노라 하지 아니하였느냐</u>(Jesus answered them, "Is
it not written in your Law, 'I have said you are gods'?(NIV); Jesus
answered, "It is written in your own Law that God said, 'You
are gods.'(Good News); Jesus replied, "It is written in your own
Scriptures(1) that God said to certain leaders of the people, 'I
say, you are gods!'(2) : (1) Greek your own law (2) Ps 82.6(New
Living)(「요한복음」 10:34).

예수님은 계속해서 말씀하신다. "성경은 폐하지 못하나니 <u>하나님</u>
<u>의 말씀을 받은 사람들을 신이라 하셨거든</u>(If he called them 'gods,'
to whom the word of God came—and the Scripture cannot be
broken(NIV); If He called them gods, to whom the word of God
came (and the Scripture cannot be broken)(New King James Ver-
sion); We know that what the scripture says is true forever; and
God called those people gods, the people to whom his mes-
sage was given. (Good News); And you know that the Scriptures
cannot be altered. So if those people who received God's
message were called 'gods,'(New Living)(「요한복음」 10:35).

"하물며 아버지께서 거룩하게 하사 세상에 보내신 자가 <u>나는 하나님 아들이라</u> 하는 것으로 너희가 어찌 참람하다 하느냐(what about the one whom the Father set apart as his very own and sent into the world? Why then do you accuse me of blasphemy because I said, 'I am God's Son'?(NIV); do ye say of Him whom the Father hath sanctified and sent into the world, 'Thou blasphemest,' because I said, 'I am the Son of God'?(21st Century King James)(「요한복음」 10:36).

예수님이 인용하신 율법(Law)과 성경(Scripture)이란 구약의 「시편」을 말한다. 「시편」 82장 6절에는 다음과 같이 기록되어 있다. "내가 말하기를 <u>너희는 신들이며 다 지존자의 아들들이라</u> 하였으나(I said, 'You are "gods"; you are all sons of the Most High.'(NIV); I say, 'You are gods; you are all children of the Most High.'(New Living)(「시편」 82:6).

6장
마무리:
경건한 자(Godly men)가 되어야

그렇다. 노아(지우수드라)는 엔키 신의 아들이었다. 엔키 신은 안(아누) 신의 아들이요, 안 신은 더 높은 지존자(the Most High)의 아들일지도 모른다. 노아가 반신반인(Demigod)이었다 해도 분명 신의 아들이었고, 그의 후손들(all his descendants)은 다 신의 아들인 셈이다. 지금 살아가고 있는 우리들도 신의 아들이다. 예수님과 같은 신분의 신의 아들이라는 점이다.

그러나 우리 인간은 예수님과 달리 반드시 죽어야 할 운명이란 점을 이해해야 한다. 예수님이 왜 재림하시느냐? 하나님의 아들과 딸들인, 예수님과 형제들인 우리를 구원하시고 영생을 주기 위해(「마태복음」 1:21, 「요한복음」 3:15 & 12:47~50) 오시는 것이다. 예수님은 분명 "나와 아버지는 하나이니라 하신대(I and the Father are one(NIV)"라고 말씀하셨다. 하나님들은 우리의 아버지들이다. 예수님의 재림시에, 예수님과 하나님들이 이 땅에 오실 때, 외계인들(aliens)이라 공격할 것이 아니라, 예수님과 하나님들을 아버지라 부르고 존경하고 공경하고 사랑하는 경건한 자(Godly Men)[1]가 되어야 한다.

1 경건한 자(Godly men)-경건(Godly)이란 단어는 구약과 신약에 등장하는 단어이다. '하나님께 경건한 자'를 'The godly' 또는 'Godly man'이라 부르고 '하나님께 불경한 자'를 'The ungodly' 또는 'Ungodly man'이라 표현하고 있다. 하나님께서는 경건한 자를 택하시고(「시편」 4:3), 예수님 재림 시에는 경건치 아니한 자들을 심판하신다고 기록되어 있다 (「베드로후서」 2:9 & 3:7; 「유다서」 1:15; 이외에도 다수). 결국 성경 전체를 통해 보면 인간을 두 부류로 나누는데 바로 Godly men과 Ungodly men으로 요약된다고 보인다. 또는 의로운 자(Righteous men)과 불의한 자(Unrighteous men)로 구분하기도 하는데 필자가 보기엔 둘 다 같은 의미를 갖고 있으나 전자가 더 설득력 있어 보인다.

부록
성경연대기(아브라함 기준의 아담의 족보)

성경연대기(Chronology of the Bible, biblical chronology)[1]란 성경에 기록되어 있는 아담(Adam)에서 20대손인 아브라함(Abram, Abraham, BC 2166-BC 1991)까지의 모든 족장들의 출생과 사망 연도를 전부 계산했을 때의 연대기를 말한다. 또는 아담에서 아브라함 → 이삭(Issac) → 야곱(이스라엘, Jacob)의 넷째 아들인 유다(Judah)에서 다윗(David)의 후손인 예수님까지의 연대기를 말한다.

이 성경연대기를 종합해보면 아브라함부터 그 이후 후손들의 연대기는 우리가 알고 있는 현대의 역사연대기(Chronology of the History, historical chronology)와 거의 같다. 그러나 아브라함부터 그 위의 조상인 아담의 연대기는 정확히 알 수가 없다. 인간창조가 언제 되었는지, 노아(Noah)의 홍수(the Flood)가 언제 일어났는지, 바벨탑(The Tower of Babylon) 사건이 언제 일어났는지 알 수가 없다. 이런 경우 성경연대기는 연도 뒤에 (B)로 표시하기로 한다. 성경연대기로 아브라함에서 아담까지의 족보를 다 계산해 보면 아담의 탄생 연도는 c.BC 4114(B)년이

---

1 http://en.wikipedia.org/wiki/Biblical_chronology

다. 이는 현대 과학이 밝힌 호모 사피엔스(Homo Sapiens) 즉 아담의 출현 연도인 BC 301000년과는 엄청난 차이가 난다.

아브라함 기준의 아담의 족보 - 성경연대기

대	족장이름	출생연도 (Birth)	아들 낳은 연도(Son)	수명(나이) (Life)	사망연도 (Death)	근거	사건, BC(B)
1	아담(Adam)	4114	130	930	3184	창세기 5장(아담의 창조와 죽음에서 노아의 출생과 셈의 출생까지)	
2	셋(Seth)	3984	105	912	3072		
3	에노스(Enosh)	3879	90	905	2974		
4	게난 (가이난, Kenan)	3789	70	910	2879		
5	마할랄렐 (Mahalalel)	3719	65	895	2824		
6	야렛(Jared)	3654	162	962	2692		
7	에녹(Enoch)	3492	65	365	3127		
8	므두셀라 (Methuselah)	3427	187	969	2458		
9	라멕 (레멕, Lamech)	3240	182	777	2463		
10	노아(Noah)	3058	502	950	2108	창세기 5장(아담의 창조와 죽음에서 노아의 출생과 셈의 출생까지), 창세기 5장 32절에 노아는 500살 이후에 셈을 낳았다고 기록하고 있어 정확한 연도는 밝히지 않음, 창세기 10:28-29(노아가 950살에 죽음), 노아가 600살 때 대홍수 일어남(창세기 7:11)	BC(B) 2458년에 대홍수가 일어남 - 노아가 600살 때 (3058년-600년) 일어남
11	셈(Shem)	2556	100	600	1956	창세기 11:10절에 셈은 100세 곧 홍수 2년에 아르박삿을 낳음, 따라서 노아가 502살에 셈을 낳았고, 아르박삿은 BC(B) 2456에 태어났음을 알 수 있음.	
12	아르박삿 (Arphaxad)	2456	35	438	2018	창세기 10:21-32(셈의 족보인 아르박삿에서 벨렉까지), 창세기 11:10-26(셈의 후예 즉 셈의 죽음에서 아브라함 출생까지)	

	가이난 (Cainan)					누가복음 4장 36절에 가이난(Cainan) 조상 (족장)이 하나 더 있음	
13	셀라 (살라, Shelah)	2421	30	433	1988	창세기 10:21-32(셈의 족보인 아르박삿에서 벨렉까지), 창세기 11:10-26(셈의 후예 즉 셈의 죽음에서 아브라함 출생까지)	
14	에벨 (헤버, Eber)	2391	34	464	1927		
15	벨렉(Peleg)	2357	30	239	2118	바벨탑 사건 일어난 시기(창세기 10:25)	벨렉 시기인 BC(B)2357~ BC(B) 2118) 사이에 바벨 탑 사건이 일 어남
16	르우(Reu)	2327	32	239	2088	창세기 11:10-26(셈의 후예 즉 셈의 죽음에서 아브라함 출생까지)	
17	스룩(Serug)	2295	30	230	2065		
18	나홀(Nahor)	2265	29	148	2117		
19	데라(Terah)	2236	70	205	2031		
20	아브라함 (Abraham)	2166	100	175	1991	창세기 11:10-26(셈의 후예 즉 셈의 죽음에서 아브라함 출생까지), 아브라함이 100살 때 이삭을 낳음(창세기 21:5), 아브라함 175세에 죽음(창세기 25:7)	
21	이삭(Issac)	2066	60	180	1886	이삭이 60세에 쌍둥이 에서와 야곱을 낳음(창세기 25:25-26), 이삭이 180세에 죽음 (창세기 35:28-29)	
22	야곱(Jacob)	2006	90	147	1859	야곱(이스라엘)이 12 지파의 족장 12명의 아들을 낳음(창세기 30:1-24, 창세기 35:23-26, 창세기 49:1-28), 막내 12번째 베냐민 출생(창세기 35:18), 야곱의 향년 나이 147세 (창세기 47:28)	
23	요셉(Joseph)	1916	37-38	110	1806	요셉이 므낫세와 에브라임을 낳음(창세기 41:46-52), 요셉이 110세에 애굽에서 죽음 (창세기 50:22 & 26)	

* 모든 연도는 아브라함(BC 2166-BC 1991)을 기준으로 아브라함을 비롯해 그 후손들의 출 생과 사망 연대는 현대의 역사연대기와 동일. 그러나 아브라함 조상들의 출생과 사망 연

대는 성경연대기인 BC(B)임.

* www.bible.ca와 http://www.noahs-ark.tv/the-true-bible-story-of-noahs-ark.
  htm의 Steve Rudd가 작성한 〈창조와 홍수의 타임라인(Creation and Flood Timeline)〉과
  는 6년 차이가 있는데, 이는 아브라함의 탄생과 죽음의 연도를 언제 잡느냐에 따라 달라
  지는 것이다. 다른 것은 다 동일하다.

용어 해설

AD xx AD xx: anno Domini(A.D.), 서기 xx년이란 뜻.

AD xx(B): 성경에서 말하는 AD(A.D.) 연대를 계산했을 때의 서기 xx년이란 뜻. 즉 성경연대기(biblical chronology, Chronology of the Bible)의 연도를 말함. 이는 현대의 역사연대기(historical chronology, Chronology of the History)와는 차이가 날 때 별도의 성경연대기로 표시함. 예를 들어 예수님의 탄생 연도는 역사연대기로는 AD 1년이지만, 성경학자들과 역사학자들이 정확히 계산한 탄생 연도는 BC 6(B)년임, 따라서 사망 연도와 부활 연도도 역사연대기로는 AD 33년이지만, 성경연대기로는 AD 27(B)임. 용어 설명의 '예수님의 탄생연도' 참조할 것.

c.BC xx: circa Before Christ(c.B.C), 대략 기원전 xx년이란 뜻.

BC xx(B): 기원전을 나타내는 성경연대기. 필자가 계산해 본 결과 아담(Adam)의 20대 손인 아브라함(Abram, Abraham, BC 2166~BC 1991)부터가 현대의 역사연대기와 일치함. 따라서 그 앞의 족장들은 성경연대기로 표시할 수밖에 없는데, 아담의 경우 성경연대기로 BC 4144(B)년에 태어나 930세에 죽었으니 성경연대기로는 BC 3184(B)에 죽음.

갈대아(Chaldea): 갈대아는 원래 바빌로니아(Babylonia) 남부의 수메르(Smuer, 창세기 10장 10절의 '시날=Shinar')를 가리키는 고대 지명이다. 그러다가 바벨탑(The Tower of Babylonia) 사건[「창세기」 11장, c.BC 3450, BC 2357(B)~BC 2118(B)] 이후 바빌로니아 전체로 지명이 확대되었다. 그래서 구약성경에서는 갈대아를 흔히 바빌로니아와 동의어로 사용하고 있다. 따라서 갈대아인(Chaldean)은 바로 바빌로니아인(Babylonian)이다. 이는 구약과 신약 전체를 통해 바빌로니아인들은, 여호와 하나님과 적대시되는, 이스라엘 민족과 적대시되는, 바빌론의 수호신이었던 마르둑(Marduk) 이라는 신을 주신으로 섬겼기 때문이다. 그 유래는 함(Ham) 족이다. 「창세기」 10장에는 함의 손자인 니므롯(Nimrod)은 용맹이 뛰어난 사냥꾼으로 시날(Shinar) 지역에 도시를 만들고 성벽을 쌓아 거대한 바빌론 왕조를 건설하였다고 기록되어 있다(「창세기」 10:8~12, c.BC 2300). 도시로는 바빌론(Babylon), 악갓(아카드, 아가데, Akkad), 에렉(에르크, Erech, 우르크, Urkuk, Unug), 갈레(Calneh)에서 시작하여 더 나아가 셈(Shem)의 아들인 앗수르(Asshur)가 거주하고 있던 앗수르(아슈르, 아시리아, Assyria)까지 나아가 니느웨(니네베=Nineveh)를 건설하였다고 기록되어 있다. 따라서 니므롯은 북쪽의 아시리아, 그 중간의 바빌론, 그리고 남부의 수메르를 잇는 사실상의 메소포타미아 전역을 통일했다고 보인다. 이는 우리가 역사에서 배운 고대 바빌로니아(BC 1830~c.BC 1531) 이전의 도시국가로 추정된다. 「창세기」 10장에 니므롯에 관해서 상세하게 설명이 나온 이유는 아시리아와 바빌론이 후에 아시리아(앗수르) 포로(Assyria Exile/Captivity, BC 723~BC 612)와 바빌론 유수(Babylonian Captivity or Babylon Exile, BC 605~BC 539) 등 이스라엘 백성과 역사적으로 중요한 관계에 있게 되기 때문이다. 갈대아는 히브리인(헤브라이인, Heberites, Hebreians) 민족의 발원지라 볼 수 있다. 히브리인은 수메르(Smuer) 남부에서 활약한 셈계(系)의 아르박삿(Arphaxad) 종족으로 아브라함(Abram, Abraham, BC 2166~BC 1991)의 아버지 데라(Terah, BC 2236~BC 2031)도 갈대아에 있는 니푸르(Nippur) 출신의 히브리인이다. 그 당시 니푸르는 성경에 언급되지 않는 우주비행통제센터(Spacecraft Mission Control Center)가 있던 도시이다. 이곳 니푸르에서 데라는 70세에 아브라함과 나홀(Nahor)과 하란(Haran)을 낳았다. 데라는 왕가 사제 집안의 출신으로 신전과 궁정사이의 연락을 위해 남쪽 우르(Ur)로 이주하였다(BC 2113). 「창세기」 11장과 15장의 기록을 보면 아브라함도 갈대아 우르(Ur) 출신의 히브리인이다.

그 후 함족(Ham)의 후손인 가나안(Canaan)의 아모리(Amorites) 족속이 갈대아(Chaldea) 지역의 바빌론을 중심으로 하는 고대 바빌로니아 왕조(BC 1830~c. BC 1531)를 세운다. 그 후 시리아에 거주하고 있던 셈계(系)의 아람(Aram)계 족속들이 남부 갈대아로 이주해 신아시리아 왕조(Neo-Assyria Empire, BC 912~BC 612)를 멸망시킨 후 바빌론에 입성하여 신바빌로니아 왕조(BC 625~BC

539)를 연다. 그래서 신바빌로니아를 갈대아 왕조라고 한다. 고대 바빌로니아 왕조나 신바빌로니아 왕조나 모두 여호와 하나님(야훼)의 적(뱀으로 표현되는 신)으로 간주되는 마르둑(Marduk) 신을 신봉하였다. 따라서 여호와 하나님을 주신으로 섬기는 히브리인(유대인, 이스라엘인) 입장에서 보면 마르둑 신을 섬기는 갈대아인, 즉 바빌로니아인은 이방인이며 적이다.

고대 수메르 문서에 의하면 마르둑 신이 지지자들을 이끌고 갈대아, 즉 바빌론의 아카드와 수메르로 진군해 스스로 바빌론의 옥좌에 오르는데, 이를 '신들의 전쟁, 인간들의 전쟁(The wars of gods and men)'으로 규정한 시친(Sitchin)은 이때부터 신들의 전투가 중앙 메소포타미아로 확산되었다고 한다(BC 2024)(시친, III, 2009). 그 결과 바빌론을 장악한 마르둑 신이 예루살렘 근처의 모리야 산(성전산, Mount Moriah, Temple mount, 아브라함이 아들 이삭을 번제물로 바치려 했던 산임)에 있던 신들이 사용하는 우주비행통제센터(Spacecraft Mission Control Center)와 시나이 반도에 있던 우주공항(Departing Platform as Runways Platform)을 장악하려고 가나안의 추종자들을 집결시키자, 여호와 하나님(야훼)은 하란(Haran)에 머물던 아브라함을 가나안 지역으로 이동시켜 이를 저지하고자 하나(BC 2041) 역 부족이었다. 이에 분노한 여호와 하나님을 비롯한 고위 신들(아눈나키, Ahnunnaki)이 자신들을 배반하고 마르둑 신에 선 가나안 도시인 소돔과 고모라와 시나이 반도의 우주공항(필자가 보기엔 폐쇄하고자 결정함)을 핵(필자가 보기엔 오늘날의 원자핵 또는 그 이상의 우리가 모르는 핵무기)으로 멸망시키게(BC 2023) 된다. http://en.wikipedia.org/wiki/Chaldea, http://100.naver.com/100.nhn?docid=150710, http://100.naver.com/100.nhn?docid=101741

거인(Great/Giant Man): 우리는 대홍수 이후에 이집트의 기자(Giza)에 세워진 세 개의 피라미드(Pyramid)와 스핑크스(Sphinx, 사자인간, 사람머리와 사자의 동체)가 어떻게 구축되었는지 그 비밀을 알게 되는데, 누가 거대한 돌들을 쌓아올렸는가이다. 바로 대홍수 이후에도 살아남은 100미터 키의 반신반인(半神半人, Demigod)인 거인(Great Man or Giant Man)들이 신들을 도와 이 작업을 했다는 것을 예측해 볼 수 있다. 또한 스핑크스의 사자의 동체로 보아 피라미드와 스핑크스는 대년(Great Year)의 시대별 춘분의 12개 별자리의 사자자리(사자궁, 獅子宮, Leo, 12 황도대의 제5궁) 시대인 BC 10860~BC 8700년 사이에 건축되었음을 알 수 있다. 이는 대홍수 이후의 일이다. 이렇게 볼 때 대홍수는 그 앞의 처녀자리(처녀궁, 處女宮, Virgo, 12궁의 6궁)과 천칭자리(천칭궁, 天秤宮, Libra, 12궁의 제7궁) 사이인 BC 13020년경에 일어났음을 예측해 볼 수 있다. 여호와 하나님은 서로 살육케 하고 동시에 대홍수로 네피림(Nephilim)의 자손인 거인들(Giant Men)을 쓸어버리려고 했지만, 구약성경을 보면 이들은 대홍수 이후에도 살아남아 있었다고 기록하고 있다. 모세(Moses, BC 1526~BC 1406)가 이집트를 탈출해 40년간의 광야생활(Wilderness or Desert, Shur & Sin & Paran & Zin, BC 1446~BC 1406)을 할 때(「출애굽기」 16:36), 가나안(Canaan) 지역을 탐사하는 과정에서, 가나안 땅에는 네피림의 후손들인 거인인 아낙(Anak, Anakim, Anakite) 자손들이 사는 곳이라고 기록한 것을 보면 알 수 있으며(「민수기」 13: 22 & 28 & 33; 「신명기」 1:28), 거인들은 여러 곳에 기록되어 있다(「신명기」 2:10~11, 20~21, 3:11, 9:2; 「여호수아」 11:21~22, 14:12~15, 15:13~14, 「사사기」 1:20).

경건한 자(Godly men): 경건(Godly)이란 단어는 구약과 신약에 등장하는 단어이다. '하나님께 경건한 자'를 'The godly' 또는 'Godly man'이라 부르고 '하나님께 불경한 자'를 'The ungodly' 또는 'Ungodly man'이라 표현하고 있다. 하나님께서는 경건한 자를 택하시고(「시편」 4:3), 예수님 재림시에는 경건치 아니한 자들을 심판하신다고 기록되어 있다(「베드로후서」 2:9 & 3:7; 「유다서」 1:15; 이외에도 다수). 결국 성경 전체를 통해 보면 인간을 두 부류로 나누는데 바로 Godly men과 Ungodly men으로 요약된다고 보인다. 또는 Righteous men 과 Unrighteous men으로 구분하기도 하는데 필자가 보기엔 둘 다 같은 의미를 갖고 있으나 전자가 더 설득력 있어 보인다.

고대 바빌로니아 왕조(Old Babylonian Empire, BC 1830~c.BC 1531): 함족(Ham)의 후손인 가나안(Canaan)의 아모리(Amorites) 족속이 갈대아(Chaldea) 지역의 바빌론(Babylon)을 중심으로 세운 고대 바빌로니아 왕조는 제6대 함무라비(Hammurabi, BC 1792~BC 1750) 왕이 죽은 후 쇠퇴하여 c.BC 1531년에 지금의 터키 남부와 시리아 지역에 살던, 같은 함 족속의 가나아 족속(Canaan)인 히타이트(Hittites, 구약의 '헷')의 침입으로 멸망한다. 고대 바빌로니아의 주신(Patron god)은 마르둑(Marduk)이다. 그 후 바빌로니아의 지배권은 동북부 산악지대를 장악한 카사이트(카시트, Kassites, c.BC 1600~c.BC 1115)로 넘어가 400년 동안 카사이트의 지배를 받는다. 그 후 악랄하기로 유명한 아시리아(앗시리아, 구약성경의 '앗수르=Asshur', 아슈르, Assur, Ashur, Assyria)가 점점 세력을 얻어 바빌론을 공격하여 함락시키고 자립하여 신아시리아 왕조(Neo-Assyrian Empire, BC 912~BC 612)를 연다. 아시리아의 주신은 아슈르(Ashur, 모든 것을 보는 자라는

'overseer' 뜻)이다. http://en.wikipedia.org/wiki/Babylonia

고대 수메르 문서: 고대 수메르(Smuer, 「창세기」 10장 10절에 처음 나오는 '시날 =Shinar'을 말함) 도시에서 발굴되거나 발견된 c.BC 5000~c.BC 2400년의 점 토판(Clay tablets)이나 유물/유적지에 기록된 문서들을 말한다. 이 문서들은 쐐 기 모양의 설형문자(Sumerian cuneiform), 그림문자(Iconography)와 기호문자 (Symbology)로 새겨지거나 기록되었다. 수메르의 설형문자는 1686년 독일의 자 연주의자이자 내과의사인 캠퍼(Engelbert Kaempfer)가 고대 페르시아의 수도 인 페르세폴리스(Persepolis, 그리스어로 페르시아의 도시, 페르시아인들은 '파르사 (Parsa)'라 부름)를 방문하여 발견하였다. 그 이후 수메르 지역에서 고고학적으 로 발굴된 설형문자들은 학자들이 음역(transliteration)하거나 번역(Tranlsation) 하여 영국 옥스포대의 수메르 전자문학문서(The Electronic Text Corpus of Sumerian Literature)로 집대성하여 일반에게 공개하고 있다. 고대 수메르 지역에 서 발굴된 총 400개의 문서들을 목록에 따라 또는 번호로 매겨 집대성하고 있 다. 이 전자문학문서에는 신들의 고향인 12번째 행성인 니비루(Nibiru, 타원형 궤 도의 가장 높은 점 또는 교차점이라는 뜻)가 등장하고, 하늘의 니비루에서 이 땅에 최초로 내려와 인간을 창조하시고 인간에게 문명을 가르쳐 주신 엔키(Enki) 신 부터 시작하여 두 번째로 내려와 고위 신들(아눈나키, Ahnunnaki)의 최고 높은 (Most High or Great Mountain) 신이 되신 엔릴(Enlil), 그리고 여신인 엔릴 신의 손녀인 인안나(Inana) 여신 등이 등장하고, 홍수 신화(The Flood story)도 등장 하며, 우리가 잘 아는 고대 영웅이신 첫 번째 우르크(Uruk, Unug, 「창세기」 10장 10절의 '에렉=Erech', 에레크) 왕조의 5번째 왕인 길가메시(Gilgamesh, c.BC 2700, 통치 126년)를 칭송하는 『길가메시 서사시』(Epic of Gilgamesh)와 이와 관련하 여 수메르어로 쓰여진 길가메시의 5개의 시(Poems)도 등장한다. 따라서 이 고 대 수메르 문서는 구약성경에서 말하지 않는 많은 역사적 진실을 말하고 있다. 이 땅에는 무수히 많은 신들이 내려왔으며 인간을 왜 창조했는지, 노아의 홍수 가 왜 일어났는지, 「창세기」 10장에 등장하는 고대도시를 다스린 신들과 왕들 에 대해 자세히 기록하고 있다.

http://en.wikipedia.org/wiki/Cuneiform
http://www.dmoz.org/search?q=Cuneiform
http://en.wikipedia.org/wiki/Engelbert_Kaempfer
http://www-etcsl.orient.ox.ac.uk/

http://www-etcsl.orient.ox.ac.uk/edition2/etcslbycat.php

http://en.wikipedia.org/wiki/Sumerian_religion

고센(Goshen): 이집트 나일강 하류의 나일 델타(Nile Delta)를 이루는 지역 중 동쪽에 위치한 땅으로 이스라엘 족속(Israelites)이 거주했던 땅이다. 이스라엘 족속 중 야곱(Jacob)의 열한 번째 아들인 요셉(Joseph, BC 1916~BC 1806)이 17세에 이집트로 팔려가(「창세기」 37:25~28), 30세에 이집트의 총리가 되고(「창세기」 41:46), 40세(BC 1876)에 130세의 아버지 야곱과 11형제를 이집트의 고센 땅으로 모셔와 잘 살다가, 요셉과 형제가 모두 죽은 후부터 이집트의 노예가 된다(「창세기」 45:10, 「창세기」 46:28, 「창세기」 47:27, 「출애굽기」 8:22, 「출애굽기」 9:26). 이스라엘 민족은 고센 땅의 라암셋(Rameses)을 출발하여(「출애굽기」 12:37) 홍해(Red Sea, Sea of Reeds)를 건너고 시나이 반도(Sinai Peninsula)를 거쳐 가나안(Canaan)에 정착하게 된다.

http://en.wikipedia.org/wiki/Land_of_Goshen

구갈라나(Gugalana, Gugalanna): 수메르어로 구드안나(Gud.An.Na)는 하늘의 안(An, Anu) 신의 무기로, 금속으로 만들어진 공격무기, 즉 크루즈 미사일(Cruise missile)이라는 뜻. 하늘의 위대한 황소(The Great Bull of Heaven)로 수메르 시대의 신(deity, God), 나중에 별자리의 황소자리, 즉 황소좌의 타우루스(Taurus)가 됨.

http://en.wikipedia.org/wiki/Gugalanna

구수 또는 키시(Kish, Cush, Cuth, Cuthah): 「창세기」 2장 13절의 지역 이름인 수메르 지역의 고대 도시인 구스(Cush). 「창세기」 10장 6절의 함(Ham)의 아들인 구스(Cush)의 이름과 같음. 이 지역의 주신(Patron of God)은 엔키(Enki) 신의 셋째 아들인 네르갈(Nergal, Nirgal, Nirgali) 신(神). http://en.wikipedia.org/wiki/Kish_(Sumer)

길가메시 서사시(Epic of Gilgamesh): 영국의 레야드(Austen Henry Layard)와 그의 조수인 라삼(Hormuzd Rassam)은 1852~1854년에 큐윤지크(Kuyunjik)라 불리는 아시리아의 수도였던 니네베(Nineveh, 「창세기」 10장 11절의 '니느웨', 지금의 이라크 '모술(Mosul)')의 발굴을 시도하여 1853년에 신아시리아 왕조(Neo-Assyrian Empire, BC 912~BC 612)의 마지막 왕인 아수르바니팔(Ashurbanipal, 에사르하돈의 아들, 구약의 '오스납발', KJV의 'Asnappar', 통치 BC 668~BC 612)가 세운, 그러나 폐허가 된 아수르바니팔의 도서관(Library of Ashurbanipal)을 발굴하여 수메르 시대(c.BC 3800~c.BC 2023) 첫번째 우르크(Uruk, Unug, 「창세기」 10장 10절의 '에렉=Erech', 에레크) 왕조의 다섯 번째 왕인 길가메시(Gilgamesh, c.BC 2700, 통치 126년)를 칭송하는 『길가메시 서사시』(Epic of Gilgamesh)를 발견한다. 오늘날 우리에게 알려진 이 표준 버전의 『길가메시 서사시』는 1~12개의 점토판에 아카드어로 쓰여진 완벽한 버전으로 그 점토판에는 BC 1300~BC 1000사이에 신-리크-우니나니(Sin-liqe-unninni)가 옛 수메르 전설과 신화를 바탕으로 편집했다고 기록되어 있다. 이 서사시의 내용은 1876년 아시리아 학자인 스미스(George Smith)가 『갈데아인과 창조의 근원』(The Chaldean Account of Genesis)이라는 제목으로 최초로 번역하여 출판했다(Smith, 1876). 단 주의할 것은 수메르 시대(c.BC 3800~c.BC 2023)에 일어난 일을 중세 아시리아 왕조(Middle Assyrian Empire, BC 1380~BC 912) 시대에 아카드어로 점토판에 기록했기 때문에 몇몇 수메르 신들의 수메르어 이름이 아카드어 이름으로 표현되고 있다는 점이다. 예를 들어 수메르 시대의 여신인 인안나(수메르어 Inanna)를 이시타르(아카드어 Ishtar)로 표현하고 있다. 『길가메시 서사시』의 원래 제목은 'He who Saw the Deep' 혹은 'Surpassing All Other Kings'이다. 이들이 발견한 점토판은 영국으로 옮겨져 지금은 영국 박물관(British Museum)에 전시되어 있다.

이 아카드어 표준 버전 이외에도 고대 바빌로니아 버전도 있는데, 이를 『바빌로니아 길가메시 서사시』(Babylonian Epic of Gilgamesh)라고 한다(George, 2003). 특히 아카드어로 쓰여진 『길가메시 서사시』(Epic of Gilgamesh)를 고대 바빌로니아인들이(아카드어를 사용함) 각색 편집한 문서를 바빌로니아 『아트라하시스 서사시』(Babylonian Epic of Atrahasis) 또는 『아카드어 아트라하시스 서사시』(Akkadian Atrahasis Epic)라고 하는데, 이는 『길가메시 서사시』가 1~12까지의 점토판에 기록된 반면 『아트라스 서사시』는 1~3까지의 점토판에 기록되어 있다(Lambert and Millard, 1965 & 1969). 길가메시의 〈점토판 11〉과 아트라하시스 〈점토판 3〉은 홍수의 비밀을 담고 있다. 특히 길가메시의 〈점토판 11〉를 길가메시의 홍수의 비밀(Gilgamesh flood myth)이라고 부른다. 이외에 기타 고대 수메르어로 기록된 시(Poem)도 5편이나 된다. 그래서 역사적으로 가장 오래된 수메르어 시대의 기록을 보려면 이 5편의 시를 참조해야 한다. 구약 「창세기」에는 노아(Noah, 쉬었다는 뜻)가 홍수의 영웅으로 등장하지만, 수메르 창조신화와 홍수신화(Sumerian creation myth and flood myth), 즉 『에리두 창세기』(Eridu Genesis)에는 슈루팍(Shuruppak)의 왕인 지우수드라(Ziusudra, 영생을 찾

다라는 뜻, 우트나피시팀의 수메르어 이름)가, 『길가메시 서사시』에는 우트나피시팀
(Utnapishtim, 영생을 찾다라는 뜻, 수메르어 이름인 지우수드라의 아카드어)이, 『아트
라하시스 서사시』에는 아카드어 이름인 아트라하시스(Atrahasis, 매우 현명하다는
뜻)가 홍수의 영웅으로 등장한다.

(1) Thompson, R. Campbell, 『The Epic of Gilgamish』 London, 1928.
   http://www.sacred-texts.com/ane/eog/index.htm

(2) Temple, Robert, 『A verse version of the Epic of Gilgamesh』 1991-
   http://www.angelfire.com/tx/gatestobabylon/temple1.html

(3) 아카드어 표준 버전 『길가메시 서사시』(Epic of Gilgamesh)의 1~11까지
   의 영어 번역본 - http://www.ancienttexts.org/library/mesopotamian/
   gilgamesh/

(4) Gilgamesh-In search of Immortality - http://www.mircea-eliade.
   com/from-primitives-to-zen/159.html

(5) 아카드어 표준의 『길가메시 서사시』의 요약 본 : 『Epic of Gilgamesh』
   Summary by Michael McGoodwin, prepared 2001, revised 2006.
   http://mcgoodwin.net/pages/otherbooks/gilgamesh.html

(6) 고대 바빌로니아 버전의 e-Book은 『길가메시 서사시』: Edited by Morris
   Jastrow, translated by Albert T. Clay
   http://www.gutenberg.org/ebooks/11000

(7) 『길가메시 서사시』 풀이 : Richard Hooker(wsu.edu)
   http://www.wsu.edu/~dee/MESO/GILG.HTM

(8) The Epic of Gilgamesh: A Spiritual Biography, By W. T. S.Thackara
   http://www.theosociety.org/pasadena/sunrise/49-99-0/mi-wtst.htm

(9) Appendix V: The Epic of Gilgamesh, An Outline with Bibliography
   and Links
   http://www.hist.unt.edu/web_resources/epic_gilgamesh_old_file.htm

(10) 수메르어로된 5편의 시―수메르 시대의 문서와 문학―옥스포대에서 전자
   문서로 집대성 번역하여 공개하고 있는 수메르 시대의 길가메시 관련 5편의
   시―영어 번역본.
   〈Gilgamesh and Aga〉
   http://etcsl.orinst.ox.ac.uk/cgi-bin/etcsl.cgi?text=t.1.8.1.1#

〈Gilgameh and the bull of heaven〉

http://etcsl.orinst.ox.ac.uk/cgi-bin/etcsl.cgi?text=t.1.8.1.2#

〈The Death of Gilgameh〉

http://etcsl.orinst.ox.ac.uk/cgi-bin/etcsl.cgi?text=t.1.8.1.3#

〈Gilgamesh, Enkidu and the nether world〉

http://etcsl.orinst.ox.ac.uk/cgi-bin/etcsl.cgi?text=t.1.8.1.4#

〈Gilgamesh and Huwawa(Version A)〉

http://etcsl.orinst.ox.ac.uk/cgi-bin/etcsl.cgi?text=t.1.8.1.5#

(11) Mitchell, Stephen, 〈Gilgamesh: A New English Translation〉, Free Press, 2004.

(12) George, Andrew R.(translator), 〈The Epic of Gilgamesh〉, Penguin Books, 1999.

(13) 기타-http://en.wikipedia.org/wiki/Epic_of_Gilgamesh

http://en.wikipedia.org/wiki/Gilgamesh

http://en.wikipedia.org/wiki/Utnapishtim

http://en.wikipedia.org/wiki/Ziusudra

http://en.wikipedia.org/wiki/Sumerian_creation_myth

http://www.soas.ac.uk/baplar/recordings/

난나 신(Nannar 神): 수메르어로 난나(Nannar or Nanna), 아카드어로 수엔(Suen) 또는 신(Sin), 달의 신(God of the moon). 신(Sin)의 이름은 달을 의미하는 킨구(Kingu)=엔수(Ensu)에서 파생된 수엔(SU.EN, 황무지의 지배자). 엔릴(Enlil) 신의 두 번째 아들로 지구에서 태어남. 고대 도시인 메소포타미아 남부의 우르(Ur=Urim)와 북쪽의 하란(Harran)의 주신(Patron god). 난나 신의 지구라트 신전은 에키쿠누잘(E-kic-nu-jal).

http://en.wikipedia.org/wiki/Sin_(mythology), http://en.wikipedia.org/wiki/Ur

남타라(NAM.TAR, Namtara, Namtar, Namtaru) 신(神): 수메르의 신으로 지옥의 신이자 죽음의 신이며 운명의 신(god of fate). 안(An)이나 아래 세계를 지배하고 있던 에르쉬기갈(Ereshkigal)과 네르갈(Nergal)의 메시지를 전달하는 신. 엔릴 신이 여신인 닌릴(Ninlil)과 결혼하기 전에 에르쉬기갈과의 정사로 하늘에서 태어난 신으로 질병과 페스트를 책임지는 신. 60개의 질병을 다양한 형태의 악마로 변형시켜 인간의 몸에 침투시키는 책임을 짐. 따라서 남타라 신에게 제물과 번제를 드리면 이와 같은 질병을 사전에 예방할 수 있음. http://en.wikipedia. org/wiki/Namtar

네르갈(Nergal, Nirgal, Nirgali) 신(神): 엔키(Enki) 신이 지구에서 낳은 셋째 아들로 죽은 자들이 가는 아래세계(Netherworld, Underworld)를 다스리던 신. 배우자는 에르쉬기갈(Ereshkigal, Ereckigala) 여신. 네르갈 신은 구약성경의 「열왕기하」 (2 Kings) 17장 30절에 등장하는데, 각 민족이 각기 자기의 신상을 만들어, '굿 사람들은 네르갈을 만들었고(the men from Cuthah made Nergal)(NIV)'에서 나오듯이 메소포타미아의 고대 도시인 구스(Cush, Cuth, Cuthah)의 주신(Patron god)임을 알 수 있음. 자세한 것은 『바이블 매트릭스』 시리즈의 「하나님들과 하나님들의 과학기술」 편을 참조하라.

http://en.wikipedia.org/wiki/Nergal

네피림(Nephilim), **이기기 신들**(Igigi gods): 「창세기」 6장 4절에 등장하는 '복수'의 단어인 네피림(Nephilim)을 의미하는데, 하나님의 아들들(sons of God), 즉 '하늘에서 지구로 내려온 신들'이라는 뜻이다. 특히 계급이 낮은 젊은 신들(Lower Gods)」을 지칭하는데, 『아트라하시스 서사시』(Babylonian Epic of Atrahasis or Atra-Hasis) 〈점토판 1~3〉과 『길가메시 서사시』(Epic of Gilgamesh)의 〈점토판 11〉에는 네피림을 이기기 신들(Igigi-Gods)이라 표현하기도 한다. 이기기란 '돌면서 관측하는 자들(Those Who See and Observe)', 즉 '감시자 또는 주시자(Watchers)'란 뜻이다. 또한 「창조의 서사시」(Epic of Creation) 〈점토판 3〉의 126줄과 〈점토판 6〉의 21줄과 123줄에도 이기기 신들이 등장한다. 이들은 주로 인간이 창조되기 이전에 신들의 고향 행성인 니비루(Nibiru)에서 이 땅에 내려와 광산에서 금을 캐거나 강을 막아 수로를 만들거나, 또는 신들의 고향인 니비루로 금을 실어 나르기 위해 지구 궤도 위에 있던 혹은 화성에 베이스를 둔 우주선 모선이나 우주왕복선에 속해 일을 했다. 특히 모선에 속한 300명의 이기기 신들은 인간이 창조된 후에는 인간과 지구의 기후상황을 주시하고 감시하는 감시자들(Watchers)이었다. 문제는 이들 감시자들이었다. 위경인 「희년서」(Book of Jubilees) 4장 22절과 「에녹1서」(The Book of Enoch 1) 7장 7절에는 천사 또는 감시자 또는 주시자로 표현하고 있으며, 이들이 주어진 역할과 위치를 이탈하고 200명 규모로 이 땅에 내려와 인간의 여성들과 결혼하여 거인(Great/Giant Man)을 낳았다고 기록하고 있다. 이는 「창세기」 6장 1~5절의 내용과 일치한다.

자세한 것은 『바이블 매트릭스』 시리즈의 「인간창조와 노아 홍수의 비밀」편을 참고하시라.

http://en.wikipedia.org/wiki/Nephilim, http://en.wikipedia.org/wiki/Igigi

노아(Noah): 창세기의 홍수의 영웅인 노아(Noah)로 '유예' 혹은 '휴식(respite)'이라는 뜻으로 '쉬었다'는 뜻, '인간의 노동과 고통으로부터 인간을 편안하게 해주었다'는 뜻. c.BC 2150년경에 수메르어(Sumerian)로 쓰여진 『에리두 창세기』(Eridu Genesis)〉에 나오는 슈루팍(Shuruppak)의 왕인 지우수드라(Ziusudra), c.BC 1150년경에 아카드어(Akkadian)로 쓰여진 『길가메시 서사시』(Epic of Gilgamesh)의 슈루팍의 왕인 우트나피시팀(Utnapishtim), c.BC 1640년에 아카드어로 쓰여진 『아트라하시스 서사시』(Babylonian Epic of Atrahasis or Atra-Hasis, Akkadian Atrahasis Epic)의 슈루팍의 왕인 아트라하시스(Atrahasis), 이들은 모두 구약성경의 홍수의 영웅인 노아(Noah)와 동일 인물. 노아와 아트라하시스는 영생을 얻지 못하지만, 우트나피시팀과 지우수드라는 영생을 얻음. http://en.wikipedia.org/wiki/Noah

누딤무드(Nudimmud=엔키=Enki=에아=Ea=해왕성=Neptune): 인간을 창조하신 엔키(Enki) 또는 에아(Ea) 신의 행성, 재주 좋은 창조자(artful creator), 땅을 고르게 펴거나 관개수로로 바꾸거나 유전자를 조작해 인간을 만든 것에 비유하여 수메르어로 이미지 패셔너(Image Fashioner)라는 뜻. 각주의 엔키(Enki) 신(神)을 참조.

http://en.wikipedia.org/wiki/Nudimmud, http://en.wikipedia.org/wiki/Neptune

니네베(Niniveh): 수메르어(Sumerian)로 니네베(Niniveh), 아카드어(Akkadian)로 니느웨(Ninwe), 「창세기」 10장 11절의 '니느웨', 지금의 이라크의 '모술(Mosul)'을 말함. http://en.wikipedia.org/wiki/Nineveh

니비루(Nibiru) **행성**: 수메르어(Smuerian)로 니-비-룸(ni-bi-rum), 아카드어(Akkadian)로 니비루(Nibiru) 또는 니베루(Neberu) 또는 네비루(Nebiru)로, 번역하면 '통과(crossing)' 또는 '타원형 궤도의 가장 높은 점 또는 교차점(point of transition)'이라는 뜻. 태양계를 횡단하는 행성이라는 뜻. 신들의 고향 행성을 말함. 아직까지 과학적으로 발견되지 않은 행성. 천문학자들은 명왕성(Neptune) 너머의 이 행성을 '미지의 행성(Planet X)'이라 부르는데, 눈에 보이지는 않지만 혜성의 궤도에 영향을 미치는 어떤 행성이 존재한다는 사실이 확인됨. 태양을 중심으로 다른 행성들과는 달리 시계방향의 궤도로 공전하는 행성으로 1년의 공전주기는 지구로 보면 3,600년이며 3,600년을 1샤르(Shar, Sar)라 하고, 니비루 행성이 지구에 근접할 때를 근지점(近地點, Perigee), 지구와 가장 먼 거리에 있을 때를 원지점(遠地點, Apogee)이라 함. 또는 태양과 가까울 때는 근일점(近日點, Perigee) 멀어질 때는 원일점(遠日點, Apogee)이라 함. 니비루 행성이 근지점에 다다를 때 엄청난 인력으로 인해 지구에서는 남극대륙의 빙하가 깨져 바다로 미끄러져 들어가고 지진과 해일 등 각종 재난이 일어남. 바로 「창세기」 6~8장의 노아의 홍수는 과학적으로 이와 같은 천체우주물리학의 원리에 의해 일어난 것임. 니비루 행성은 「창조의 서사시」〈점토판 7〉에 등장하며, 〈점토판 7〉의 109줄에는 니비루를 마르둑(Marduk) 행성이라고 표현하고 있음(Let his name(Marduk) be Nibiru)(King, 1902). 거대한 공전궤도를 가지고 있는 니비루 행성은 그 자체가 움직이는 관측 기지이기 때문에, 이 행성의 신들은 외행성들을 포함한 태양계의 모든 것뿐만이 아니라 우주 전체를 관찰할 수 있음. 신들은 어떻게 지구에 도착했을까? 지구에 도착한 것은 니비루 행성이 3600년마다 근지점에 도착할 때로 보는데, 근지점이란 비니루 행성이 화성(Mars)과 목성(Jupiter) 사이의 궁창(Expanse or Firmament), 즉 소행성대(Asteroid Belt)에 오는 것을 말함. 이때 니비루에서 모선(mother spaceship, 母船)을 발사하고 모선이 지구의 궤도를 돌면, 모선에서 착륙선을 발사해 지구에 도착. 착륙선은 시파르(Sippar)의 우주공항에 착륙(시친, I, 2009, pp. 392~393).

http://www.bibliotecapleyades.net/esp_hercolobus.htm
http://www.bibliotecapleyades.net/esp_hercolobus.htm#Libros-Tratados
http://en.wikipedia.org/wiki/Nibiru_(Sitchin)#Planets_proposed_by_Zecharia_Sitchin
http://en.wikipedia.org/wiki/Nibiru_(Babylonian_astronomy)
http://en.wikipedia.org/wiki/Planet_X
http://en.wikipedia.org/wiki/Enuma_Elish

니사바(Nissaba) **여신**(女神): 수메르의 여신으로 수확(Harvest)의 여신. 풍만한 가슴은 젖을 생산해 풍요롭게 한다는 뜻임. http://en.wikipedia.org/wiki/Nissaba

니푸르(Nippur): 수메르어 니브루(Nibru), 아카드어 니브루(Nibbur), 아눈나키(Great Annunakki, Ahnunnaki)의 수장인 이 땅에 내려오신 최고 높은 신인 엔릴(Enlil)

이 거주하던 도시. 지구의 니브루키(Nibruki) 즉 지구의 니비루(Nibiru)라는 뜻. 엔릴(Enlil) 신의 지구라트 신전은 니푸르에 건설한 에쿠르(Ekur, 높은 집). 니푸르 에는 엔릴 신이 신들의 행성인 니비루(Nibiru)와 지구의 교신을 하기 위한 우주 관제센터와 통신센터가 있었는데, 바로 두르안키(DUR.AN.KI) 즉 '하늘과 땅의 유대'를 설치했다. 이를 통해 지구궤도의 모선에 있던 이기기(Igigi, 돌면서 보는 자들인 감시자들 또는 주시자들) 신들과 통신했다.

http://en.wikipedia.org/wiki/Nippur

닌순(Ninsun) **여신**: 또는 닌순아(Ninsuna) 또는 리마트 닌순(Rimat Ninsun) – http://en.wikipedia.org/wiki/Ninsun

닌우르타 신(Ninurta 神): 닝기루수(Ningirsu) 또는 닌닙(Ninib) 또는 닌닙(Ninip), 땅과 쟁기의 신(Lord of the Earth & Plough)이며 전쟁의 신(God of War)이 라는 뜻. 『수메르 왕 연대기』(Sumerian King List)에는 위대한 수호자의 파 일상(Pabilsag)으로 기록. 엔릴(Enlil) 신이 이복 남매 지간인 여신 닌후르쌍 (Ninhursag)과의 연인관계에서 태어난 첫 번째 아들로 하늘에서 태어남. 격납고 와 인간을 돌보던 병원이 있던 고대 도시인 라가시(Lagash)의 주신(Patron god). 닌우르타 신의 지구라트(Ziggurat) 신전은 라가시의 에-닌누(E-Ninnu).

http://en.wikipedia.org/wiki/Ninurta, http://en.wikipedia.org/wiki/ Lagash

닌후르쌍/아루루(Ninhursanga/Aruru) **여신**(女神): 닌후르쌍(Ninhursanga, Ninhursag, 니후르쌱), 수메르어 닌(Nin)은 귀부인(Lady) 이라는 뜻이고, 하르쌍 (HAR.SAG)은 산(Mountain) 이라는 뜻으로 산의 귀부인(Lady of Mountain) 이 라는 뜻. 이때 산은 높음(highest)을 의미. 닌마(Ninmah)는 위대한 여왕(Great Queen)과 모든 신들의 여왕(Mistress of All Gods)이라는 뜻. 남성 신인 벨(Bel) 의 여성 신인 모든 신들의 벨릴틸리(Belet-ili=Lady of Gods)로 닌투르(Nintur), 닌 투(Nin-tu), 닌티(Nin.Ti)의 뜻으로 탄생의 여신(Lady of Birth)을 말함. 따라서 마 미(Mami), 맘마(Mamma), 맘무(Mammu), 즉 어머니(Mother) 라는 뜻. 별명은 아 루루(Aruru) 혹은 수드(Sud)로 자궁의 여신, 생명의 부인과 갈비뼈의 부인, 즉 어머니 혹은 엄마라는 뜻. 생명공학에 정통한 여신으로 원인(猿人)의 난자와 신 (神)의 정자를 추출하고 진흙에서 기본 원자들을 추출하여 시험관 실험실에서 인간의 생명과 탄생을 주도한 모신(母神). 하늘에 거처하는 안(An, Anu) 신(神)의 딸로 하늘에서 태어남. 닌후르쌍의 지구라트 신전은 의료센터(Medical/Science

Center, Healing Center) 즉 병원이 있었던 슈루팍(Shuruppak, Suruppag, Curuppag)에 세워짐. http://en.wikipedia.org/wiki/Ninhursag

닝기쉬지다(Ningshizidda, Ningshizida) **신**(神): 아프리카에서 토트(Thoth) 신으로 불림. 엔키(Enki) 신이, 엔릴(Enlil) 신의 아들인 난나(Nannar) 신의 딸인 에르쉬 기갈(Ereshkigal)이 엔키 신의 아들인 네르갈(Nergal) 신과 결혼하기 전에, 에르 쉬기갈과 성관계에 의해 나은 아들임. 엔키 신은 남아프리카에 있던 에르쉬기 갈로 가서 그녀가 있는 곳에 천문과 기후와 지구를 관찰하는 관제센터(station) 를 세워주겠다고 꼬셔 성관계를 맺음(Sitchin, III, p. 111~112 & 176, 1985). 따라 서 닝기쉬지다는 엔릴 신의 족속(Enlilites)에도 속하고 엔키 신의 족속(Enkiites) 에도 속했으나 다소 엔릴 신의 편에 섬. 토트 신은 c.BC 3000년에 중앙아메리 카로 이주하여 멕시코의 아즈텍(Aztec) 문명과 마야(Maya) 문명을 건설함. 아프 리카에서 멕시코로 이주할 때 검은 머리 흑인의 수메르인(Sumerian)과 아프리 카의 기술자들을 데리고 이주함. 안데스(Andes) 산맥의 티티카카 호수(Titicaca Lake)의 채광지역과 관측소를 책임짐. 이런 관점에서 멕시코에서는 그를 케찰 코아틀(Quetzalcoatl) 즉 날개 달린 뱀(Winged Serpent)이라 부름(Sitchin, V, p. 310, 1994; The Lost of Enki, pp. 84 & 285, 2002). 닝기쉬지다 신은 엔키 신과 닌 후르쌍(Ninhursanga)여신과 그리고 아다무(Adamu)와 티아마트(Tiamat)를 마춰 시켜서 유전자 조작을 통해 임신할 수 없었던 아담과 티아마트로 하여금 임신 하도록 함.
http://en.wikipedia.org/wiki/Ningishzida, http://en.wikipedia.org/wiki/ Quetzalcoatl

두무지(Dumuzi) **신**(神): 수메르어로 두무지(Dumuzi or Dumuzid), 아카드어로 두 주(Duzu), 바빌로니아어로 탐무즈 또는 담무스(Tammuz). 엔키(Enki) 신이 지 구에서 낳은 둘째 아들로 음식과 농작물을 관한하던 신(神). 구약성경 『에스겔』 (Ezekiel, 에제키엘, 이흐지키엘) 8장 14절에 등장하는 담무스(Tammuz) 신. 인안 나(Inanna) 여신의 정식 남편. 두무지 신의 도시는 바드티비라(Bad-tibira) 였 으며, 두무지 신의 지구라트 신전은 에아라리(e.a.ra.li)였음. 두무지 신은 사고에 의해 지구에서 사망함. 수메르 신화의 인안나와 두무지는 이집트의 신화의 이 시스(Isis)와 호루수(Horus, Horon), 바빌론 신화의 이시타르(Ishtar)와 탐무즈 (Tammuz), 그리스 신화의 아프로디테(Aphrodite)와 아도니스(Adonis)로 발전한 것으로 학자들은 해석하고 있음(Campbell, 1976). 두무지 신과 인안나 여신은 구약성경에 실제로 등장하는데 이 내용은 『바이블 매트릭스』 시리즈의 「하나님들과 하나님들의 과학기술」에서 자세히 다루기로 함.
http://en.wikipedia.org/wiki/Tammuz_(deity)

딜문(Dilmun, Til.Mun): 미사일의 땅이라는 뜻으로, 즉 로켓이 발사되는 곳이며 생명나무가 있는, 살아 있는 자의 땅(the Land of the Living)으로, 하늘로 오르는 우주선 기지가 있던 곳. 페르시아만에 위치했던 것으로 고고학자들은 보고 있음. http://en.wikipedia.org/wiki/Dilmun

라르사(Larsa): 수메르어 약호문자(Sumerian logogram)로 라르삼(UD.UNUG). 창세기 14:1절과 14:9절에 나오는 엘라살(Ellasar). 태양의 신인(Sun God) 우투(Utu, 샤마시, Shamash)가 지배하던 도시. http://en.wikipedia.org/wiki/Larsa

루갈반다(Lugalbanda 또는 Banda): 루갈(lugal)은 왕(king)이라는 뜻, 반다(banda)는 젊다(young 혹은 junior)라는 뜻. http://en.wikipedia.org/wiki/Lugalbanda

마르둑(Marduk) **신**(神): 수메르어(Sumerian)로 마르둑, 아카드어(Akkadian)로 아마르우트(AMAR.UTU), 히브리(Hebrew) 성경의 히브리어인 므로닥(Merodach)을 말함. 순수한 언덕의 아들이라는 뜻으로 젊은 벨(Young Bel), 바알(Baal), 즉 주님(Lord)이란 뜻임. 연장자 벨(Elder Bel)은 엔릴(Enlil) 신과 엔키(Enki) 신을 말함. 아프리카에서는 라(Ra) 신으로 불림. 엔키(Enki) 신이 하늘에서 낳은 첫째 아들로 지구에 내려와 인간인 사파니트(Sarpanit)와 결혼함. 그 후 c.BC 2024년 경에 마르둑 신은 지지자들을 이끌고 갈대아(Chaldea), 즉 바빌론의 아카드(Akkad)와 수메르(Smuer)로 진군해 신들의 권력을 찬탈하고 스스로 바빌론의 옥좌에 올라, 신들 중의 최고의 신으로 등극하여 고대 바빌로니아 왕조(BC 1830~c.BC 1531)와 이어지는 신바빌로니아 왕조(BC 625~BC 539)에서도 마르둑 신을 수호신으로 섬김. 따라서 성경은 전체적으로 마르둑 신과 이를 수호신으로 받든 바빌론을 야훼(Yahweh, YHWH, JHWH, Jehovah, 영문성경의 'the LORD' 또는 'the LORD God', 한글성경의 '여호와' 또는 '여호와 하나님', 가톨릭 성경의 '주님' 또는 '주 하느님') 신의 적으로 표현하고 있음. 마르둑(므로닥) 신은 구약성경에 딱 한 번 나오는데, 「예레미아」 50장 2절에 나오는 므로닥(Merodach) 신은 야훼 신의 적으로, 멸망해야 할 바빌론의 주신(patron deity) 또는 수호신인 젊은 벨(Bel)이라 표현함. 따라서 성경은 전체적으로 마르둑 신을 수호신으로 받든 바빌론을 야훼 신의 적으로 표현하고 있음. 「요한계시록」 18장에는 이를 뒷받침하듯이 바빌론의 멸망(The Fall of Babylon)을 다루고 있음. http://en.wikipedia.org/

wiki/Marduk

미가엘(Michael): 히브리어의 영어식 발음이다. 일곱 천사장 중의 하나로 인간의 선행(human virtue)과 각 나라의 군대를 관장한다(commands the nations). 미가엘은 「다니엘」 10장 13절과 21절에 처음 등장하는데, "다니엘이 힛데겔 강가에서 본 이상(Vision)에 등장하고 끝날에 미가엘 군대가 일어날 것이다"에 등장한다. 또한 「유다서」 1장 9절의 "천사장 미가엘이 모세의 시체에 대하여 마귀와 다투어 변론할 때에 감히 훼방하는 판결을 쓰지 못하고 다만 말하되 주께서 너를 꾸짖으시기를 원하노라 하였거늘"에 등장하고, 「요한계시록」 12장 7절의 "하늘에 전쟁이 있으니 미가엘과 그의 사자들이 용으로 더불어 싸울째 용과 그의 사자들도 싸우나"에 등장한다. 주로 전쟁에 관여하는 천사장으로 등장한다. http://en.wikipedia.org/wiki/Michael

바드티비라(Bad-tibira): 바드티비라의 이름은 문자 그대로 번역하면 '대장장이, 즉 금속 가공의 토대' 즉 '광석이 최종 처리되는 밝은 곳'이라는 뜻으로 구약성경의 두발(Tubal, 「창세기」 4:22)에 해당된다. 구약에 나오는 두발가인은 철과 동과 금의 기술자였다. 『에리두 창세기』(Eridu Genesis)와 『수메르 왕 연대기』(Sumerian King List)에 따르면, 대홍수 이전 시대(Antediluvian)에, 하늘로부터 왕권(Kingship)이 땅에 내려와(After kingship had descended from heaven) 최초의 도시를 건설했는데, 그게 에리두(Eirdu)였으며, 에리두 다음의 도시가 바로 에리두 위쪽에 건설한 바드티비라였다고 기록하고 있다. 에리두와 바드티비라는 엔키(Enki) 신의 영역이었으나 차후에 바드티비라는 인안나(Inanna) 여신과 그녀의 남편인 두무지 신(Dumuzi)에게 배분되었다. 엔키 신의 거처는 에리두였다. http://en.wikipedia.org/wiki/Bad-tibira,
http://en.wikipedia.org/wiki/Sumerian_King_List

반신반인(半神半人, Demigod): 신과 인간, 인간과 신이 결혼하여 출생한 후세들을 반신반인(半神半人, Demigod)이라고 하는데, 처음 출생한 후세들은 거의 키가 100미터가 넘는 거인들(Great or giant man)이었다. 이때의 신이란 「창세기」 6장 1~7절의 네피림(Nephilim), 즉 젊은 신들인 이기기(Igigi) 신들로, 그 뜻은 '하늘에서 내려온 젊은 신들'을 말한다. 우리가 잘 알고 있는 첫 번째 우르크(Uruk, 「창세기」 10장 10절의 '에렉=Erech', 에레크) 왕조(c.BC 3100~c.BC 2600)의 5번째 왕이 길가메시(Gilgamesh, c.BC 2700, 통치 126년)인데, 그는 신인 어머니 닌순(Ninsun)과 인간인 아버지 루갈반다(Lugalbanda 또는 Banda) 사이에서 출생한 반신반인이었다. 정확하게 말하자면 2/3는 신이었고 1/3은 인간이었는데, 키는 무려 4~6미터였고 가슴둘레만 2미터였다.

http://en.wikipedia.org/wiki/Demigod

뱀(serpent), **용**(dragon), **괴물**(Monster), **악마**(devil), **사단**(Satan): 수메르 시대의 신들의 전쟁 또는 관계에서 적(enemy)의 신들을 뱀-용-괴물로 표현하는 전통은 그리스 신화에도 그대로 전승되어, 하늘을 지배한 제우스(Zeus) 신에 대항하는 티폰(Typhon) 신들은 모두 뱀으로 표현하고 뱀의 모양으로 그려져 있으며, 나중에 『바이블 매트릭스』 시리즈에서 자세히 소개하겠지만, 성경도 마찬가지이다. 「요한계시록」 20장 2절에는 "용을 잡으니 곧 옛 뱀이요 마귀요 사단이라 잡아 일천 년 동안 결박하여(He seized the dragon, that ancient serpent, who is the devil, or Satan, and bound him for a thousand years)(NIV)"라는 내용이 나오는데, 여기에서 옛 뱀이란 「창세기」 3장에 등장하여 하와(Eve)를 꼬셔 선악과를 따 먹도록 한 그 뱀(serpent)이다. 이때 뱀이란 여호와 하나님의 반대편에 선 신들이다. 결국 성경도 신들의 전쟁이 배경을 이룬다. 이 배경을 알아야 성경을 이해할 수 있다. 재미있지 않은가? 선악과(the tree of the knowledge of good and evil)란 무엇인가? 『바이블 매트릭스』 시리즈의 「인간창조와 노아 홍수의 비밀」 편과 「예수님의 재림과 새 하늘과 새 땅」 편을 참조하시라.

베로수스(베로소스, Berossus, Berosus, Berossos): 기원전 3세기의 헬레니즘(Hellenism) 시대의 바빌로니아의 마르둑(Marduk) 신전인 벨로스 신전 신관(priest)이자 역사가이며 천문학자인 베로수스는 BC 280년에 역사서인 『바빌로니아지』(誌, Babyloniaca, History of Babylonia) 3권을 그리스어로 써서, 시리아의 왕인 안티오코스 1세(Antiochus I Soter)에게 바쳤다. 이 책을 일명 베로수스라 부른다. 지금은 책의 원본이 사라져 존재하지 않지만, 그 이후 많은 역사가들이 베로수스를 인용해 그 내용을 전했다. 아리스토텔레스(Aristotle)의 제자였던 아비데누스(Abydenus, BC 200), 아테네의 아폴로도로스(Apollodorus, BC 160), 그리고 알렉산더 폴리히스토르(Alexander Polyhistor, BC 50) 등에 의해 베로수스의 책이 인용되어 현재 전해지고 있다. 제1권에서는 바빌로니아 역사의 시작에서 대홍수의 기원(起源)까지를, 제2권에서는 나보나사로스왕의 시대(BC 747)까지를, 제3권에서는 알렉산더 대왕(Alexander the Great, BC 330~BC 323)의 죽음까지를 다루고 있다. 바빌로니아의 역사와 천문학을 그리스 세계에 소개한 점에서 중요한 자료이다. 문제는 1권의 내용으로 바빌로니아 관점에서의 창조, 홍수와 바벨탑(Babel) 사건을 다루고 있는데, 실제로 BC 380년까지도 아라라트 산(Mt. Ararat)에 노아의 방주가 있었다고 기록하고 있다. 사람들이 산에 올라 노아의 방주 나무 조각을 찾으면 그것이 액운을 없앤다고 기록되어 있다(people actually climbed Mt. Ararat to gather wood to be used a lucky charms to ward off evil). 그런데 베로수스에는 대홍수 이전에 8명의 왕이 아니라 10명의 왕이 다스렸다고 기록하고 있다. 아리스토텔레스(Aristotle)의 제자였던 아비데누스 (Abydenus, BC 200)는 베로수스를 인용하면서 대홍수 이전에 지구를 120샤르 동안 다스렸던 10명의 지도자(ten pre-Diluvial rulers)에 대해 언급하고 있으며, 10명의 지도자들과 그들의 도시가 모두 고대 메소포타미아에 있었다고 분명히 기록하고 있다.

벨(Bel): En=Lord=Baal=Bel의 '신' 또는 주님' 이라는 뜻. 벨(Bel)은 남성 신에 쓰이고 여성 신에는 벨이트(Belit)가 쓰임. 동부 셈어(East Semitic)에서는 벨(Bel)이 쓰였고, 북서 셈어(Northwest Semitic)에서는 바알(Baal)이 쓰임. 고대 아카드(Akkad) 시대에는 수메르(Sumer)의 신인 엔릴(Enlil)을 일컬었으나 바빌론 (Babylon) 시대에는 마르둑(Marduk) 신을 일컬음. 또한 수메르 시대에는 연장자 벨(Elder Bel)과 젊은 벨(Younger Bel)로 나누기도 했는데, 연장자 벨은 아눈나 키(Anunnaki)의 12명의 고위신(高位神)들을 일컫고, 젊은 벨은 마르둑(Marduk) 신을 일컬음. http://en.wikipedia.org/wiki/Bel_(god)

사해사본(死海寫本, 사해문서, 死海文書, 사해 두루마리, Dead Sea Scrolls, DSS, BC 150~AD 75): 『바이블 매트릭스』 1권 「우주창조의 비밀」 편의 부록인 "구약성경의 역사"를 참조하라. 사해사본의 히브리어 사본 및 영문 번역본 보기.
http://en.wikipedia.org/wiki/Dead_Sea_Scrolls,
http://100.naver.com/100.nhn?docid=84663, http://ko.wikipedia.org/wiki/%EC%82%AC%ED%95%B4_%EB%AC%B8%EC%84%9C, http://jewishchristianlit.com/Resources/Texts/dss.html, http://www.gnosis.org/library/scroll.htm,
http://home.flash.net/~hoselton/deadsea/cave01.htm,
http://www.gnosis.org/library/dss/dss_bookstore.htm,
http://www.ibiblio.org/expo/deadsea.scrolls.exhibit/Library/library.html,
http://jewishchristianlit.com/Texts/dss.html
http://orion.mscc.huji.ac.il/index.html,

http://virtualqumran.huji.ac.il/

샤르(Shar, Sar): 위대한 지도자라는 뜻의 행성의 형용사, 완전한 원을 의미. 숫자 3,600을 의미, 3,600은 커다란 원을 의미.

설형문자: 전 세계 박물관의 설형문자 라이브러리−http://www.cdli.ucla.edu/

http://en.wikipedia.org/wiki/Cuneiform

http://www.dmoz.org/search?q=Cuneiform

성경 연대기(Chronology of the Bible, biblical chronology): 성경에 기록되어 있는 아담(Adam)에서 20대손인 아브라함(Abram, Abraham, BC 2166~BC 1991)까지의 모든 족장들의 출생과 사망 년도를 전부 계산했을 때의 연대기를 말한다. 또는 아담에서 아브라함→이삭(Issac)→야곱(이스라엘, Jacob)의 넷째 아들인 유다(Judah)에서 다윗(David)의 후손인 예수님까지의 연대기를 말한다. 이 성경 연대기를 종합해 보면 아브라함부터 그 이후 후손들의 연대기는 우리가 알고 있는 역사연대기(Chronology of the History, historical chronology)와 거의 같다. 그러나 아브라함부터 그 위의 조상인 아담의 연대기는 정확히 알 수가 없다. 인간창조가 언제 되었는지, 노아(Noah)의 홍수(the Flood)가 언제 일어났는지, 바벨탑(The Tower of Babylon) 사건이 언제 일어났는지 알 수가 없다. 이런 경우 성경연대기는 연도 뒤에 (B)로 표시하기로 한다. 성경 연대기로 아브라함에서 아담까지의 족보를 다 계산해 보면 아담의 창조 연도는 c.BC 4114(B)년이다. 이는 현대 과학이 밝힌 호모 사피엔스(Homo Sapiens)의 출현 연도인 c.BC 300,000년과는 엄청난 차이가 난다. 부록인 아브라함 기준의 성경연대기를 참조할 것.

http://en.wikipedia.org/wiki/Biblical_chronology

세다산(Cedar Forest/Mountain/Felling): 삼목나무 숲, 그 당시 우주선의 착륙장(Landing Platform)이 있던 곳. http://en.wikipedia.org/wiki/Cedar_Forest

세차운동(歲差運動, Precession)**과 대년**(Great Year): 지구의 지축(Earth's axis)은 항상 같은 방향을 가리키고 있지 않다. 지축은 우주공간에 고정되어 있지 않아, 지구가 태양 주위를 공전할 때 팽이가 쓰러지면서 좌우로 비틀대듯이 비틀거리며 천천히 원 운동(Rotation Axis)을 한다. 이 지축의 흔들거림(wobble)을 세차운동(歲差運動, Precession)이라 한다. 이러한 세차운동 현상으로 그 결과 북극성을 가리키는 북극 하늘에 거대한 가상의 원(Grand Circle)을 그리게 되며, 지구에서 볼 때 이 가상의 원에 12개의 별자리들이 보이게 된다. 그리고 이들 별자리들을 세차원동에 의해 360도 돌게 되며, 1도 도는 데 72년이 걸리고, 하나의 별자리를 도는 데 2,160년(72년×30도)이 걸린다. 결국 지구의 지축이 360도 돌아 다시 북극성(Polaris)을 가리키게 되는 이른바 대주기(Grand Circle)는 25,920년에 다시 돌아오게 된다(72년×360도=25,920년, 2,160년×12 별자리 = 25,920년). 이것을 천문학자들은 '대년(Great Year)' 혹은 '플라톤의 해(Platonic Great Year)' 혹은 '피타고라스의 해(Pythagorean Great Year)'라고 부르는데, 이러한 명칭이 붙은 것은 고대 그리스의 철학자인 플라톤(Plato, BC 428~BC 348)도 이러한 현상을 알고 있었기 때문이다. 따라서 이 현상을 세차운동의 주기(세차주기)라 하는데, 밀란코비치는 세차운동의 주기를 약 22,000년으로 보았고, 에드헤마르(Joseph Adhemar, 1797~1862)는 세차주기를 26,000년으로 계산했으며, 현대과학은 정확히 25,920년으로 계산한다. http://en.wikipedia.org/wiki/Precession, http://en.wikipedia.org/wiki/Great_year

소행성대(The Asteroid belt): 소행성들(Minor planets), 왜성(Dwarf planets), 유성체(Meteoroids), 주소행성대(Main asteroid belt or main belt)라고 하며, 바이블적으로는 두들겨 편 팔찌(Hammered Bracelet) 또는 하늘들을 펴셨다(Stretched out the heavens)라고도 한다(「욥기」 9:8 & 37:18; 「이사야」 40:22; 「예레미야」 10:12 & 51:15; 「스가랴」 12:1). 소행성대는 화성(Mars)과 목성(Jupiter) 사이의 공간에 존재하는 소행성들로, 거의 원형 궤도로 태양 주위를 돌고 있다. 주로 4개의 커다란 소행성들, 즉 세레스(Ceres), 4베스타(4 Vesta), 2팔라스(2 Pallas), 그리고 10히기아(10 Hygiea)가 대표적 커다란 소행성들로 지름이 400~950km나 된다. 그리고 그보다 작은 200개가 넘는 소행성들은 지름이 100km나 되고, 이보다 작은 70만~170만 개의 소행성들은 지름이 1km나 된다. 이들의 공전주기는 지구의 공전주기로 3.3~6.0년이다. 이들 소행성들은 「창조의 서사시」에 따르면 시계 방향으로 태양을 공전하는 마르둑(Marduk) 행성(神)이 티아마트(Tiamat)와 충돌하여 두 동강을 내서, 윗부분은 지구(Earth)를 만들고, 아랫부분은 산산조각 내고 쭉 펴서 소행성대, 즉 「창세기」 1장 6~8절에 나오는 궁창(expanse/NIV, firmament/KJV, space/New Living, dome/Good News), 즉 하늘(sky/NIV/New Living, Sky/Good News, Heaven/KJV)을 만들었다고 기록되어 있음. http://en.wikipedia.org/wiki/Asteroid_belt

수메르/시날(Smuer, Shinar): 「창세기」 10절 10절에 처음 나오는 시날(Shinar)은 남부 메소포타미아 지역의 이름으로 초기 이름은 수메르(Sumer, Shumer)이다. 지금의 이라크 남부 지방에 해당한다. 수메르는 티그리스강(Tigris, 「창세기」 2장 14

절의 '힛데겔')과 유프라테스강(Euphrates, 「창세기」 2장 14절의 '유브라데')의 하류에 형성된 지방으로 BC 5000년경부터 농경민이 정주하여 BC 3000년경에는 오리엔트 세계 최고의 문명을 창조하였다. 그 후에는 바빌로니아(Babylonia)로 불리게 되었는데, 영문성경 New Living과 Good News에는 시날을 바빌로니아(Babylonia)로 표현하고 있다. 고고학적으로 수메르어가 적힌 점토판이 발굴되어 수메르 문자가 해독되면서 이 수메르어는 그 후 아카드(Akkad, Agade)—바빌로니아—아시리아(Assyria) 문명의 근원으로 밝혀졌다.

http://en.wikipedia.org/wiki/Sumer,

http://en.wikipedia.org/wiki/Shinar

수메르 왕 연대기(Sumerian King List): 영국의 여행가인 웰드-블런델(Herbert Joseph Weld Blundell, 1852~1935)은 1922년에 이라크의 고대 도시인 라르사(Larsa)를 발굴하여, c.BC 2119년 경의 수메르 왕 연대기 또는 그의 이름을 딴 웰드-블런델 프리즘(Weld-Blundell Prism, WB 444)을 발견하였다. 20cm×9cm 큐브 크기의 4개의 면에 각각 2줄(Columns)의 수메르 왕 연대기를 수메르어 설형문자로 기록하고 있다. 이 WB 444는 영국 옥스포대(Oxford)의 애쉬몰린 박물관(Ashmolean Museum)에 전시되어 있다. 라르사 외에도 니푸르(Nippur) 등에서 총 16개 이상의 복사본이 발견되었는데, 그 순서에 따라서 A, B, C 등으로 매겨 업데이트하고 있다. 이중에서 본 책에 참고한 버전은 WB 444와 G로 라르사에서 발견된 『수메르 왕 연대기』이다. 오늘날 가장 많이 알려진 것으로 영국 옥스퍼드대 수메르 전자문학문서의 『수메르 왕 연대기』(Black et al, 1998~2006)도 이 WB 444 버전과 G 버전을 기초로 하여 영어로 번역해 공개하고 있다.

http://www-etcsl.orient.ox.ac.uk/section2/tr211.htm,

http://etcsl.orinst.ox.ac.uk/cgi-bin/etcsl.cgi?text=t.2.1.1#

수메르 왕 연대기에 따르면 하늘로부터 왕권(Kingship)이 땅에 내려와 최초의 도시를 건설했는데, 그게 에리두(Eirdu, Eridug)였으며, 최초의 왕은 알루림(Alulim)이었다. 그는 8사르(Shar, Sar)—1샤르는 신들의 고향인 니비루(Nibiru)의 1년 공전주기로서 지구의 연도로는 3600년 말한다(Sitchin, 1991; Proust, 2009)—즉 8×3600=28,800년을 통치하였다. 이는 노아 홍수 이전의 통치자들(Antediluvian Rulers)로서 이같이 오래 통치한 이유는 초기의 왕들은 신들(Gods)에 속하는 계급이었기 때문이다. 수메르 왕 연대기에는 총 8명의 왕들이 다스렸으며 베로수스(베로소스, Berossus, Berosus, Berossos)와 WB 62버전에는 총 10명의 왕들이 다스렸다고 기록되어 있다. 특히 베로수스는 총 10명의 왕들이 다스린 기간을 120샤르, 즉 120×3600 = 432,000 동안 다스렸다고 기록하고 있다. 즉 신들이 이 땅에 오신 기간이 대홍수가 일어나기 전의 432,000년에 오셨다는 것으로, 대홍수가 일어난 시점은 처녀자리(처녀궁, 處女宮, Virgo, 12궁의 6궁)와 천칭자리(천칭궁, 天秤宮, Libra, 12궁의 제7궁) 사이인 BC 13,020 년경에 일어났으므로 대략 13,000년 전이라고 본다면, 신들이 지구에 최초로 착륙한 시점은 432,000+13,000=약 445,000년 전임을 알 수 있다. 즉 445,000년 전에 신들은 이 지구를 처음 방문한 것이다.

수메르(Sumer, Shinar=시날) **고대 도시국가 시대**(City-States, c.BC 5000~c.BC 2400): 「창세기」10절 10절에 처음 나오는 시날(Shinar)을 말한다. 시날은 남부 메소포타미아(Mesopotamia) 지역의 이름으로 초기 이름은 수메르(Sumer, Shumer)이다. 지금의 이라크 남부 지방에 해당한다. 수메르는 티그리스강(Tigris, 「창세기」2장 14절의 '힛데겔')과 유프라테스강(Euphrates, 「창세기」2장 14절의 '유브라데')의 하류에 형성된 지방으로 c.BC 5000년경부터 농경민이 정주하여 c.BC 3000년경에는 세계 최고의 오리엔트 문명을 창조하였다. 고대 수메르 도시국가 시대에는 티그리스강과 유프라테스강에 의해 이 일대 지역이 남과 북으로 나뉘었는데 북부를 아시리아(Assyria), 남부를 바빌로니아(바빌론, 바벨론, Babylonia, Babylon, 지금 이라크의 '바그다드')라고 불렀다. 바빌로니아는 다시 남부의 수메르(Smuer, 「창세기」10장 10절의 '시날=Shinar'), 북부의 바빌론을 중심으로 하는 아카드(Akkad, Agade, 아가데, 「창세기」10장 10절에 나오는 '악갓')로 나뉘어졌다. 이 시기는 전기 청동기 시대로(Early Bronze Age) 고대 수메르 도시들 예컨데 에리두(Eridu), 우르(Ur, 「창세기」11장 28절의 '우르'), 라르사(Larsa), 라가시(Lagash), 우루크(Uruk, Erech, 「창세기」10장 10절의 '에렉'), 키시(Kish, Cush, 「창세기」10장 6절의 함의 아들인 '구스'의 이름과 같음), 아카드, 니푸르(Nippur) 등의 도시를 중심으로 인간에 의한 왕권(Kingship)이 형성되어 지배하던 고대도시국가 시대였다. 그 후에는 바빌로니아(Babylonia)로 불리게 되었는데, 영문성경 New Living과 Good News에는 시날을 바빌로니아(Babylonia)로 표현하고 있다. 이 시대에 사용한 언어가 수메르어(Sumerian)이다. 고고학적으로 수메르어가 적힌 점토판(Clay tablets, 粘土板)이 발굴되어 수메르 문자가 해독되면서 이 수메르어는 그 후 아카드(Akkad, Agade) 왕조(Akkadian Empire, c.BC 2350~c.BC 2193)의 아카드어(Akkadian) 문명, 고대 바빌로니아 왕조(Old Babylonia

Empire, BC 1830~c.BC 1531)의 바벨로니안(Babylonian) 문명, 고대 아시리아 왕조(Old Assyrian Empire, c.BC 1800~c.BC 1381)와 신아시리아 왕조(Neo-Assyrian Empire, BC 912~BC 612) 아시리안(Assyrian) 문명과 언어의 근원으로 밝혀졌다. http://en.wikipedia.org/wiki/Sumer, http://en.wikipedia.org/wiki/Shinar

시내산(Mt. Sinai, 히브리어로 Horeb): 시나이 반도 남단에 위치한 산으로 히브리어로는 호렙(Horeb)이다. 「창세기」 5장 21~24절에 등장하는 하나님(God)과 동행하다 365세에 하나님이 데려갔다는 에녹(Enoch, BC 3492(B)~BC 3127(B) 혹은 에녹의 4대손인 노아(Noah, BC 3058(B)~BC 2108(B)가 쓴 것으로 추정되고, 위경(僞經, Pseudographia, Pseudepigrapha)으로 간주되는 「에녹1서」(The Book of Enoch or Ethiopian Enoch or 1 Enoch)의 1장 4절에도(Charles & Laurence, 인터넷 공개), 하나님(God)이 시내산에 많은 무리를 이끌고 강림해 하늘의 권능을 이곳에서 증명하고 천명했다고(Who will hereafter tread upon Mount Sinai; appear with his hosts; and be manifested in the strength of his power from heaven) 기록하고 있다. 또한 모세(Moses)가 40일 동안 주야로 금식하면서 두개의 돌 판에 적힌 십계명(The Ten Commandments)과 지켜야 할 규례(「레위기」 등) 등 증거의 두 판(Two tablets of Testimony)을 여호와 하나님으로부터 받은 산이기도 하다(「출애굽기」 20장, 「출애굽기」 34장). 성경은 이 산을 '하나님의 산 호렙(Horeb, the mountain of God, the mountain of LORD)'이라 표현하고 있다(「출애굽기」 3:1 & 33:6, 「민수기」 10:33). 모세가 타지 않는 떨기나무를 이상히 여겨 돌이켜 보고자 하자 "하나님이 가라사대 이리로 가까이 하지 말라 너의 선 곳은 거룩한 땅이니 네 발에서 신을 벗으라("Do not come any closer," God said. "Take off your sandals, for the place where you are standing is holy ground)"(「출애굽기」 3:5)라고 말씀하신 것으로 보아 이 높은 산, 즉 시내산과 캐서린 산(Mt. Katherine)에는 신들, 특히 야훼(Yahweh, YHWH, JHWH, Jehovah) 신이 사용하던 우주선 안내기지(관제센타, Marker and Control Tower for Spacecraft)와 주위에는 우주공항(시나이 우주공항, Departing Platform as Runways Platform)이 있었음에 분명하다. 구약성경에는 시내산(Mount Sinai)이란 이름이 모세가 고센(Goshen)의 라암셋(Rameses)을 출애굽하여(이집트를 탈출하여) 시내 광야(Desert of Sinai)에 이르러서야(「출애굽기」 19:2) 등장하는데, 여호와 하나님(야훼)이 시내산에 강림하면서 부터이다(「출애굽기」 18:11). 야훼는 다음과 같이 말씀하신다. "너는 백성을 위하여 사면으로 지경을 정하고 이르기를 너희는 삼가 산에 오르거나 그 지경을 범하지 말찌니 산을 범하는 자는 정녕 죽임을 당할 것이라"(「출애굽기」 19:12). "손을 그에게 댐이 없이 그런 자는 돌에 맞아 죽임을 당하거나 살에 쐬어 죽임을 당하리니 짐승이나 사람을 무론하고 살지 못하리라 나팔을 길게 불거든 산 앞에 이를 것이니라 하라"(「출애굽기」 19:13). 방사선의 우주선 기지가 있었으므로 함부로 시내산에 오르지 말라는 것이다. 오늘날 높은 산에는 공군부대나 방위부대가 있는 것과 같다. 서울 관악산 꼭대기에는 최첨단 통신시설로 갖춰진 벙커(bunker)가 있는 것과 같다. 따라서 영역을 정해 영역을 침범하는 자는 정녕 죽임을 당한다는 것이다. 설사 영역을 침범하는 자나 동물이 있으면 손으로 만지지 말고 그대신 돌로 치고 화살을 쏴서 죽이라는 것이다. 이 말은 정해진 영역에는 항상 전기가 흐르거나 방사선이 나오거나 레이저 광선이 나오므로 영역을 침범한 사람이나 동물이 있으면 반드시 죽게 되므로, 이들을 손으로 만지면 만진 사람도 감전되거나 방사선/레이저 광선에 노출되어 죽는다는 뜻이다. 그러나 나팔을 길게 불면 이러한 위험이 해제되므로 산 위로 올라오라는 것이다. 그런데 조건이 있다. 몸을 깨끗이 씻어 성결케 한 다음(Consecrate) 옷을 깨끗이 빨아(wash their clothes/robes) 입은 후 오르라는 것이다(「출애굽기」 19:10 & 14). 옷을 깨끗이 빤다는 것은 더러운 불순물을 제거하라는 것이다. 우리가 약품 연구소나 반도체 연구소에 들어갈 때 깨끗이 소독한 린넨 복(Linen Clothes)으로 입고 들어가듯이 신들이 있는 우주선 기지에 들어갈 때에도 마찬가지이다. 옷을 빨라!! 이 말은 「요한계시록」 22장 14절의 "그 두루마기를 빠는 자들은 복이 있으니 이는 저희가 생명나무에 나아가며 문들을 통하여 성에 들어갈 권세를 얻으려 함이로다(Blessed are those who wash their robes, that they may have the right to the tree of life and may go through the gates into the city)"의 두루마리를 빤다는 것과 같은 의미이다. 자세한 것은 『바이블 매트릭스』 시리즈의 「하나님들과 하나님들의 과학기술」 편과 「예수님의 재림과 새 하늘과 새 땅」 편을 참조하라.

http://en.wikipedia.org/wiki/Mt_Sinai

시파르(Sippar): 수메르어로 짐비르(Zimbir), 시파르란 '새(Bird)'와 '우투가 일어선 곳'을 의미, 즉 독수리들(우주선들)이 찾아오는 집이라는 뜻으로 시파르에는 신들의 우주공항이 있었음. 우주공항을 감독하고 다스린 신은 우투(Utu), 즉 샤마시(Shamash) 신임. http://en.wikipedia.org/wiki/Sippar

신바빌로니아 왕조(Neo-Babylonian Empire, BC 625~BC 539): 시리아(Aram, 아람,

성경의 '수리아')에 거주하고 있던 셈계(系)의 아람(Aram)계 족속들이 남부 갈대아(Chaldea)로 이주해 신아시리아 왕조(Neo-Assyrian Empire, BC 912~BC 612)를 멸망시킨 후 바빌론에 입성하여 신바빌로니아 왕조(BC 625~BC 539)를 연다. 그래서 신바빌로니아를 갈대아 왕조라고 한다. 이들도 이스라엘 야훼 신의 적인 마르둑(Marduk) 신을 섬기고 숭배하였다. 신바빌로니아 왕조는 BC 586년에 예루살렘을 침공하여 남유대(다)왕국(BC 931~BC 586)을 멸망시킴으로써 이스라엘 민족은 그 유명한 70년 동안의 바빌론 유수시대(Babylonian Captivity or Babylon Exile, BC 605~BC 538)를 맞게 된다(「역대하」 36:21; 「예레미야」 25:11~12 & 29:10, 「마태복음」 1:11~12). 신바빌로니아 왕조는 엘람(Elam, 지금의 이란 남부 고지대 지역)을 중심으로 세워진 페르시아 제국(Persian Empire, BC 691~BC 330)에 의해 멸망한다. 신바빌로니아 왕조의 지배 영역은 다음 사이트를 참조하라.
http://en.wikipedia.org/wiki/Babylonia
http://100.naver.com/100.nhn?docid=68716 http://100.naver.com/100.nhn?docid=105214

신아시리아 왕조(Neo-Assyrian Empire, BC 912~BC 612): 고대 아시리아 왕조(Old Assyrian Empire, c.BC 1800~c.BC 1381)와 중세 아시리아 왕조(Middle Assyrian Empire, BC 1380~BC 912)를 이어 악랄하기로 유명한 아시리아(앗시리아, 구약성경의 '앗수르=Asshur', 아슈르, Assur, Ashur, Assyria)는 점점 세력을 얻어 바빌론을 공격하여 함락시킨다. 그 이후 자립하여 신아시리아 왕조를 세운다. 신아시리아 왕조는 메소포타미아를 비롯, 동북부를 넘어 니네베(Nineveh)를 수도로 터키인 튜발(Tubal), 가나안 일대, 그리고 이집트의 멤피스(Memphis)까지 거대한 제국을 이룬다. 원래 아시리아는 노아의 홍수 이후 셈(Shem) 아들인 앗수르(Asshur)가 거주하며 건설한 앗시리아(아시리아)의 도시였으나 함(햄)족의 3대손인 니므롯(Nimrod)이 침공해 멸망시켰을 것으로 추정한다(「창세기」 10장, c.BC 2350). 이는 고대 바빌로니아(BC 1830~c.BC 1531)나 고대 아시리아 왕조(Old Assyrian Empire, c.BC 1800~c.BC 1381) 이전의 일이다. 따라서 아시리아의 후예는 함족의 니므롯이라고 보아야 할 것이다. 신아시리아 왕조는 북이스라엘왕국(BC 931~BC 722)의 수도인 사마리아(Samaria)를 침공하여 멸망시키면서(BC 723~BC 722) 이때부터 이스라엘 민족의 앗수르 포로(Assyria Exile/Captivity, BC 723~BC 612)가 시작되었으며(「열왕기하」 17:1~6 & 23, 「열왕기하」 18:9~10, 「이사야」 20:1), 그 유명한 이스라엘 유대인의 디아스포라(Diaspora, 이산, 離散)가 시작되었다. 신아시리아 왕조는 신바빌로니아 왕조(BC 625~BC 539)에 의해 멸망된다. 신아시리아 왕조의 지배 영역은 다음 사이트를 참조하라. 신아시리아의 주신은 아슈르(Ashur, 모든 것을 보는 자라는 'overseer' 뜻)이다.

http://en.wikipedia.org/wiki/King_of_Assyria

http://en.wikipedia.org/wiki/Assyria

http://en.wikipedia.org/wiki/Neo-Assyrian_Empire

http://100.naver.com/100.nhn?docid=68716   http://100.naver.com/100.nhn?docid=105214

아눈나키(Anunnaki) **고위신**(高位神) **그룹**: 수메르(Smuer) 시대의 수메르어(Smuerian)로 쓰여진 고문서에 따르면, 이 땅에 내려 오신 고위급 신들(Higher gods) 중 최고 12명으로 구성된 고위신들의 그룹으로 위대한 아눈나키(Great Annunakki, Ahnunnaki, Anunakk, Annunakki, Anunnaku, Ananaki)라고도 함. 접미사 키(ki)는 지구(earth)라는 뜻으로 히브리 성경 「창세기」 1장 1절의 에레츠(Eretz, 지구). 엔릴(Enlil) 신(神)이 최고 높은(Most High or Great Mountain) 신으로 아눈나키의 수장이 됨. 반면 하늘의 고위 신들의 그룹은 아눈나(Anuna or Anunna)라고 함.

http://en.wikipedia.org/wiki/Anunnaki

http://en.wikipedia.org/wiki/Enlil,

http://www.bibliotecapleyades.net/sumer_anunnaki/anunnaki/1-anunnaki-main.html

아다드/이시쿠르(Adad/Ishkur) **신**(神): 수메르어로 이시쿠르, 아카드어로 아다드, 아람어(Aramaic)로 하다드(Hadad). 폭풍의 신(storm-god). 엔릴(Enlil) 신이 지구에서 나온 세 번째 아들임. 테슙(Teshub), 리막(Rimac), 라만(Ramman), 리몬(Rimmon, Rimon), 자바 디바(Zabar Dibba)라고도 함. 남아메리카 페루에서는 비라코차(Viracocha)라 불림. 마르둑(Marduk) 신과 네피림(Nephilim), 즉 이기기 신들(Igigi gods)과 결탁해 인간의 여성들과 결혼하여 거인(Great/Giant men)을 낳아 세를 레바논(Lebanon)과 바빌론(Bybylon)으로 확장하는 것을 저지하기 위해, 엔릴(Enlil) 신이 아들인 닌우르타(Ninurta) 신과 이시쿠르 신에게 가인(Kain)의 후예, 즉 수염이 나지 않는(Beardless) 후예들을 모아 안데스(Andes) 산맥, 즉 대홍수 이후의 지금의 티티카카 호수(Titicaca Lake) 지역에 정착해 금을 캐게 했는데, 이들은 높은 산에 있었기 때문에 노아의 홍수에서 살아남. 노아의 홍수 때 이시쿠르 신께서 티티카카 지역에 가서 이들을 보살핀 데서 비라코차라 불림. 이런 이유로 안데스 산맥에서 흑인이 발견되는데 이들은 가인의 후예로 '안데스 인디언(Andean Indians)'이라 불림. 아다드 신은 아람(Aram) 지역인 시리아(Aram=아람=시리아=Syria) 지역을 관할함. http://en.wikipedia.org/wiki/Adad, http://en.wikipedia.org/wiki/Viracocha

아담(Adam): 히브리어로 '지구의 흙(Earth's Clay)'인 아다마(Adama)로 만들어졌기 때문에 지구인(Earthling)이란 뜻. 고대 아시리아 왕 연대기의 아다무(Adamu). 카사이트(Kassite) 족이 바빌로니아를 지배하던 c.BC 14세기의 『아다파의 신화』(The Myth of Adapa)에는 아담의 2세대(Filial 2=F2)인 아다파(Adapa, 모범적 인간)가 등장함(Mark, 2011; Rogers, 1912). 이는 엔키(Enki) 신이 아담의 딸들로부터 나온 똑똑한 인간으로 표현됨. 「창세기」 1장 26절에 나오는 "우리의 형상(our image=영=Spirit)을 따라 우리의 모양대로(our likeness=육신/육체=Flesh) 우리가 사람을 만들고"의 내용처럼, 신들이 처음에 원시적인 인간을 창조했을 때는 불완전한 인간을 창조했지만, 아담을 창조했을 때야 비로서 신들의 형상과 모습이 똑 같은 아주 똑똑한 인간을 만들었다는 뜻임. 성경에 등장하는 아담은 검은 머리(Black-headed, black-hair)와 흑인 피부(dark red blood-colored skin)의 흑인(黑人). 자세한 것은 『바이블 매트릭스』 시리즈의 「인간창조와 노아 홍수의 비밀」에서 소개하기로 한다.
http://en.wikipedia.org/wiki/Adam, http://en.wikipedia.org/wiki/Adapa

아수르바니팔(Ashurbanipal): 에사르하돈(Esarhaddon)의 아들. 구약의 '오스납발', 영문성경 KJV의 'Asnappar' - http://en.wikipedia.org/wiki/Ashurbanipal

아카드(Akkad, Agade) 왕조(Akkadian Empire, c.BC 2350~c.BC 2193): 메소포타미아는 고대 그리스어(c.BC 1100~BC 146)로 '두 강 사이에 위치한 지역'이란 뜻으로 '두 강 유역'이라고 부른다. 여기서 두 강이란 터키에서 발원한 유프라테스강(Euphrates, 「창세기」 2장 14절의 넷째 강인 '유브라데')과 티그리스강(Tigris, 「창세기」 2장 14절의 '힛데겔')을 말한다. c.BC 5000~c.BC 2400년 고대 수메르 시대에는 이 두 강에 의해 이 일대 지역이 남과 북으로 나뉘었는데 북부를 아시리아(Assyria), 남부를 바빌로니아(바빌론, 바벨론, Babylonia, Babylon, 지금 이라크의 '바그다드')라고 불렀다. 바빌로니아는 다시 남부의 수메르(Smuer, 「창세기」 10장 10절의 '시날=Shinar'), 북부의 바빌론을 중심으로 하는 아카드(Akkad, Agade, 아가데, 「창세기」 10장 10절에 나오는 '악갓')로 나뉘어졌다. 이는 지금의 페르시아만 지역인 이라크 남단과 사우디 아라비아 반도 북부 지역에 살던 셈(Shem) 족인 아르박삿[Arphaxad, BC 2456~BC 2018(B)] 족속의 한 갈래로 유목민이었던 아카드인(Akkad)인 사르곤(Sargon, 사루킨, 샤르루킨, c.BC 2371~c.BC 2294) 왕이 c.BC 2370년 아카드 지방을 근거지로 수메르인의 도시 국가들을 정복하고 메소포타미아 최초의 통일 국가인 '아카드 왕조'를 건설한다. 아카드 왕조의 지배 영역을 말한다면 지금의 이라크를 중심으로 시리아의 북동부와 이란의 남서부가 포함된다. 이 당시의 지도와 자세한 내용은 아래 참조 사이트를 참조하라. 아카드 왕조는 c.BC 2255년 신들의 권력투쟁으로 인해 고위 신들인 아눈나키(Ahnunnaki)에 의해 멸망하고 왕권이 약화되 수메르 지역의 우르(Ur)를 중심으로 우르남무 왕(Ur-Nammu, Ur-Engur, Ur-Gur, BC 2112~BC 2075)의 새 제국이 들어서게 된다(c.BC 2112년). 이때 갈대아(Chaldea) 니푸르(Nippur)의 사제였던 아브라함(Abram, Abraham, BC 2166~BC 1991)의 아버지 데라[Terah, BC 2236(B)~BC 2031(B)]가 신전과 궁정 사이의 연락을 위해 우르(Ur)로 이주한다. 그러다가 c.BC 2024년 신들에 의한 전쟁의 결과 마르둑(Marduk) 신이 지지자들을 이끌고 아카드와 수메르로 진군해 스스로 바빌론의 옥좌에 오르고 가나안 추종자들을 이끌고 시내산(Mt. Sinai, 히브리어로 Horeb)과 캐서린 산(Mt. Katherine)에 위치한 우주선 안내기지(관제센터, Marker and Control Tower for Spacecraft)와 우주공항(시나이 우주공항, Departing Platform as Runways Platform) 및 예루살렘 근처의 모리야 산(성전산, Mount Moriah, Temple mount, 아브라함이 아들 이삭을 번제물로 바치려 했던 산임)에 있던 우주비행통제센터(Spacecraft Mission Control Center)를 장악하고자 한다. 그 결과 고위신들에 의해 시나이 반도의 우주공항과 반역한 가나안 도시인 소돔과 고모라가 핵(제가 보기엔 오늘날의 원자핵 또는 그 이상의 우리가 모르는 핵무기)으로 파괴되고(c.BC 2023), 이 영향으로 수메르와 찬란한 문명도 붕괴된다. 그 다음 고대 바빌로니아 왕조(BC 1830~c.BC 1531)가 들어서고 그 다음 신바빌로니아 왕조(BC 625~BC 539)가 들어서게 된다. http://100.naver.com/100.nhn?docid=105855, http://100.naver.com/100.nhn?docid=40954, http://en.wikipedia.org/wiki/Mesopotamia

아트라하시스(Atrahasis): c.BC 1640년에 아카드어(Akkadian)로 쓰여진 『아트라하시스 서사시』(Babylonian Epic of Atrahasis or Atra-Hasis, Akkadian Atrahasis Epic)의 슈루팍의 왕인 아트라하시스(Atrahasis)로 '매우 현명하다(exceedingly

wise)'라는 뜻. c.BC 2150년경에 수메르어(Sumerian)로 쓰여진 『에리두 창세기』(Eridu Genesis)에 나오는 슈루팍(Shuruppak)의 왕인 지우수드라(Ziusudra), c.BC 1150년경에 아카드어(Akkadian)로 쓰여진 『길가메시 서사시』(Epic of Gilgamesh)의 슈루팍(Shuruppak)의 왕인 우트나피시팀(Utnapishtim), 이들은 모두 구약성경의 홍수의 영웅인 노아(Noah)와 동일 인물. 노아와 아트라하시스는 영생을 얻지 못하지만, 우트나피시팀과 지우수드라는 영생을 얻음.
http://en.wikipedia.org/wiki/Atrahasis

아트라하시스 서사시(Babylonian Epic of Atrahasis or Atra-Hasis): 1876년 고대 수메르 도시인 시파르(Sippar)에서 발견된 『아트라하시스 서사시』는 c.BC 1640년에 쓰여진 것으로, 이는 고대 수메르어로된 『길가메시 서사시』(Epic of Gilgamesh, 아직 발견되지 않음)를 아카드어 설형문자(Akkadian Cuneiform)로 각색 편집한 문서로 바빌로니아 버전이라 한다. 이 서사시에는 창조 신화와 노아의 홍수 이야기가 적혀 있다. 구약 「창세기」에는 노아(Noah, 쉬었다는 뜻)가 홍수의 영웅으로 등장하지만, 수메르 창조신화와 홍수 신화(Sumerian creation myth and flood myth), 즉 『에리두 창세기』(Eridu Genesis)에는 슈루팍(Shuruppak)의 왕인 지우수드라(Ziusudra, 영생을 찾다라는 뜻, 우트나피시팀의 수메르어 이름)가 영웅으로, 길가메시 서사시에는 우트나피시팀(Utnapishtim, 영생을 찾다라는 뜻, 수메르어 이름인 지우수드라의 아카드어 이름)이 영웅으로 등장하지만, 『아트라하시스 서사시』에는 아카드어 이름인 아트라하시스(Atrahasis, 매우 현명하다는 뜻)가 홍수의 영웅으로 등장한다. 시파르에서 발견된 길이 25cm에 넓이 19.4cm의 아카드어 설형문자 점토판들은 현재 영국의 대영박물관에 보관되어 있다.

안(An)/**아누**(Anu) **신**(神): 수메르어 안(An), 아카드어 아누(Anu), An=하늘=Sky=Heaven이라는 뜻, 따라서 Sky-God, the God of Heaven, the Lord of Constellations, King of Gods이라는 뜻. 하늘에 거주하시며 연례적으로 이 땅을 방문하셨던 신. 적자(嫡子)인 엔릴(Enlil) 신과 서자(庶子)인 엔키(Enki) 신(神)의 아버지. http://en.wikipedia.org/wiki/Anu

야훼(히브리 성경의 Yahweh=YHWH=JHWH=Jehovah, 영문성경의 'the LORD' 또는 'the LORD God', 한글성경의 '여호와' 또는 '여호와 하나님', 가톨릭 성경의 '주님' 또는 '주 하느님'): 이스라엘의 신인 야훼(Yahweh, 히브리어= יהוה)의 실제 이름은 영문성경인 New Living과 가톨릭 성경의 「출애굽기」 3장 15절에 처음 등장한다. 다른 영문 성경인 NIV, KJV, 그리고 Good News에는 야훼 신을 'the LORD'라 표현하고 있다. "하나님이 또 모세에게 이르시되 너는 이스라엘 자손에게 이같이 이르기를 나를 너희에게 보내신 이는 너희 조상의 하나님 곧 아브라함의 하나님, 이삭의 하나님, 야곱의 하나님 여호와라 하라 이는 나의 영원한 이름이요 대대로 기억할 나의 표호니라(God also said to Moses, "Say this to the people of Israel : Yahweh(1), the God of your ancestors-the God of Abraham, the God of Isaac, and the God of Jacob-has sent me to you. This is my eternal name, my name to remember for all generations. / (1) Yahweh is a transliteration of the proper name YHWH that is sometimes rendered "Jehovah"; in this translation it is usually rendered "the LORD")(New Living, 「출애굽기」 3:15)". 그리고 영문성경 New Living에는 Yahweh는 'YHWH'의 음역(transliteration)이며, 때때로 'Jehovah'로 간주되기도 하고 'the LORD'로 번역되기도 한다는 각주가 붙어 있다. 이 때의 Yahweh는 「출애굽기」 3장 14절에 정의를 명시한 "I AM WHO I AM"(NIV, KJV, Good News) 또는 'I WILL BE WHAT I WILL BE'이다. 또한 출애굽기 6장 2절과 3절에도 등장한다. "하나님이 모세에게 말씀하여 가라사대 나는 여호와로라. 내가 아브라함과 이삭과 야곱에게 전능의 하나님으로 나타났으나 나의 이름을 여호와로는 그들에게 알리지 아니하였고(And God said to Moses, "I am Yahweh-'the LORD.' I appeared to Abraham, to Isaac, and to Jacob as El-Shaddai-'God Almighty'-but I did not reveal my name, Yahweh, to them(New Living, 「출애굽기」 6:2~3)"이다. 이때 KJV에는 'JEHOVAH'라 표현하고 있으며(「출애굽기」 6:3), 대부분의 한글 성경은 이를 '여호와'로 번역하고 있고, 가톨릭 한글성경은 '야훼'로 번역하고 있다. 중요한 것은 아브라함과 이삭과 야곱에게는 전능의 하나님(히브리어로 El-Shaddai = God Almighty)으로 나타났으나, 그들에게는 이름이 무엇인지 알리지 않았고, 이제서야 그 이름이 야훼(Yahweh)라고 알렸다는 점이다. 그렇다면 문맥상 야훼(Yahweh, the LORD, Jehovah, 여호와)라는 이름은 「출애굽기」 이후에만 등장해야 한다. 그렇지만 「창세기」 2장 4절부터 'the LORD God'(KJV/NIV 등 대부분의 영문성경) 또는 'Jehovah God'(ASV) 또는 'Yahweh God'(World English)이 등장한다. 이는 무엇을 의미하는가? 성경이 이스라엘의 입장에서 이스라엘의 신인 야훼가 유일신(唯一神)이라는 것을 강조하기 위해 유대교(Judaism) 입장에서 유대인들(Jews)이 편집했다는 것을 의미한다. 즉 유대인들은 「출애굽기」를 가장 먼저 편집하였으며, 이어서 창세기와 다른 토라(Torah)의 내용들을 편집하였다.

따라서 「창세기」 1장과 그 이후에 등장하는 'God' 즉 '엘로힘(Elohim)'을 제외하곤 구약성경 어디를 보나 'the LORD' 또는 'the LORD God'으로 일관성 있게 정리되었다. 참고로 가톨릭 성경은 '하나님(God)'을 '하느님'으로, '여호와 하나님(the LORD God)'을 '주 하느님'으로, 그리고 '여호와(the LORD)'를 '주님'으로 표현하고 있다. http://en.wikipedia.org/wiki/Yahweh

에녹서(Books of Enoch)**의 에녹1서와 에녹2서**: 1947년에서 1956년에 쿰란 동굴(Qumran Cave)에서 발견된 『사해사본』(死海寫本, 사해문서, 死海文書, Dead Sea Scrolls, DSS)에서 고대 에티오피아어(Ethiopic language)와 아람어(Aramaic language)와 슬라브어(Slavonic language)로 쓰여진 「에녹서」가 발견되었다. 이는 히브리어를 번역한 것으로 보이며, 따라서 히브리어 사본이 있을 것으로 추정되고 있으나 아직까지 발견되지 않고 있다. 「에녹서」는 에녹(Enoch, BC 3492(B)~BC 3127(B)이 썼다기보다는 에녹의 4대손인 노아(Noah, BC 3058(B)~BC 2108(B)가 썼다고 보는 학자들이 많다. 그 이유는 「에녹서」 내용의 일부가, 지금은 손실되고 없는 「노아의 계시록」(Apocalypse of Noah)의 일부 파편조각과 같기 때문이다(Charles, 1893, p. 155 & Internet Publishing). 또한 에녹 이후의 편집한 사람들이 대부분의 내용을 변경하거나 삭제했을 가능성이 높은 이유로 위경(僞經, Pseudographia, Pseudepigrapha)으로 간주되었으나, 1~10번째 하늘, 미래의 예언, 노아의 신분 등 중요한 내용을 담고 있다. 「에녹서」의 영문 번역본은 다음 찰스와 로렌스의 인터넷 사이트를 참고하였다(Charles & Laurence, 인터넷 공개).

http://reluctant-messenger.com/1enoch01-60.htm, http://reluctant-messenger.com/1enoch61-105.htm, http://reluctant-messenger.com/2enoch01-68.htm,

http://www.johnpratt.com/items/docs/enoch.html, http://www.sacred-texts.com/bib/boe/

에돔(Edom) **족속**(Edomites): 아담(Adam)의 20대손인 아브라함(Abraham)의 아들인 이삭(Issac)의 쌍둥이 아들 중 장자인 에서(Esau)의 족속(「창세기」 36장). 눈이 먼 이삭을 속여 장자를 야곱(Jacob)에게 빼앗겨(「창세기」 27장), 결국 가나안(Canaan)을 떠나 세일(Seir) 산에 정착한 족속. 홍해(Red Sea, Sea of Reeds) 반대쪽에 위치한 아카바만(Gulf of Aqaba)에 있는 에시온게벨(Ezion-Geger, 지금의 엘라트=Elath) 주변에 살던 족속.

에르쉬기갈(Ereshkigal, Ereckigala) **여신**: 지하세계의 위대한 여인(great lady under earth)이라는 뜻. 때론 아라루(Aralu) 혹은 이르칼라(Irkalla)라 불리는데, 이것은 그리스 신화에 나오고 영문성경인 NIV의 「마태복음」 및 「요한계시록」에 나오는 하데스(Hades)와 같은 의미임(「마태복음」 16:18, 「요한계시록」 1:18 & 6:8 & 20:13 & 20:14). 죽은 자들이 가는 아래세계(Netherworld, Underworld)를 다스리는 여신으로, 난나(Nannar) 신이 지구에서 낳은 여신. 인안나(Inanna) 여신의 여 동생임. 배우자는 네르갈(Nergal) 신임. http://en.wikipedia.org/wiki/Ereshkigal

에리두(Eridu, Eridug): 먼 곳에 지어진 집이라는 뜻. 고고학적으로 이 땅에 제일 먼저 내려오신 신이 바로 엔키(Enki)이다. 엔키 신을 물의 신(Water of God)이라고 하는데, 바로 페르시아만 늪지대에 위치한 에리두를 건설하고 거기에 지구라트 신전인 압주(Abzu) 혹은 압수(Apsu)를 세웠다. 이러한 이유로 엔키 신을 종종 뱀(Serpent)으로 표현하기도 한다. 『수메르 왕 연대기』(Sumerian King List)에 따르면 하늘로부터 왕권(Kingship)이 땅에 내려와(After kingship had descended from heaven) 최초의 도시를 건설했는데 그게 에리두(Eirdu, Eridug)였으며, 최초의 왕은 알루림(Alulim)이었다라고 기록하고 있다. 문맥상 일치하는 내용이다. 그런데 여기에서 의문이 하나 인다. 엔키 신은 왜 늪 지대에 도시를 건설했을까? 처음에는 바다에서 금을 캐지 않았을까? http://en.wikipedia.org/wiki/Eridu, http://en.wikipedia.org/wiki/Sumerian_King_List

에리두 창세기(Eridu Genesis): 수메르 창조신화와 홍수 신화(Sumerian creation myth and flood myth), 즉 『에리두 창세기』(Eridu Genesis)는 고대 수메르 시대(c.BC 3800~c.BC 2023)의 도시인 니푸르(Nippur)에서 발굴된 것으로, 단 하나의 점토판(Clay tablet, 粘土板) 위에 c.BC 2150년에 수메르어 설형문자(Sumerian Cuneiform)로 쓰여진 문서이다(Davila, 1995). 점토판은 수메르의 신들인 안(An), 엔릴(Enlil), 엔키(Enki), 닌후르쌍(Ninhursanga)등의 신들이 검은 머리에(black-headed)에 검붉은 피부를 가진(dark red blood-colored skin) 인간을 창조한 이야기에서, 왕권이 하늘로부터 내려와 에리두(Eridu), 바드티비라(Bad-tibira), 라락(Larak/Larag), 시파르(Sippar), 슈루팍(Shuruppak)에 도시를 건설했다는 내용으로 이어진다. 그 다음 슈루팍의 왕인 지우수드라(Ziusudra, 『아트라하시스 서사시』의 아트라하시스(Atrahasis), 『길가메시 서사시』의 우트나피시팀(Utnapishtim, 창세기의 노아)의 홍수 이야기가 이어지고, 홍수가 끝난 후 '인간과 동물을 홍수로부터 보호했다는' 공을 인정받아 지우수드라는 하늘의 신인 안(An)과 이 땅의 최고 높으신 엔릴(Enlil) 신으로부터 영생(Eternal Life)을 얻고 그 당시 생명 나무가 있던 동쪽의 해 뜨는 지역인 딜문(Dilmun)에 거처하게 된다는 이야기로 끝을 맺는다.

http://etcsl.orinst.ox.ac.uk/cgi-bin/etcsl.cgi?text=t.1.7.4#,

http://www.noahs-ark.tv/noahs-ark-flood-creation-stories-myths-eridu-genesis-sumerian-cuneiform-zi-ud-sura-2150bc.htm

에안나(Eanna): 수메르어 에-아나(E-ana), 아카드어 에안나(Eanna, Eana). 천상의 거처(house of heaven)라는 뜻으로 천상에 거주하던 최고 높은 신인 안(An)의 처소(house of An)라는 뜻. 안(An) 신이 이 땅에 연례행사차 내려오실 때 사용하던 신전임. 인안나(Inanna) 여신은 안(An) 신의 증손녀인데, 두 신이 연인관계가 되어, 인안나 여신의 거처가 되었음. 인안나 여신은 그래서 섹스와 사랑과 풍요와 전쟁의 여신이라 불리며, 구약성경에도 자세히 기록되어 있음. 자세한 내용은 『바이블 매트릭스』 시리즈의 「하나님들과 하나님들의 과학기술」 편을 참조하라. http://en.wikipedia.org/wiki/E-anna

엔릴(Enlil) **신**(神): 수메르어 엔릴(Enlil), 아카드어 엘릴(Ellil), 바빌로니아어 (Babylonian) 엘릴(Ellil). En=Lord=Bel이라는 뜻. Lil=Air or Loft라는 뜻. 따라서 Lord of the Open 혹은 Lord of the Wind 혹은 Lord of the Air라는 뜻. 이 땅에 내려오신 신들 중 최고 높은(Most High or Great Mountain) 신. 이 땅에 내려오신 신들 중 최고 12명으로 구성된 고위신들의 그룹인 아눈나키(Great Annunakki, Ahnunnaki, Anunakk, Annunakki, Anunnaku, Ananaki, 접미사 ki=earth라는 뜻. 반면 하늘의 고위신들의 그룹은 Anuna 또는 Anunna라고 함)의 수장. 따라서 Lord of the Command라는 뜻. 그 당시 우주통제관제센터가 있던 니푸르(Nippur)의 주신(Patron god). 엔릴 신의 지구라트(Ziggurat) 신전은 니푸르(Nippur)의 에쿠르(Ekur, 높은 집). 하늘에 거처하는 안(An, Anu) 신(神)의 적자(嫡子) 아들로 하늘에서 태어남. 고고학적으로 발굴된 고대 수메르(Sumer)의 그림문자에는 엔(En)이란 거대한 안테나가 우뚝 솟은 구조물로 표현되어 있고, 릴(Lil)이란 신호를 주고 받는 거대한 그물(vast net), 즉 오늘날의 거대한 레이더 신호들의 연결망으로 표현. http://en.wikipedia.org/wiki/Anunnaki
http://en.wikipedia.org/wiki/Enlil, http://en.wikipedia.org/wiki/Nippur

엔키(Enki) **신**(神): 수메르어로 엔키(Enki), En=Lord=Baal=Bel 이라는 뜻. 접미사 ki는 지구(Earth)라는 뜻으로 히브리 성경 「창세기」 1장 1절의 에레츠(Eretz=

지구)와 같은 뜻임. 따라서 '지구의 주인'이라는 뜻. 담수물(Freshwater)과 지식(Knowledge)의 신. 따라서 땅의 주님(Lord of Earth)이라는 뜻으로 지혜의 신(God of Wisdom). 인간에게 과학과 기술을 전수하여 주신 신. 고대 도시인 에리두(Eridu)의 주신(Patron of Eridu). 수메르어로 에아(E-A)는 물의 집(the house of water)이라는 뜻. 아카드어로 에아(Ea)는 물의 신(Water of God) 또는 '그의 집이 물인 자'라는 뜻. 따라서 황도대(黃道帶, Zodiac)의 12궁 별자리 중 물병자리(보병궁, 寶甁宮, Aquarius, 제11궁)의 전형으로 묘사되는 신. 따라서 페르시아만 근처의 늪 지대에 위치한 에리두에 건설한 엔키의 지구라트(Ziggurat) 신전은 압주(Abzu=E-abzu=E-engura)로 아카드어로 압수(Apsu)를 말함. 압주(Abzu) 또는 압수(Apsu)는 때론 엔키 신의 주요관할 지역인 아프리카나 아프리카의 짐바브웨(Zimbabwe)를 뜻하기도 함. 이집트에서는 프타(Ptah) 신으로 불림. 수메르어로 이미지 패셔너(Image Fashioner)라는 뜻의 누딤무드(Nudimmud)로 불리기도 함. 이는 땅을 고르게 펴거나 관개수로로 바꾸거나 유전자를 조작해 인간을 만든 것에 비유하여 사용함. 물의 신으로 종종 뱀(Serpent)으로 표현됨. 인간 창조는 엔키 신과 아루루(Aruru, 닌후르쌍, Ninhursanga) 여신이 주도함. 엔키 신은 달(초승달)로 표현하기도 했는데 그 이유는 바다의 조석(潮汐)을 만들어냈기 때문임. 하늘에 거처하는 안(An, Anu) 신(神)의 서자(庶子)로 태어난 아들로 하늘에서 태어남. http://en.wikipedia.org/wiki/Enki, http://en.wikipedia.org/wiki/Nudimmud

엔키두(Enkidu, ENKI.DU): 과학과 지식문명의 최고 신인 엔키(Enki) 신의 이름을 딴 피조물이란 뜻. 『길가메시 서사시』(Epic of Gilgamesh) 〈점토판 1〉에 등장하는 원시 인간인(a primitive man, 猿人) 짐승 같은 엔키두(Enkidu, ENKI.DU). http://en.wikipedia.org/wiki/Enkidu

염색체(chromosome): 식물과 동물의 세포 내부에서 발견되는 그 정보의 운반자는 염색체이다. 이 염색체는 세포의 핵이 두 개로 나뉘기 전에 실 가닥 같은 모양을 드러낸다. 염색체(chromosome)란 단어는 "colored body"란 뜻으로, 과학자들은 현미경으로 세포를 쉽게 관찰하기 위해 염료를 사용했는데, 이것이 염료를 잘 흡수하는 까닭에 염색체라 이름 지어졌다. 모든 세포에는 단지 한 줄기의 염색체만 있는데 반해, 인간과 다른 포유류의 생식세포에는 두 줄기, 즉 두 쌍의 염색체가 있기 때문에 생식이 가능하다. 인간의 정자와 난자에는 1번에서 22번 염색체와 남자와 여자의 성을 구별하게 해주는 X와 Y의 23개로 이루어진 두 줄기 즉 두 쌍의 염색체가 있다.

영국 옥스퍼드대 수메르 전자문학문서(The Electronic Text Corpus of Sumerian Literature): 고고학적으로 가장 오래된 고대 수메르(Smuer, 「창세기」 10장 10절에 처음 나오는 시날=Shinar)의 도시들 예컨대, 에리두(Eridu), 니네베(Nineveh, 「창세기」 10장 11절의 니느웨, 이라크의 모술=Mosul), 우르크(Uruk, 「창세기」 10장 10절의 에렉=Erech=에레크), 니푸르(Nippur), 라르사(Larsa), 시파르(Sippar), 슈루팍(Shuruppak) 등에서 발굴되거나 발견된 c.BC 3000~c.BC 2100년경의 수메르어(Sumerian)로 새겨진 점토판들(Clay tablets, 粘土板), 원통형 인장들(Cylinder seals), 그리고 유물/유적지에 새겨진 부조(浮彫)나 조각(彫刻)의 형태로 남아 있는 문자로 이루어진 문서들을 말한다. 이 문서들은 쐐기 모양의 설형문자(Cuneiform), 그림문자(Iconography), 약호문자(Logogram), 그리고 기호문자(Symbology)로 새겨지거나 기록되었다. 수메르의 설형문자는 1686년 독일의 자연주의자이자 내과의사인 캠퍼(Engelbert Kaempfer)가 고대 페르시아(Persian)의 수도인 페르세폴리스(Persepolis, 그리스어로 '페르시아의 도시', 페르시아인들은 파르사(Parsa)라 부름)를 방문하여 발견하였다. 그 이후 수메르 지역에서 고고학적으로 발굴된 설형문자들은 학자들이 음역(transliteration)하거나 번역(translation)하여 영국 옥스포드대의 수메르 문학전자문서(The Electronic Text Corpus of Sumerian Literature, ETCSL)로 집대성하여 일반에게 공개하고 있다. 고대 수메르 지역에서 발굴된 총 400개 이상의 문서들을 목록에 따라 또는 번호로 매겨 집대성하고 있다.

이 전자문서에는 신들의 고향인 열두 번째 행성인 니비루(Nibiru)에서 이 땅에 내려와 인간을 창조하시고 인간에게 문명을 가르쳐 주신 엔키(Enk) 신(神)부터 시작하여, 두 번째로 이 땅에 내려와 최고 7명의 고위 신들의 그룹인 아눈나키(Great Ahnunnaki, the great Anunakk)의 최고 높은(Most High or Great Mountain) 신이 되신 엔릴(Enlil) 신(神), 그리고 엔릴 신의 손녀 여신인 인안나(Inanna, Ishtar, 이시타르)가 등장하고, 홍수 신화(The Flood story)도 등장하며, 우리가 잘 아는 고대 영웅인 첫 번째 우르크(Uruk)왕조(c.BC 3100~c.BC 2600)의 다섯 번째 왕인 길가메시(Gilgamesh, 半神半人=Demigod=2/3는 신이고 1/3은 인간 c.BC 2700, 통치 126년)를 칭송하는 수메르어로 쓰여진 5편의 시(Poems)도 등장한다. 따라서 이 고대 수메르 문서가 구약성경의 원천이라 말할 수 있으며, 또한 구약성경에서 말하지 않은 많은 역사적 진실을 말하고 있다. 이 땅에는 300명의 많은 신들과 신들의 배우자인 여신들, 기타 여신들, 그리고 200명의 젊은 신들이(「창세기」 6장 1~4절의 하나님의 아들들=sons of God=네피림=Nephilim 을 의미함) 내려왔으며(Charles & Laurence, 인터넷 공개, 에티오피아어의 번역, 외경 인 「에녹1서」 7:7; Charles, 2002, 「희년서」 4:22~24), 인간을 왜 창조했는지, 노아의 홍수가 왜 일어 났는지와 「창세기」 10장에 등장하는 고대도시를 다스린 신들과 왕들에 대해 자세히 기록하고 있다.

Black, J.A., Cunningham, G., Ebeling, J., Fluckiger-Hawker, E., Robson, E., Taylor, J., and Zolyomi, G., The Electronic Text Corpus of Sumerian Literature , Oxford 1998~2006.

http://www-etcsl.orient.ox.ac.uk/

http://www-etcsl.orient.ox.ac.uk/edition2/etcslbycat.php

http://www.sacred-texts.com/search.htm

http://www.ancienttexts.org/library/mesopotamian/index.html

우르크(Uruk): 수메르어로 우누그(Unug), 아카드어로 우루크(Uruk), 아랍어로 와카(Warka), 「창세기」 10장 10절의 '에렉=에레크(Erech)'. 우르크의 주신(Patron god)은 인안나(Inanna) 여신(女神). 인안나 여신의 지구라트(Ziggurat) 신전은 우르크에 세워진 에안나(Eanna)로 하늘의 집(house of heaven)이라는 뜻. http://en.wikipedia.org/wiki/Uruk

우바라-투투(Ubara-Tutu): 『수메르 왕 연대기』(Sumerian King List)에 나오는 대홍수 이전(antediluvian)의 슈루팍(Shuruppak)의 왕으로 홍수의 영웅인 우트나피시팀(Utnapishtim)의 아버지임. 우바라-투투와 우트나피시팀은 대홍수 이전의 마지막 아홉 번째와 열 번째 왕이다.

http://en.wikipedia.org/wiki/Ubara-Tutu

http://en.wikipedia.org/wiki/Sumerian_king_list

http://en.wikipedia.org/wiki/Antediluvian

우투(Utu) **신**(神): 수메르어로 우드(UD), 아카드어로 우투(Utu), 아시리아-바빌로니아어로 샤마시(Shamash), 모두 태양(Sun)이라는 뜻으로 태양의 신(God of Sun, Sun God). 우주공항이 있던 고대 도시인 시파르(Sippar, 수메르어로 Zimbir)의 주신(Patron god). 우투 신의 지구라트(Ziggurat) 신전은 시파르의 에-바브바라(E-babbara). 난나(Nannar) 신(神)이 지구에서 낳은 쌍둥이 남매 중 아들로 우투 신의 쌍둥이 여동생은 인안나(Inanna) 여신임. 샤마시(우투) 신은 시파르에

있던 우주공항과 레바논의 바알벡(Baalbek)에 위치한 세다 산(Cedar Forest/
Mountain/Felling)의 우주공항, 그리고 그 당시 생명나무가 있던 페르시아만 동
쪽의 해 뜨는 지역인 딜문((Dilmun, Til.Mun) 우주기지 등 전체 신들의 우주공
항과 우주기지를 책임지고 있던 신이었음. http://en.wikipedia.org/wiki/Utu,
http://en.wikipedia.org/wiki/Sippar

우트나피시팀(Utnapishtim): c.BC 1150년경에 아카드어(Akkadian)로 쓰여진 『길
가메시 서사시』(Epic of Gilgamesh)의 슈루팍(Shuruppak)의 왕인 우트나피시팀
(Utnapishtim)으로 '영생을 찾다'라는 뜻의 아카드어 이름. c.BC 2150년경에 수
메르어(Sumerian)로 쓰여진 『에리두 창세기』(Eridu Genesis)에 나오는 슈루팍
(Shuruppak)의 왕인 지우수드라(Ziusudra), c.BC 1640년에 아카드어로 쓰여진
『아트라하시스 서사시』(Babylonian Epic of Atrahasis or Atra-Hasis, Akkadian
Atrahasis Epic)의 슈루팍의 왕인 아트라하시스(Atrahasis), 이들은 모두 구약성
경의 홍수의 영웅인 노아(Noah)와 동일 인물. 노아와 아트라하시스는 영생을 얻
지 못하지만, 우트나피시팀과 지우수드라는 영생을 얻음. http://en.wikipedia.
org/wiki/Utnapishtim

이기기 신들(Igigi gods), **네피림**(Nephilim): 「창세기」 6장 4절에 등장하는 '복수'의
단어인 네피림(Nephilim)을 의미하는데, 하나님의 아들들(sons of God), 즉 '하
늘에서 지구로 내려온 신들'이라는 뜻이다. 특히 계급이 낮은 젊은 신들(Lower
Gods)을 지칭하는데, 『아트라하시스 서사시』(Babylonian Epic of Atrahasis or
Atra-Hasis) 〈점토판 1~3〉과 『길가메시 서사시』(Epic of Gilgamesh)의 〈점토판
11〉에는 네피림을 이기기 신들(Igigi-Gods)이라 표현하기도 한다. 이기기란 '돌
면서 관측하는 자들(Those Who See and Observe)' 즉 '감시자 또는 주시자
(Watchers)'이란 뜻이다. 또한 「창조의 서사시」(Epic of Creation) 〈점토판 3〉의
126줄과 〈점토판 6〉의 21줄과 123줄에도 이기기 신들이 등장한다. 이들은 주로
인간이 창조되기 이전에 신들의 고향 행성인 니비루(Nibiru)에서 이 땅에 내려
와 광산에서 금을 캐거나 강을 막아 수로를 만들거나, 또는 신들의 고향인 니비
루로 금을 실어 나르기 위해 지구궤도 위에 있던 혹은 화성에 베이스를 둔 우
주선 모선이나 우주왕복선에 속해 일을 했다. 특히 모선에 속한 300명의 이기
기 신들은 인간이 창조된 후에는 인간과 지구의 기후상황을 주시하고 감시하는
감시자들(Watchers)이었다. 문제는 이들 감시자들이었다. 위경인 「희년서」(Book
of Jubilees) 4장 22절과 「에녹1서」(The Book of Enoch 1) 7장 7절에는 천사 또

는 감시자 또는 주시자로 표현하고 있으며, 이들이 주어진 역할과 위치를 이탈하고 200명 규모로 이 땅에 내려와 인간의 여성들과 결혼하여 거인(Great/Giant Man)을 낳았다고 기록하고 있다. 이는 「창세기」 6장 1~5절의 내용과 일치한다. 자세한 것은 『바이블 매트릭스』 시리즈 2권 「인간창조와 노아 홍수의 비밀」 편을 참고하시라. http://en.wikipedia.org/wiki/Nephilim, http://en.wikipedia.org/wiki/Igigi

인안나(Inanna) **여신**: 수메르어로 인안나(Inanna) 혹은 이르니니(Irnini) 또는 닌니(Ninni), 아카드어로 인안나(Inana) 혹은 이시타르(이슈타르, 이사타르, Ishtar). 섹스와 사랑과 풍요와 전쟁의 여신(Goddess of sexual love, fertility, and warfare/battle). 하늘의 여인 또는 여왕(Queen of Heaven) 또는 신들의 여인(Lady of the Gods). 인안나 여신은 그리스 신화의 사랑과 아름다움의 여신인 아프로디테(Aphrodite)와 동일시되었으며, 로마 신화에는 아침과 저녁 별(the morning & evening star)인 금성(Venus)으로 표현함. 고대 도시인 우르크(Uruk)의 주신(Patron god). 인안나의 지구라트(Ziggurat) 신전은 우르크에 세워진 에안나(Eanna)로 하늘의 집(house of heaven)이라는 뜻. 난나(Nannar) 신(神)이 지구에서 낳은 쌍둥이 남매 중 딸로 인안나 여신의 쌍둥이 오빠는 우투(Utu) 신(神)임. 인안나 여신은 구약성경에 실제로 등장하는데, 시돈(Sidon)과 두레(Tyre)의 여신인 아스타테(Astarte), 가나안(Canaan)의 여신인 아세라(Asherah), 그리고 가나안과 시돈의 여신인 아스다롯(Ashtoreth, Ashtoret, Astaroth)으로 불렸으며 지저분한 섹스의 여신과 매춘(prostitute)의 여신으로 기록되어 있음. 이 내용은 『바이블 매트릭스』 시리즈의 「하나님들과 하나님들의 과학기술」에서 자세히 다루기로 함. http://en.wikipedia.org/wiki/Inanna, http://en.wikipedia.org/wiki/Uruk

지구라트(Ziggurat): 하늘로 이어지는 계단식 피라미드(Step pyramid)의 신전(Temple)을 말한다. 신들께서 거주하는 고대 7개 도시들인 에리두(Eridu), 라르사(Larsa), 바드티비라(Bad-tibira), 라가시(Lagash), 슈루팍(Suruppak), 니푸르(Nippur), 라락(Larak/Larag) 등과 기타 도시에는 이와 같은 지구라트를 건설했는데, 대개 7개 계단의 피라미드였다. 이 지구라트에는 각 도시를 지배한 고대 주신(Patron god)이 이 땅에 거주할 때 머무르곤 했는데, 오로지 제사장(Priest)만이 이곳을 출입할 수 있었다. 제사장들은 각 층의 방에 접근하여 신을 모시고, 신의 음식이나 요구에 시중드는 역할을 했다. 따라서 수메르(Sumer) 시대

(c.BC 5000~c.BC 2400)의 수메르 사회에서 제사장의 권력은 엄청나게 컸다. 또한 각 도시의 인간 왕들은 반드시 신의 허락과 재가를 받아야만 왕권이 주어졌다. 엔릴(Enlil) 신의 지구라트 신전은 니푸르(Nippur)에 건설한 에쿠르(Ekur)였으며, 엔키(Enki) 신의 지구라트 신전은 에리두(Eridu)에 건설한 압수(Abzu, 아카드어로 Apsu)였고, 인안나(Inanna) 여신의 지구라트 신전은 우르크에 세워진 에안나(Eanna)였다. 그 이후 고대 바빌론 시대(BC 1830~c.BC 1531)에 신권과 왕권을 찬탈한 마르둑(Marduk) 신의 신전은 에-사길라(E-Sagile)에 세워졌다. 아카드(Akkad, Agade)와 바빌로니아에서는 지구라트를 주키라투(Zukiratu), 즉 '신성한 영의 수상기(tube of divine spirit)'라고 불렀으며 수메르인(Sumerian)은 에시(ESH), 즉 '최고의(supreme)' 혹은 '가장 높은(most high)' 혹은 '열을 뿜는 근원(a heat source)'이라고 불렀다. 히브리어(Hebrew)로는 불(fire)이란 뜻이다. 지구라트에는 최소한 계단 세 개 정도의 높이와 맞먹는 두 개의 거대한 통신용인 '고리 안테나들(ring antennas or two horns)'이 세워져 있었다. 따라서 지구라트의 진정한 역할은 하늘에 있는 신들과 인간들의 연결이 아니라, 하늘에 있는 신들과 지구에 있는 신들과의 통신을 하기 위한 것이었다(시친, I, 2009, p. 430). 필자가 보기엔 이 안테나들은 아마도 「요한계시록」에 등장하는 하나님 보좌 앞의 일곱 등불(seven lamps)과 예수님의 일곱 뿔과 일곱 눈(seven horns and seven eyes)인 온 땅에 보내심을 입은 하나님의 일곱 영(the seven spirits of God)과 관계가 있는 것 같다(「요한계시록」 1:4, 4:5 & 5:6). 이는 『바이블 매트릭스』 시리즈의 최종편인 「예수님의 재림과 새 하늘과 새 땅의 창조」 편에서 자세히 다루기로 한다. http://en.wikipedia.org/wiki/Ziggurat

지우수드라(Ziusudra): c.BC 2150년경에 수메르어(Sumerian)로 쓰여진 『에리두 창세기』(Eridu Genesis)에 나오는 슈루팍(Shuruppak)의 왕인 지우수드라(Ziusudra)로 '영생을 찾다'라는 뜻의 수메르어 이름. c.BC 1150년경에 아카드어(Akkadian)로 쓰여진 『길가메시 서사시』(Epic of Gilgamesh)의 슈루팍(Shuruppak)의 왕인 우트나피시팀(Utnapishtim), c.BC 1640년에 아카드어로 쓰여진 『아트라하시스 서사시』(Babylonian Epic of Atrahasis or Atra-Hasis, Akkadian Atrahasis Epic)의 슈루팍의 왕인 아트라하시스(Atrahasis), 이들은 모두 구약성경의 홍수의 영웅인 노아(Noah)와 동일 인물. 노아와 아트라하시스는 영생을 얻지 못하지만, 우트나피시팀과 지우수드라는 영생을 얻음. http://en.wikipedia.org/wiki/Ziusudra

창조의 서사시(Epic of Creation, Enuma Elish, Creation Tablets) **또는 바빌로니아 창조의 서사시**(The Babylonian Epic of Creation): 오늘날 알려진 『바빌로니아 창조의 서사시』(The Babylonian Epic of Creation)는 바빌로니아의 창조 신화(Babylonian creation myth)로 이를 에누마 엘리시(Enuma Elish, 아카드 설형문자의 영어 번역)라 한다. 영국의 레야드(Austen Henry Layard)는 1845~1849년에 큐윤지크(Kuyunjik)라 불리는 아시리아의 수도였던 니네베[Niniveh, 「창세기」 10장 11절의 '니느웨', 지금의 이라크 '모술(Mosul)']의 발굴을 시도하여 1849년에 신아시리아 왕조의 마지막 왕인 아수르바니팔(Ashurbanipal, 에사르하돈의 아들, 구약의 '오스납발', KJV의 'Asnappar', 통치 BC 668~BC 612)이 세운, 그러나 폐허가 된 아수르바니팔의 도서관(Library of Ashurbanipal)을 발굴하여 아카드어로 쓰여진 c.BC 18~c.BC 17세기의 에누마 엘리시를 발견해냈다. 이 내용은 1876년 아시리아 학자인 George Smith가 『갈데아인과 창조의 근원』(The Chaldean Account of Genesis)이라는 제목으로 최초로 번역하여 출판했다(Smith, 1876). 에누마 엘리시는 총 7개의 점토판에 기록되어 있는데, 각 점토판은 115~117개 라인으로 구성되어 있다. 이 중 〈점토판 5〉는 해독이 불가능했지만, 복사본이 터키의 산리울파(Sanliurfa) 근처에 위치한 고대 도시인 후지리나(Huzirina)의 술탄테페(Sultantepe)에서 발굴되어 오늘날에는 총 7개 점토판이 번역되어 일반에게 공개되고 있다(King, 1902; Budge, 1921). 이 「창조의 서사시」는 그 후 「바빌로니아 창조의 서사시」(The Babylonian Epic of Creation)로 불리게 되었는데, 이는 원래 수메르어로 쓰여진 「메소포타미아 창조의 서사시」(Mesopotamian Epic of Creation)를—이는 아직 발견되지 않음—바빌로니아 시대에 바빌로니아인들이 자기들의 주신인 마르둑(Marduk)과 바빌론의 관점에서 각색 편집한 것이다. 따라서 바빌론의 옥좌에 오른 마르둑이 모든 신중에 최고의 신이며, 신들에게 시중을 들게 하고(for the service of the gods), 신들을 고된 노동으로부터 해방시키기기[I will set them (i.e., the gods) free] 위해 마르둑 신이 본인의 피(blood)와 뼈(bone)로 인간을 창조했다고 〈점토판 6〉의 6줄(Line 6)에 적고 있다. 결국 인간은 신들의 노예(Slave)로 창조되었다는 것이다. 특히 「창조의 서사시」에는 「창세기」 1장에 기록된 하늘(Sky)과 지구(Earth) 창조의 비밀이 자세히 기록되어 있는데, 〈점토판 7〉에는 신들의 고향인 열두 번째 행성의 이름이 아카드어로 니비루(Nibiru, 타원형 궤도의 가장 높은 점 또는 교차점이라는 뜻, 횡단하는 행성이라는 뜻)인데 이를 마르둑이라 표현하고(His name shall be 'Nibiru') 있다(Line 109). 또한 이기기 신들(Igigi-gods)이 등장하는데, 〈점토판 3〉의 126줄과, 〈점토판 6〉의 21줄과 123줄에도 이기기 신들이 등장한다. 그리고 「창조의 서사시」에는 이 땅에 오신 신들, 예컨데 아누(안, Anu, An) 신과 엔키(Enki, Ea) 신 등 다수의 복수의 신들(The gods)이 등장한다.

Budge, W.A. Wallis, 〈The Babylonian Legends of Creation〉, 1921, at sacred-texts.com, http://www.sacred-texts.com/ane/blc/index.htm

King, L.W., 〈Enuma Elish(The Epic of Creation): The Seven Tablets of Creation〉, London 1902, at sacred-texts.com, http://www.sacred-texts.com/ane/enuma.htm

체루빔(단수=cherub, 복수=cherubim): 히브리어의 라틴어로 「창세기」 3장 24절에 처음 등장하는 '그룹들', 즉 체루빔이다. 하나님이 아담과 이브를 에덴동산에서 쫓아내시고, 에덴 동산 동편에 그룹들과 두루 도는 화염검(a flaming sword flashing back and forth)을 두어 생명나무(the tree of life)의 길을 지키게 한다. 따라서 육적인 생명체가 아니라 오늘날의 로봇과 같은 그러나 그 이상의 존재이다. 또한 「에스겔」 1장에는 네 생물의 형상(four living cteatures)이 등장하는데 모양이 사람의 형상이요 각각 네 얼굴과 네 날개가 있다고 묘사하고 있다. 그리고 「에스겔」 10장에는 네 생물의 형상이 그룹 즉 체루빔이라고 기록하고 있다. 이것은 네 명의 하나님들이 반중력(Anti-gravity) 우주복과 방향전환용 소형 원자로를 장비하고, 궁창(expanse)에 있는 거대한 우주선(보좌)으로부터 내려오는 장면이다. 눈이 가득하다(full of eyes)는 뜻은 오늘날에는, 우리가 지금 말하는 로봇이나 우주선이나 우주로봇 기술 이상의 천상(celestial or heavenly)의 과학기술로 발전하였을 것을 보고 있다. http://en.wikipedia.org/wiki/Cherubim

쿰란 동굴(Qumran Cave): 예수님 당시에 약 4천 명이 동굴에서 엄격한 율법주의적 생활과 은둔생활을 고수하고 있었던 엣세나파(엣세나인, Essenes) 종파가 남긴 것으로 추정됨. http://en.wikipedia.org/wiki/The_Qumran_Caves

켄타우로(루)스(Centaurs): 그리스 신화에 나오는 상반신은 사람 하반신은 말의 모습을 한 괴물, 즉 반인반마(半人半馬)의 괴물. 여기에서 센타우루스 자리(Centaurus)라는 별자리가 파생됨. http://en.wikipedia.org/wiki/Centaurs, http://en.wikipedia.org/wiki/Centaurus, http://en.wikipedia.org/wiki/Centaur

키메라(Chimera): 사자의 머리, 양의 몸통, 뱀의 꼬리를 가지고 입에서 불을 뿜는 괴수인 그리스 신화의 동물. http://en.wikipedia.org/wiki/Chimera_ (mythology)

키시 또는 구스(Kish, Cush, Cuth, Cuthah)→구스 또는 키시

테라헬츠파(THz Wave): 최근 혁신적인 전자파 이용 신기술로서 메타물질 (Metamaterial), 테라헬츠(THz) 및 스마트 라디오(Smart Radio) 기술이 접목된 미래 신성장 동력 산업의 기반기술임. 미·일·유럽 등 선진국에서 범 국가적 차원에서 전자파 신기술 개발을 가속화하고 있음. 테라헤르츠 대역 이용의 활성화를 위하여 소재 및 부품의 고성능화 및 고출력화, 응용 시스템의 소형화 등 다각적인 연구를 추진하고 있음. 전자파의 임의 조정이 가능한 메타물질 기술 도입으로 정보 통신, 전자 기기, 의료영상기기, 물의 분자구조를 마음대로 조율하여 신약 만들기 등에 대한 산업 전반의 패러다임 변화가 예상되고 있음. 메타물질은 『Science』지에서 2003/2006년에 10대 혁신기술로 선정됨. 전파자원인 주파수 이용 효율 증대 기술 및 초광대역화/초고속화로 추구되는 기술임.

테오도시우스 도브잔스키(Theodosius G. Dobzhansky): 1924년 러시아 우크라이나 태생으로 1927년 미국으로 이민, 1975년 작고하심. 1964년 과학상(National Medal of Science)을 1973년에 프랭클린 메달(Franklin Medal)을 수상함. 도브잔스키 교수는 종교적인 사람(a religious man)이고 진화를 통한 창조(creating through evolution)에 대해 하나님과 대화를 하신 분이며 동방정교회(Eastern Orthodox Church)의 대변자 역할을 했다. http://en.wikipedia.org/wiki/ Theodosius_Dobzhansky http://ko.wikipedia.org/wiki/%ED%85%8C%E C%98%A4%EB%8F%84%EC%8B%9C%EC%9A%B0%EC%8A%A4_%EB%8 F%84%EB%B8%8C%EC%9E%94%EC%8A%A4%ED%82%A4

티아마트(Tiamat): 수메르어(Sumerian)의 'T(티)'=생명(Life), 'Ama(아마)'=어머니 (Mother)라는 뜻임. 대양의 여신(the goddess of the ocean), 혼돈의 괴물(Chaos Monster), 태고의 혼돈(primordial chaos), 생명의 처녀(maiden of life), 소금의 물 (salt water), 나중에 마르둑(Marduk) 행성과 충돌해 두 동강 나서 윗부분은 지구(Earth)가 되고 아랫부분은 산산조각이 나서, 「창세기」 1장 6~8절에 나오는 태양계(Solar system)의 궁창(expanse/NIV, firmament/KJV, space/New Living, dome/Good News), 즉 하늘(sky/NIV/New Living, Sky/Good News, Heaven/ KJV)을 의미하는 소행성대(The Asteroid belt)가 됨. 「창세기」 1장 2절에 나오는 깊음(the deep, abyss)의 뜻인 북서 셈어(Semitic)의 히브리어(Hebrew)인 테홈

(Tehom)(תהום)도 티아마트에서 파생된 것임.

http://en.wikipedia.org/wiki/Tiamat, http://en.wikipedia.org/wiki/
Deeps,

http://en.wikipedia.org/wiki/Chaos_(cosmogony)

http://en.wikipedia.org/wiki/Primordial_chaos, http://en.wikipedia.org/
wiki/Tehom

하나님의 아들들(sons of God)(「창세기」 6:2): 「창세기」 6장 2절에는 '하나님의 아들들(sons of God)'(KJV & NIV)이라 표현되고 있으나 그들이 누구인지를 정확히 밝히지 않아 알 수 없다. 그러나 에티오피아어로 쓰여진 「에녹1서」 7장 2절에는 하나님의 아들들은 '천사들—하늘(천국)의 자식들(the angels, the children(sons) of the heaven)'이라 표현하고 7장 3절과 9절에는 사미야자(Shamgaz, Samyaza)라는 리더와 아자지엘(Azazyel) 등 직분과 처소를 이탈해 이 땅에 내려와 인간의 딸들을 아내로 삼아 거인을 낳는 등 불의에 가담한 천사들의 이름이 거론되고 있으며, 이에 가담한 천사만 200명이라고 적고 있다. 그런데 「마태복음」 22장 30절에는 예수님께서 "부활 때에는 장가도 아니 가고 시집도 아니 가고 하늘에 있는 천사들과 같으니라(For in the resurrection they neither marry, nor are given in marriage, but are as the angels of God in heaven.)"(KJV)고, 결혼할 수 없는 천사의 신분에 대해 말씀하신 것을 보면 「에녹1서」 7장 2절의 '하나님의 아들들'이 '천사들'이라고 언급된 것이 잘못되었음을 알 수 있다. 그러나 그 후 신약에 가면 계속해서 범죄한 천사들(Sinned Angels)이라고 나온다(「베드로후서」 2:4, 「유다서」 1:6). 밀리크(Milik)의 〈쿰란 동굴 4에서 발견된 아람어 조각(Aramaic Fragments of Qumran Cave 4)〉 즉 아람어로 쓰여진 「에녹1서」 7장 2절에는 '천사'들이 '감시자 또는 응시자 또는 주시자(Watchers)'로 기록되어 있다(Milik, 1976). 재미난 것은 「에녹1서」 1장 5절과 10장 11절과 13절, 그리고 18절 이하에도 천사 대신 '감시자(Watchers)'라는 표현이 나온다(Charles & Laurence, 인터넷 공개). 또한 위경인 히브리어로 쓰여진 「희년서」(Book of Jubilees) 4장 22절에도 감시자가 나오고 5장 1절에는 천사가 나온다(Charles, 2002). 이 때의 감시자란 하늘에서 지구를 내려보는 자들로 시친(Sitchin)에 의하면, 이들은 지구와 신들(Gods)의 고향 행성인 니비루(Nibiru)를 오가는 모선(우주선)에 타고 있던 이기기(Igigi, 우주비행사 군단) 신들이다(Sitchin, 1976 & 1980 & 1985). 따라서 이들은 그 역할과 신분상 이 땅에 내려올 수 없는 자들이다. 「에녹1서」와 「희년서」는 '감시자'와 '천사'를 같은 신분으로 혼동하고 기록한 것 같다. 그러나 분명 이 둘의 신분과 역할은 다르다. 이런 관점에서 「창세기」 6장 2절의 'sons of God'과 그 이후의 'Sinned Angels' 사이에는 모순이 일어나게 되는데 이는 유일신 입장에서 보면 '하나님에게도 아들들이 있다'는 뜻으로 유대교와 기독교에서는 말도 안 되는 얘기이다. 이러한 이유로 「에녹1서」와 「희년서」는 위경으로 분류되었다. 그러나 분명 「창세기」 6장 2절에는 'sons of God'이라 기록되어 있다. 따라서 모세오경(Five Books of Moses)을 편집한 유대인들의 실수가 아닌가 생각한다. 유대인 관점에서 보면 「창세기」 6장 1~4절을 뺐어야 했다. 그러나 성경은 진실을 기록한 것이다. 따라서 하나님의 아들들이란 천사가 아니고 인간과 관계(섹스)할 수 있는 하나님의 아들들 즉 네피림(Nephilim), 즉 이기기 신들이다. 하나님들에게도 아들들이 있다. 예수님도 최고 높으신 하나님의 독생자 아들이시다. 인간은 하나님의 형상대로 만들어졌기 때문에 하나님의 아들들은 인간과 섹스할 수 있다. 그 것은 바로 천사와는 다른 하나님의 아들들인 주시자들이다. 이러한 관점에서 감시자, 즉 주시자들과 인간의 딸들 사이에 낳은 자식들, 즉 거인(Great man 또는 Giant Man)을 사생아(Biters, Bastards)라고 표현하는 학자들도 있다(Charles, 1893; Knibb, 1978). 자세한 것은 『바이블 매트릭스』 2권 「인간창조와 노아홍수의 비밀」을 참조하라.

현생인류(Homo sapiens): 호모(Homo)는 사람(man)이란 뜻이고 사피엔스(sapiens)는 현명하다(wise)는 뜻으로, 똑똑한 인간, 지능의 인간, 지혜의 인간이란 뜻. http://en.wikipedia.org/wiki/Homo_sapiens

훔바바(Humbaba): 아시리아어로 괴물과 같은 반신반인의 훔바바(the monstrous demigod Humbaba) 또는 바빌로니아어로 후와와(Huwawa). http://en.wikipedia.org/wiki/Humbaba

히브리어(헤브라이어, Hebrew Language): BC 2166~BC 2091년에 메소포타미아 남부 도시인 우르(Ur)를 떠나 아시리아(Assyria) 북쪽 도시인 하란(Haran)을 통해 가나안(Canaan)에 이주한 셈(Shem) 족 후손인 아브라함(Abram, Abraham, BC 2166~BC 1991) 족속의 집단 언어로 고대 바빌로니아와 고대 아시리아의 공용어인 아람어(Aramaic or Arama(e)an language, 시리아어)와 가나안어와의 혼합 언어이다. 셈의 아들 중 아르박샷(Arphaxad)은 지금의 페르시아만 지역인 이라크 남단과 사우디 아라비아 반도 지역에 거주하였다. 특히 지금의 이라크 남단 지역을 그 당시에는 갈대아(Chaldea)라 불렀는데, 아르박샷의 9대손인 아브라함도 갈대아의 우르(Ur) 출신의 히브리인(헤브라이인, Heberites, Hebreians) 이다(「창세기」 11:27~29 & 14:13 & 15:7). 아브라함은 우르를 떠나 가나안으로 가기 전에 셈계(Shem) 아람(Aram, 지금의 시리아) 족속들이 살던 하란(Haran)에 머물다, 여호와 하나님의 지시에 따라 75세에 가나안으로 들어 간다(「창세기」 12:4~5, BC 2091). 따라서 히브리어의 조상은 셈족이며 직접 연계 있는 조상은 아브라함이라 말할 수 있다. http://en.wikipedia.org/wiki/Hebrew_language

희년서(The Book of Jubilees): 혹은 소(小)창세기(the Little Book of Genesis)라고도 한다. 히브리어로 쓰여진 「희년서」가 발견되지 않아 위경으로 간주되었으나 1947년에서 1956년에 쿰란 동굴(Qumran Cave)에서 발견된 『사해사본』(死海寫本, 사해문서, 死海文書, Dead Sea Scrolls)에서 히브리어로 쓰여진 「희년서」가 발견되었다. 원래 희년(The Year of Jubliee)이란 말은 「레위기」(Leviticus) 25장 8~12절에 처음 나온다. "너는 일곱 안식년을 계수할찌니 이는 칠년이 일곱 번인즉 안식년 일곱 번 동안 곧 사십구 년이라… 제 오십 년을 거룩하게 하여 전국 거민에게 자유를 공포하라 이해는 너희에게 희년이니 너희는 각각 그 기업으로 돌아가며 각각 그 가족에게로 돌아갈찌며 그 오십 년은 너희의 희년이니 너희는 파종하지 말며 스스로 난 것을 거두지 말며 다스리지 아니한 포도를 거두지 말라 이는 희년이니 너희에게 거룩함이니라 너희가 밭의 소산을 먹으리라." 즉 희년은 50년을 말한다. 이 연수에 따라 「희년서」는 「창세기」부터 「출애굽기」 12장까지 기술되어 있는 사건들의 연대를 7년이 7번, 즉 49년마다 돌아오는 희년들을 가지고 계산하여 수록했다. 이렇게 희년력이 제정됨으로써 유대인들은 유대인의 종교적 절기와 성일(聖日)을 제 날짜에 지킬 수 있었고, 유대인들을 다른 이방인들과 구별해 하느님의 계약공동체라는 구약성서의 이스라엘 상(像)을 강조할 수 있었다. 「창세기」의 내용을 쉽게 풀어 쓰고 각색한 것 외에도 「희년서」는 당시의 유대교 율법과 관습의 기원을 설명하는 이야기들을 수록하고 있다. 이 책은 「창세기」의 족장들이 족장시대 이후에 생긴 율법과 절기들을 이미 지켰다고 주장함으로써 모세 율법과 「레위기」의 여러 율법의 기원을 더 오랜 과거로 소급시켰다. 따라서 헬레니즘적 사고에 젖은 유대인들에게는 그것이 더 성스럽게 보였다. 「희년서」의 최종 형태는 BC 150년경에 씌어진 것으로 보이지만, 그 안에 수록된 신화적 전승들은 훨씬 전에 형성된 것들이다. 「희년서」에 담긴 종교적 고립주의 정신과 엄격성 때문에 팔레스타인 쿰란(Qumran)에 있던 유대교 에세네파(은둔파, Essenes)는 그들의 주요 저작인 『다마스쿠스 문서』(Damascus

Document)에서 「희년서」를 폭 넓게 인용했다. 「희년서」는 「창세기」와 유사할 뿐만 아니라 쿰란 공동체가 애독하던 「창세기 외경」과 밀접한 관계를 가지고 있다. 쿰란 서고 즉 『사해사본』에서는 히브리어 원본인 「희년서」의 여러 단편들이 발견되었다. 「희년서」는 본문 서두에 "그들의 희년들과 칠칠질을 위한 시대 구분에 대한 책(the book of the Divisions of the Times for Their Jubilees and Weeks)"이라고 기록되어 있다. 이 제목은 나중에 「희년서」(The Jubilees)나 「소(小)창세기」(The Little Genesis)로 짧아졌다. 또한 나중에는 『모세의 증거』(The Testament of Moses)나 『모세의 계시록』(The Apocalypse of Moses)이라는 제목으로 출판되기도 했다. 원어가 히브리어였음에도 불구하고 모든 현존하는 버전들(Latin, Ethiopic)은 그리스의 헬라어(Hellas Language, Greek Language)로부터 번역된 것이다. 「희년서」의 영문 번역본은 다음 찰스(Charles, 1917 & 2002, 인터넷 공개)의 것을 참고하였다.

● 참고문헌

단행본

김정한(연세대 생명공학과 교수), 『과학자와 함께 읽는 창세이야기』, 한국기독학생회(IVP), 총 215 페이지, 1997.

번역본

Hancock, Graham, 〈Fingerprints of the Gods—The evidence of Earth's Lost Civilization〉, 1995[이경덕 옮김, 『신의 지문(상/하)—사라진 문명을 찾아서』 까치, 1996]

Sitchin, Zecharia, 〈The 12th Planet (Book I) (The First Book of the Earth Chronicles)〉, Harper, 1976; Bear & Company, May 1, 1991[제카리아 시친 지음, 이근영 옮김, 『수메르, 혹은 신들의 고향』 SK, 2009]
http://www.bibliotecapleyades.net/sitchin/planeta12/12planeteng_index.htm

Sitchin, Zecharia, 〈The Stairway to Heaven (Book II) (2nd Book of Earth Chronicles)〉, Avon Books, 1980; Bear & Company, 1992; Harper, 2007[제카리아 시친 지음, 이근영 옮김, 『틸문, 그리고 하늘에 이르는 계단』 AK, 2009]
http://www.bibliotecapleyades.net/sitchin/stairway_heaven/stairway.htm

Sitchin, Zecharia, 〈The Wars of Gods and Men (Book III) (Earth

Chronicles, Book 3)〉, Avon Books, 1985; Bear & Company, 1992;
Harper, March 27, 2007[제카리아 시친 지음, 이재황 옮김, 『신들의 전쟁,
인간들의 전쟁』 AK, 2009]

http://www.bibliotecapleyades.net/archivos_pdf/wars_godsmen.pdf

Sitchin, Zecharia, 〈When Time Began (Book V) (The Earth Chronicles,
Book 5)〉, Bear & Company; Second Printing edition, March 1, 1994;
Harper, 2007.

http://www.bibliotecapleyades.net/sitchin/whentimebegan/
whentimebegan.htm

http://www.bibliotecapleyades.net/archivos_pdf/cosmiccode.pdf

Sitchin, Zecharia, 〈The Lost Book of Enki : Memors and Prophecies
of an Extraterrestrial God), Bear & Company; X edition, p. 148,
167~170, 198~199, August 16, 2004.

http://www.bibliotecapleyades.net/archivos_pdf/lostbook_enki.pdf

외국서적

Adam, KD., "The chronological and systematic position of the Steinheim
skull", In: Delson E, editor, 〈Ancestors: The hard evidence〉, New
York: Alan R. Liss, p 272-276, 1985.

Beaumont, Peter B., 〈Wonderwerk Cave In Guide to Archaeological
Sites in the Northern Cape〉, edited by P. Beaumont and D. Morris,
McGregor Museum, Kimberley, 1990, pp. 101~134.

http://www.sntc.org.sz/cultural/malarch.asp

http://www.sntc.org.sz/cultural/ironmine.html

http://www.suitc101.com/content/the-archaeological-site-of-
wonderwerk-cave-and—human-origins-a268758

http://en.wikipedia.org/wiki/Wonderwerk_Cave

http://www.whenweruled.com/articles.php?lng=en&pg=37

Beauvilain, Alan, 〈Toumai, l'aventure humaine〉, Editions de La Table
Ronde, Paris, 239 pages, 23 photographs, 2003.

Berossus, 〈Babyloniaca or History of Babylonia〉, BC 280 at The

Search for Noah's Ark. http://www.noahs-ark.tv/noahs-ark-flood-creation-stories-myths-berossus-xisuthrus-babyloniaca-history-of-babylonia-abydenus-apollodorus-alexander-polyhistor-josephus-eusebius-georgius-syncellus-oannes-280bc.htm
http://www-etcsl.orient.ox.ac.uk/section1/tr1411.htm

Black et al., 〈Dumuzid's dream〉, The Electronic Text Corpus of Sumerian Literature, Oxford 1998~2006.
http://www-etcsl.orient.ox.ac.uk/section1/tr143.htm,
http://www-etcsl.orient.ox.ac.uk/section4/tr4078.htm,
http://etcsl.orinst.ox.ac.uk/cgi-bin/etcsl.cgi?text=t.1.4.3&charenc=j#

Black et al., 〈Enmerkar and the lord of Aratta〉, The Electronic Text Corpus of Sumerian Literature, Oxford 1998~2006.
http://www-etcsl.orient.ox.ac.uk/section1/tr1823.htm
http://en.wikipedia.org/wiki/Enmerkar_and_the_Lord_of_Aratta

Black et al., 〈Gilgamesh Related〉, The Electronic Text Corpus of Sumerian Literature, Oxford 1998~2006. 길가메시 관련 5개의 시-영어 번역본.
http://etcsl.orinst.ox.ac.uk/cgi-bin/etcsl.cgi?text=c.1.8.1*#
〈Gilgamesh and Aga〉
http://etcsl.orinst.ox.ac.uk/cgi-bin/etcsl.cgi?text=t.1.8.1.1#
〈Gilgamesh and the bull of heaven〉
http://etcsl.orinst.ox.ac.uk/cgi-bin/etcsl.cgi?text=t.1.8.1.2#
〈The Death of Gilgamesh〉
http://etcsl.orinst.ox.ac.uk/cgi-bin/etcsl.cgi?text=t.1.8.1.3#
〈Gilgamesh, Enkidu and the nether world〉
http://etcsl.orinst.ox.ac.uk/cgi-bin/etcsl.cgi?text=t.1.8.1.4#
〈Gilgamesh and Huwawa(Version A)〉-아카드어 표준 버전 『길가메시 서사시』〈점토판 3~5〉의 내용과 일치.
http://etcsl.orinst.ox.ac.uk/cgi-bin/etcsl.cgi?text=t.1.8.1.5#
〈Gilgamesh and Huwawa(Version B)〉-아카드어 표준 버전 『길가메시 서사시』〈점토판 3~5〉의 내용과 일치.

http://www-etcsl.orient.ox.ac.uk/section1/tr18151.htm

http://etcsl.orinst.ox.ac.uk/cgi-bin/etcsl.cgi?text=t.1.8.1.5.1#

Black et al., 〈Inana's descent to the nether world〉, The Electronic Text Corpus of Sumerian Literature, Oxford 1998~2006.

http://www-etcsl.orient.ox.ac.uk/section1/tr141.htm

http://www.bibliotecapleyades.net/sitchin/guerradioses/guerradioses11a.htm

Black et al., 〈The Flood Story〉, The Electronic Text Corpus of Sumerian Literature, Oxford 1998~2006.

http://etcsl.orinst.ox.ac.uk/cgi-bin/etcsl.cgi?text=t.1.7.4#

http://www.noahs-ark.tv/noahs-ark-flood-creation-stories-myths-eridu-genesis-sumerian-cuneiform-zi-ud-sura-2150bc.htm

Black et al., 〈The Sumerian king list: translation〉, The Electronic Text Corpus of Sumerian Literature, Oxford 1998~2006.

http://www-etcsl.orient.ox.ac.uk/section2/tr211.htm

http://etcsl.orinst.ox.ac.uk/cgi-bin/etcsl.cgi?text=t.2.1.1#

Black et al., 〈The instructions of Suruppag〉, The Electronic Text Corpus of Sumerian Literature, Oxford 1998~2006.

http://etcsl.orinst.ox.ac.uk/cgi-bin/etcsl.cgi?text=t.5.6.1#

Budge, W.A. Wallis, 〈The Seven Tablets of Creation, The Babylonian Legends of Creation〉, 1921, at sacred-texts.com,

http://www.sacred-texts.com/ane/blc/index.htm

Budge, E.A. Wallis, 〈The Babylonian Story of the Deluge and the Epic of Gilgamish〉, 1929. http://www.sacred-texts.com/ane/gilgdelu.htm

Campbell, Joseph, 〈The Masks of God: Occidental Mythology〉, New York: Penguin, 1976.

Charles, R.H.(ed. and trans.), 〈The Book of Enoch〉, Oxford: Clarendon Press, 1893, p. 63 & 65 & 73 & 155.

Charles, R.H.(tr), 〈The Book of Enoch : Chapters 1~105 & 106~108 ; also referred to as "Ethiopian Enoch" or "1 Enoch"〉, 1917, Internet Publishing at sacred-texts.com. http://www.sacred-texts.com/bib/

boe/index.htm, http://reluctant-messenger.com/book_of_enoch.htm

Charles, R.H.(tr), 〈The Book of Jubilees Or the Little Book of Genesis〉, Wipf & Stock Publishers, July 2002. Internet Publication : http://reluctant-messenger.com/book_jubilees.htm

Charles, R.H.(tr), 〈The Book of Jubilees〉, Society for Promoting Christian Knowledge, London, 1917. Internet Publication : http://www.sacred-texts.com/bib/jub/index.htm

Dalley, Stephanie, 〈Myths From Mesopotamia: Gilgamesh, The Flood, and Others〉, 1998; Excerpted "Epic of Atra-Hasis, Tablet I~III" at http://www.noahs-ark.tv/
http://www.noahs-ark.tv/noahs-ark-flood-creation-stories-myths-epic-of-atra-hasis-old-babylonian-akkadian-cuneiform-flood-creation-tablet-1635bc.htm
http://www.bibliotecapleyades.net/serpents_dragons/boulay03e_a.htm

Dobzhansky, Theodosius G., 〈Mankind Evolving〉, Yale University Press, New Haven, Connecticut, 1962.

George, Andrew R.(Tr.), 〈The Epic of Gilgamesh〉, Penguin Books, 1999.

George, Andrew R., 〈The Babylonian Gilgamesh Epic: Introduction, Critical Edition and Cuneiform Texts〉, Oxford University Press, pp. 506, 875~876, 2003.

Horowitz, Wayne, 〈Mesopotamian Cosmic Geography〉, Eisenbrauns, December 1, 1998. p. 4 & 283.
http://books.google.co.kr/books?id=P8fl8BXpR0MC&pg=PA283&lpg=PA283&dq=A.RA.LI&source=bl&ots=JdXndCU0P6&sig=uNKuou-2d_TStbK0uhAScUXQyq0&hl=ko&ei=hsQeTpHIJZHRiAKhrPyhAw&sa=X&oi=book_result&ct=result&resnum=3&sqi=2&ved=0CDkQ6AEwAg#v=onepage&q=A.RA.LI&f=false

Jacobson, Thorkild, "Eridu Genesis" from 〈The Harps that Once...: Sumerian Poetry in Translation〉, Yale University Press, 1981 & 1998.
http://www.gatewaystobabylon.com/myths/texts/enki/eridugen.htm

http://www.livius.org/ei-er/eridu/eridu_genesis.html

http://www.livius.org/fa-fn/flood/flood2-t.html

Johanson, Donald and Maitland Edey, 〈Lucy, the Beginnings of Humankind〉, Simon & Schuster, 1981.

King, Leonard William, 〈Enuma Elish : The Seven Tablets of Creation〉, London 1902, at sacred-texts.com, http://www.sacred-texts.com/ane/enuma.htm, http://www.sacred-texts.com/ane/stc/index.htm(Akkadian(akk)-http://wikisource.org/wiki/Enuma_Elish)

Kleiner, Fred S. and Christin J. Mamiya, 〈Gardner's Art Through the Ages: The Western Perspective-Volume 1〉, 12th Edition ed., Thomson Wadsworth, pp. 20~21, 2006.

Knibb, Michael A.(ed. and trans.), 〈The Ethiopic Book of Enoch〉, Oxford: Clarendon Press, 1978, p. 88.

Kramer, Samuel Noah, 〈Sumerian Mythology : A Study of Spiritual and Literary Achievement in the Third Millennium B.C.〉, University of Pennsylvania Press, Philadelphia, 1944, revised 1961 & 1998.

http://www.sacred-texts.com/ane/sum/index.htm

Lambert, W. G. and A. R. Millard, 〈Cuneiform Texts from Babylonian Tablets in the British Museum〉, London, 1965.

Lambert, Wilfred G. and Alan Ralph Millard, 〈Atrahasis: The Babylonian Story of the Flood〉, with, The Sumerian Flood story, by Miguel Civil, Oxford, Clarendon Press, 1969 and Eisenbrauns, Winona Lake, Ind, 1999.

Langdon, Stephen Herbert, "Semitic Mythology", in the book of 〈The Mythology of All Races, Vol. 5: Semitic〉, Cooper Square Publishers; 2nd edition, 1964.

Laurence, Richard(tr), 〈The Book of the Secrets of Enoch : Chapters 1~68 ; also referred to as "Slavonic Enoch" or "2 Enoch"〉, Internet Publishing.

http://reluctant-messenger.com/2enoch01-68.htm

Laurence, Richard(tr), 〈The Book of Enoch : Chapters 1~60 ; also referred to as "Ethiopian Enoch" or "1 Enoch"〉, Internet Publishing. http://reluctant-messenger.com/1enoch01-60.htm

Laurence, Richard(tr), 〈The Book of Enoch : Chapters 61~105 ; also referred to as "Ethiopian Enoch" or "1 Enoch"〉, Internet Publishing. http://reluctant-messenger.com/1enoch61-105.htm

Layard, Austen Henry, 〈Nineveh and its Remains: with an Account of a Visit to tile Chaldaean Christians of Kurdistan, and the Yezidis, or Devil-worshippers; and an Inquiry into the Manners and Arts of the Ancient Assyrians〉, Vol 1~2, John Murray, 1848~1849

Layard, Austen Henry, 〈Discoveries in the Ruins of Nineveh and Babylon〉, John Murray, 1853

Layard, Austen Henry, 〈The monuments of Nineveh; from drawings made on the spot〉, John Murray, 1849

Mark, Joshua, 〈The Myth of Adapa〉, Ancient History Encyclopedia, 2011. http://www.ancient.eu.com/article/216/

Milik, J.T., 〈Aramaic Fragments of Qumran Cave 4〉, Oxford: Clarendon Press, 1976, p. 167.

Mitchell, Stephen, 〈Gilgamesh: A New English Translation〉, Free Press, 2004.

O'Connell, Robert(Tr.), 〈The Tablets Telling The Epic of Gilgamesh〉, 2001
http://www.mythome.org/Gilgamesh.html

Rogers, Robert W., 〈Adapa and the Food of Life〉 [From "Cuneiform Parallels to the Old Testament"], 1912. http://www.sacred-texts.com/ane/adapa.htm, http://www.ancienttexts.org/library/mesopotamian/adapa.html

Sandars, Nancy K.(Tr), 〈The Epic of Gilgamesh〉, Harmondsworth, Middlesex, England, Penguin Book, pp. 55~56, 1969.

Sandars, Nancy K.(Tr), 〈The Epic of Gilgamesh〉, Harmondsworth: Penguin, 1985.

Smith, George, 〈The Chaldean Account of Genesis〉, London, 1876.

http://www.sacred-texts.com/ane/caog/index.htm

http://wisdomlib.org/mesopotamian/book/the-chaldean-account-of-genesis/index.html

Smith, George, 〈The Chaldean Account of Deluge〉, London, 3 December 1872. http://www.sacred-texts.com/ane/chad/index.htm

Smith, Ray, The Ray Smith Notebook of Metalworking Orgins, Copyright ⓒ 2002 Ray Smith, HTML Copyright ⓒ 2002 Jock Dempsey. http://www.anvilfire.com/21centbs/stories/rsmith/mesopotamia_2.htm

Tellinger, Michael, 〈Slave Species of God〉, APG Sales & Distribution; 2nd Edition edition, p. 251 & 452, December 11, 2009.

Temple, Robert, 〈A verse version of the Epic of Gilgamesh〉, 1991. http://www.angelfire.com/tx/gatestobabylon/temple1.html http://www.bibliotecapleyades.net/serpents_dragons/gilgamesh.htm

Thackara, W.T.S., 〈The Epic of Gilgamesh: A Spiritual Biography〉, Sunrise Magazine Online. http://www.theosociety.org/pasadena/sunrise/49-99-0/mi-wtst.htm

Thompson, R. Campbell(Tr), 〈The Epic of Gilgamish〉, London, 1928. http://www.sacred-texts.com/ane/eog/index.htm

논문

Beaumont, Peter B. and J.C. Vogel, "On a timescale for the past million years of human history in central South Africa", South African Journal of Science, 102(B):217~228, 2006.

Bennett et al., "Early Hominin Foot Morphology Based on 1.5-Million-Year-Old Footprints from Ileret, Kenya", Science, Vol. 323, No. 5918, pp. 1197~1201, 27 February 2009. http://www.sciencemag.org/cgi/content/abstract/323/5918/1197

Berckheimer, F., "Ein Menschen-Schadel aus den diluvialen Schottern von Steinheim", a.d. Murr. Anthrop Anz X, 318, 1933.

Boshier, Adrian K. and Peter B. Beaumont, "Report on test excavations in a prehistoric pigment mine near Postmasburg, Northern Cape", S. Afr. Archaeol. Bull., V29, 1974, pp. 41~59.

http://miningsite.info/prehistoric-mining

http://en.wikipedia.org/wiki/Mining

http://palaeontologicalsociety.in/vol20b/v1.pdf

Boshier, Adrian K. and Peter B. Beaumont, "Mining in Sothern Africa and emergence of modern Man", Optima, ohannesburg, V22, 1972, pp 2~12.

http://www.sntc.org.sz/cultural/malarch.asp

http://www.sntc.org.sz/cultural/ironmine.html

http://www.suite101.com/content/the-archaeological-site-of-wonderwerk-cave-and—human-origins-a268758

http://www.whenweruled.com/articles.php?lng=en&pg=37

Brunet et al., "A new hominid from the Upper Miocene of Chad, Central Africa", Nature, Vol. 418, No. 6894, pp. 145~151, 11 July 2002.

http://www.nature.com/nature/journal/v418/n6894/abs/nature00879.html

http://news.bbc.co.uk/2/hi/science/nature/2118055.stm

http://news.bbc.co.uk/2/hi/science/nature/2313695.stm

Burbano et al, "Targeted Investigation of the Neandertal Genome by Array-Based Sequence Capture", Science, Vol. 328, No. 5979, pp. 723~725, 07 May 2010. http://www.sciencemag.org/cgi/content/full/328/5979/723

http://www.studybusiness.com/dir/dir/Download/Bio/1742.html

Chazan et al., "Radiometric dating of the Earlier Stone Age sequence in Excavation I at Wonderwerk Cave, South Africa: preliminary results", Journal of Human Evolution, 55(1):1~11, 2008.

Clark et al., "Inferring Nonneutral Evolution from Human-Chimp-Mouse Orthologous Gene Trios(인간-침팬지-쥐의 정통 유전자 삼각 관계로부터 추론하는 비중립적 진화)", Science, Vol. 302, No. 5652, pp. 1960~1963, 12 December 2003.

http://www.sciencemag.org/cgi/content/short/302/5652/1960

http://www.studybusiness.com/dir/dir/Download/Bio/819.html

Cohen, Mark. E., Ershemma, 88:28~29; CT(Cuneiform Texts from Babylonian Tablets in the British Museum, London) 15 19.

Davila, J. R., "The flood hero as king and priest", Journal of Near Eastern Studies, 54(3), pp. 202~203, 1995.

Franzen, J.L., Gingerich, P.D., Habersetzer, J., Hurum, J.H., von Koenigswald, W., Smith, B.H., "Complete primate skeleton from the middle Eocene of Messel in Germany: morphology and paleobiology", PLoS ONE 4, e5723, 2009.

Gibbons, Ann, "A New Kind of Ancestor: Ardipithecus Unveiled", Science, Vol. 326, No. 5949, pp. 36~40, 2009.

http://www.sciencemag.org/cgi/content/full/326/5949/36

Green et al., "A Draft Sequence of the Neandertal Genome", Science, Vol 329, No. 5979, pp. 710~722, 07 May 2010.

http://www.sciencemag.org/cgi/content/full/328/5979/710

http://www.studybusiness.com/dir/dir/Download/Bio/1742.html

Haile-Selassie et al., "Late Miocene Teeth from Middle Awash, Ethiopia, and Early Hominid Dental Evolution", Science, Vol. 303, No. 5663, pp. 1603-15-5. 2004

http://www.sciencemag.org/cgi/content/abstract/303/5663/1503

http://news.bbc.co.uk/2/hi/science/nature/3542743.stm

Hasel, Gerhard F., "The Genealosies of GEN 5 and 11 and Their Alleged Babylonian Background", Andrews University Seminary Studies, 16, pp. 361~374, 1978. http://faculty.gordon.edu/hu/bi/ted_hildebrandt/OTeSources/01-Genesis/Text/Articles-Books/Hasel-Gen5Babylonian_AUSS.pdf

Jungers, William L., "Lucy's length: Stature reconstruction in Australopithecus afarensis (A.L.288-1) with implications for other small-bodied hominids", American Journal of Physical Anthropology, Vol. 76, No. 2, pp. 227~231, June 1988.

http://onlinelibrary.wiley.com/doi/10.1002/ajpa.1330760211/abstract;js essionid=13515A02069856EC588A1B43B6ABC1DB.d02t02

Mason, R. J., "Prehistoric mining in South Africa, and Iron Age copper mines in the Dwarsberg, Transvaal", Journal of the South African Institute of Mining and Metallurgy, 1982, pp. 134~142. www.saimm. co.za/Journal/v082n05p134.pdf

Proust, Christine, "Numerical and Metrological Graphemes: From Cuneiform to Transliteration", Cuneiform Digital Library Journal, 2009, ISSN 1540-8779.

http://cdli.ucla.edu/pubs/cdlj/2009/cdlj2009_001.html

Richmond, Brian G. and William L. Jungers, "Orrorin tugenensis Femoral Morphology and the Evolution of Hominin Bipedalism", Science, Vo. 319, No. 5870, pp. 1662~1665, 2008. http://www.sciencemag.org/cgi/ content/abstract/319/5870/1662

Semaw et al., "Early Pliocene hominids from Gona, Ethiopia(에티오피아 고나에서 발견된 초기 인류)", Nature, Vol, 433, No. 7023, pp. 301~305, 20 January 2005. http://www.nature.com/nature/journal/v433/n7023/ abs/nature03177.html

Vignaud et al., "Geology and palaeontology of the Upper Miocene Toros-Menalla hominid locality, Chad", Nature, Vol. 418, No. 6894, pp. 152~155, 11 July 2002.

http://www.nature.com/nature/journal/v418/n6894/abs/ nature00880.html

http://news.bbc.co.uk/2/hi/science/nature/2118055.stm

http://news.bbc.co.uk/2/hi/science/nature/2313695.stm

Weinert, H., "Der Urmenschenschd el von Steinheim", Z Morphol Anthropol XXXV, pp. 463–517, 1936.

White et al., "Special Issue: Ardipithecus ramidus", Science, Vol 326, No. 5949, pp. 64~106, 02 October 2009.

http://www.sciencemag.org/content/vol326/issue5949/index.dtl

http://www.sciencemag.org/ardipithecus/

http://news.bbc.co.uk/2/hi/science/nature/4187991.stm

기타

BBC-Walking with Cavemen episode guide

http://www.bbc.co.uk/sn/prehistoric_life/tv_radio/wwcavemen/
cavemen1.shtml

Daily Mail-Is this an alien skull? Mystery of giant-headed mummy
found in Peru(24 November 2011)

http://www.dailymail.co.uk/sciencetech/article-2063486/Alien-skull-
Peru-Mystery-giant-headed-mummy-city-Andahuaylillas.html

HUMANPAST.NET-Zecharia Sitchin's SumerianTale(146, 137).

http://humanpast.net/files/sitchin.htm

바이블 매트릭스 2 : 인간창조와 노아 홍수의 비밀

2013년 8월 10일 초판 1쇄 인쇄
2013년 8월 15일 초판 1쇄 발행

지은이 차원용
펴낸이 권오상
펴낸곳 갈모산방

등록 2012년 3월 28일(제2013-000090호)
주소 경기도 고양시 일산서구 대화동 2232번지 402-1101
전화 031-907-3010
팩스 031-912-3012
이메일 galmobooks@naver.com

ISBN 978-89-969524-6-6 04230
ISBN 978-89-969524-4-2 (세트)

값 18,000원